Johann Paul Reinhard

Entwurf einer Historie des Kur- und Fürstlichen Hauses Sachsen

Johann Paul Reinhard

Entwurf einer Historie des Kur- und Fürstlichen Hauses Sachsen

ISBN/EAN: 9783743677845

Hergestellt in Europa, USA, Kanada, Australien, Japan

Cover: Foto ©ninafisch / pixelio.de

Weitere Bücher finden Sie auf www.hansebooks.com

Johann Paul Reinhards Entwurf einer Historie des Chur- und Fürstl. Hauses Sachsen.

Zweyte vermehrte Auflage.

ERLANGEN im Jahr 1764.
Ist in Commißion zu haben in der Lübeckischen Buchhandlung zu Bareuth.

Dem
Hochgebohrnen Grafen
und Herrn,

Herrn
Adolph Heinrichen,
des Heil. Röm. Reichs Grafen
von Schönberg,
meinem gnädigen Herrn.

Hochgebohrner
Reichsgraf,
Gnädiger Herr,

E W. Hochgräfl. Gnaden
haben mich bey Hochderoselben vormaligen Aufenthalte auf
der hiesigen Friedrichsuniversität
einer beständigen und besondern hohen Huld gewürdiget, und ich sehe
die-

dieses an als eine der vornehmsten Glückseligkeiten, deren ich in meinem academischen Stande theilhaftig worden bin. Hochderoselben Neigung zu der Geschichtkunde und den schönen Wissenschaften brachte mir dieselbe zuwege. Meine Vorlesungen, welche ich über diese Theile der Gelahrheit anstelle, wurden täglich mit Hochderoselben Gegenwart beehret. Jedermann bewunderte den unermüdeten Fleiß, mit welchem Ew. Hochgräfl. Gnaden allen hier Studierenden auf eine ausnehmende Art vorgiengen. Es war dieses ein Beyspiel, welches um so viel mehr Eindruck und Eifer zur Nachahmung erregte, ie höher die Ankunft dessen, der es gab.

Ich schmeichle mir mit der Hofnung, daß Ew. Hochgräfl. Gnaden noch die nämliche Geſinnung gegen meine Wenigkeit haben werden, und in derſelben habe ich mich unterſtanden, **Hochderoſelben Erlauchten Namen** gegenwärtiger Schrift vorzuſetzen. Es iſt in derſelben ein ſolcher Theil der Geſchichte entworfen, an welchem **Hochdenenſelben** beſonders gelegen iſt. Ich glaubte alſo, daß dieſes die bequemſte Gelegenheit ſey, ein öffentliches Denkmahl meiner treueſten Ergebenheit aufzurichten.

Wenn ich anſehe die Einrichtung der gegenwärtigen Arbeit, eines Buches, in welchem nur die Anfangsgründe der ſächſiſchen Hiſtorie enthalten ſind, und welches zum academiſchen Gebrauch aufgeſetzet worden: ſo ſollte ich zwar beſorgen, es dürfte mein Unterfangen als eine nicht geringe Kühnheit angeſehen werden. Es fehlet mir aber nicht an Beyſpielen ſolcher

cher, die sich eben dergleichen unterwunden haben. Und gesetzt, ich könnte mich nicht darauf beziehen: so getröste ich mich dennoch nicht ohne Ursache einer gnädigen Aufnahme meines Buches. Die preiswürdigen Eigenschaften **Ew. Hochgräfl. Gnaden** verursachen dieses, als nach welchen **Hochdieselben** vornehmlich auf die Ergebenheit des Verfassers sehen werden; welchen **Hochdieselben** sattsam kennen.

Erlauchter Graf! eben dieselben treflichen angeerbten Eigenschaften versprechen dem Vaterlande dereinsten die wichtigsten Dienste, und allen, welche ihre Stunden und Kräfte den Wissenschaften widmen, eine ungemeine Stütze; beydes nach den väterlichen grossen Beyspiele. Der Allmächtige segne nur ferner **Hochderoselben** rühm-

rühmlichste Bemühungen, und erhalte Hochdieselben und das ganze Hochgräfliche Schönbergische Haus in beständigem Wohlseyn! Ich aber empfehle mich zu beharrlicher Gnade, und verbleibe lebenslang mit schuldiger Ehrfurcht

Ew. Hochgräfl. Gnaden

Erlangen
den 27. Sept.
1 7 5 0.

unterthäniger Diener
Johann Paul Reinhard.

Vorrede.
zur zweyten Auflage.

Da ich über diesen Entwurf zum öftern academische Vorlesungen angestellt habe: so sind dieselben die Gelegenheit gewesen, manches zu verbessern und zu vermehren. Beydes ist so wohl im Buche selbst, als in den Stammtafeln geschehen; welche letztere auch eine bequemere Ordnung erhalten haben.

Insonderheit aber haben die Abtheilungen, in welchen die ältern Sachen von Meißen und Thüringen stehen, verschiedene beträchtliche Zusätze bekommen; welche alle anzuführen um so viel unnöthiger ist, da sie ohnehin so gleich in die Augen fallen.

Seit dem dieses Buch zum ersten mahle ans Licht getreten, ist die Anzahl derer Schriften, welche zur sächsischen Historie gehören, ansehnlich vermehret worden. Ich habe nicht unterlassen, so wohl nützlichen Gebrauch davon zu machen, als auch ihrer zu gedenken; gleichwie ich auch die merkwürdigsten Urkunden bey denen Begebenheiten, zu welchen sie gehören, angeführet habe. Verschiedene derselben sind mehr als einmahl gedruckt worden. Um den Raum zu sparen, habe ich allemahl nur ein Werk, darinnen sie stehen, und zwar dasienige, so ich eben, während der Arbeit, am nächsten bey der Hand gehabt habe, genennt. Mein Wunsch ist, daß diese geringe Bemühung bey Erlernung der teutschen Provincialhistorie ferner einigen Nutzen schaffen möge! Geschrieben auf der hochfürstlichen Friedrichs-Universität zu Erlangen, den 4. Jenner, im Jahr 1764.

Erste

Erste Abtheilung,

in welcher die ältesten Geschichte des Meisnerlandes, bis auf den Anfang der Markgrafschaft enthalten sind.

I. Von den alten, so wohl teutschen, als wendischen, Einwohnern des Landes.

I.

Alles, was von den Tubanten, Cygneern, und Libanothanern, als ehemaligen Einwohnern dieses Landes, gesagt wird, ist ohne Grund.

ERASMVS STELLA de origine, vetustate, appellatione, et regionibus Tubantinorum etc. in MENCKENII scriptor. rer. Germ. T. III. p. 2039.

2. Die

2. Die ältesten Einwohner des Landes, von denen man mit Gewißheit reden kan, sind die Hermundurier.

GODOFREDI ARNOLDI diff. de Hermunduris. Vitebergae, 1698.

Christian Schöttgens Nachricht von den Hermundurern (im ersten Theile der Nachlese zur Historie von Obersachsen, p. 1. sqq.)

3. Nachdem Marbod mit seinen Markmännern ins Böiohemum gezogen: so breitet er sich noch weiter aus, und unterwirst sich auch das heutige Meisnerland gröstentheils.

4. Die Hermundurier aber behaupten es aufs neue, als Marbods Macht geschwächt wird, und er endlich seine Zuflucht zu den Römern nimmt; bey denen er sein Leben beschließen muß.

5. Aus dem alten Staate der Hermundurier entsteht das thüringische Königreich; von welchem also das heutige Meisen ein Stück ist, bis sich die Sorben desselben bemächtigen.

6. Diese dringen aus Servien durch Böhmen und Mähren in dasselbe ein, und breiten sich bis an die Saale aus, welcher Fluß von der Zeit an die Grenze zwischen ihnen und den Thüringern macht.

7. Fabel von den Mysiern, welche von einigen zwischen die Thüringer und Sorben gesetzt werden.

REINECCII commentarius de origine Misenorum, latine conuersus ab ELIA REVSNERO, appendicis loco adiectus GE. FABRICII libris VII rerum Misnicarum. Ienae, 1598. fol.

8. Die Sorben bauen das Land, welches bis dahin keine Städte gehabt hat, nach und nach an; wie denn die Städte Leipzig, Zeitz, Rochlitz, Colditz, Chemnitz, Dölitsch, Wurzen, Zwickau, u. a. m. ihren Ursprung den Sorben zu danken haben.

9. Es ahmen die Sorben darinne den Teutschen nach, daß sie ihre Länder in Gauen eintheilen. Diese sind:

Chutici,	Orla,
Daleminza,	Plisni,
Geraha,	Queszici,
Koledici,	Scuncira,
Litice,	Siusli, (Suseli)
Milin,	Tucherino,
Neletici,	Weitao,
Netelici,	Zcudici,
Nisenen,	Zitici,
Nizici,	Zorba.
Nudzici,	

CASP. HENR. GRAVNII Dalemincia Slauorum (in PAVLINI Geogr. curiosa p. 156. sqq.)

D. FRID. WILDEBVRGII Diss. de pagis veteris

teris Misniae (appendicis loco antiquit, Margrau, Misnici. subiuncta.)

Chr. Schöttgens Geographie der Sorbenwenden (in der Nachlese der Hist. von Obersachsen, im dritten Theile, p. 361. sqq.)

M. I. F. R. Nachricht von pago Chutici in Kreyßigs Beyträgen zur Hist. von Obersachsen, P. I. p. 14.

Joh. Christophs von Dreyhaupt pagus Neletici et Nudzici Halle 1749=51. II Theile, fol.

M. I. F. R. Nachricht von pago Siusli (in Kreyßigs Beyträgen zur Hist. von Obersachsen P. V. p. 110.)

IO. FRID. CHRISTII excursus in historiam pagi Suseli (eius villatico subiunctus pag. 49.)

10. Mit den Sorben kommen auch ihre Götzen in die Gegenden, welche sie bevölkern.

AMADEVS SCHMELZ de idololatria veterum Misniae incolarum. Lipl. 1698. 4.

IO. PETRVS de LVDEWIG de idolis Slauorum (in HOFFMANNI script. rer. Lusat. T. II. p. 63. sqq.)

ABRAH. FRENCELII comment. de Diis Soraborum aliorumque Slauorum (ibid. p. 85.)

11. Die Sorben liebten die Freyheit äußerst. Sie hatten zwar Fürsten; aber ihre Gewalt war zu Friedenszeiten sehr eingeschränkt. Zu Kriegszeiten führeten sie die

Ihrigen gegen den Feind. Ihre Würde war erblich).

2. Unter Carls des grossen Regierung suchen sich die Sorben noch weiter auszubreiten, und thun gewaltige Einfälle in Thüringen und Sachsen. Sie werden von dessen Sohne, gleiches Namens, hart gezüchtiget, und damahls Magdeburg und Halle erbauet. 806.

13. Unter Ludwigen dem frommen machen sie dem fränkischen Reiche abermahls zu schaffen, und werden durch dessen Kriegsvölker überwunden.

14. Unter Ludwigen dem teutschen verwüsten sie die benachbarten Länder aufs neue, weswegen er einen Zug gegen sie unternimmt, und sie zu paaren treibt. 851.

15. Welches er noch einige mahle, wegen ihrer wiederhohlten Einfälle, thun muß.

16. Otto, Herzog in Sachsen, giebt seinem Sohne, dem nachmahligen König Heinrich I, ein Heer, um die Dalemincier zu bekriegen; welches er auch mit gutem Glücke thut.

17. Die Dalemincier rufen die in Teutschland und Italien streifenden Hunnen zu Hülfe, welche in Sachsen einen Einfall thun, und grosse Beute machen.

18. Heinrich steigt auf den teutschen Thron; macht mit den Hunnen einen Stil-

924. lestand auf neun Jahr; und trift während demselben treflicke Anstalten zur Beschützung Teutschlandes. Nachdem er seine Teutschen in gute Verfassung gesetzt: so führt er sie zuerst gegen die havelischen Slaven, und nachdem er diese bezwungen, gegen die Daleminzier, welche er sich ebenfalls unterwirft.

19. Er bauet die Stadt Meisen, welche von dem kleinen Flusse Meise ihren Namen bekommt, und setzet über diese Gegend einen Markgrafen.

20. Mehrere Erläuterung der Stelle des Dithmars von Merseburg, im ersten Buche seiner Chronick: Hic montem vnum iuxta Albim positum - - - excoluit, ibi vrbem faciens, cui de riuo quodam, qui in septentrionali parte eiusdem fluit, nomen Misni imposuit, quam, vt hodie in vsu habetur, praesidiis et impositionibus caeteris muniuit. Ex ea Milzenos suae subactos ditioni censum persoluere coegit. Nebst der Widerlegung derer, welche behaupten wollen, daß die Markgrafschaft Meisen mit der thüringischen Markgrafschaft einerley gewesen, und daß die Benennung der Markgrafen von Meisen nur aufgekommen, als die Markgrafen von Thüringen die Stadt Meisen an sich gebracht.

21. Von

Erste Abtheilung.

21. Von dieser Zeit an werden aus Sachsen Colonien in diese Gegenden geführt, mit denen sich nach und nach die Sorben vermischen.

22. Wodurch es geschieht, daß sie auch die wendische Sprache allmählich verlernen, und die teutsche durchgängig im Lande üblich wird.

Chr. Schöttgens Hist. der Sorbenwenden in den Beyträgen der Hist. von Obersachsen P. II. p 177.

23. Es kommt nunmehr eine gedoppelte Eintheilung des Landes auf, in Grafschaften und in Burgwarten. Der letztern geschieht zum ersten mahle im Jahr 961 Erwähnung. Ihre Namen sind:

Barboge,   Ilburg (Julburg)
Bichini,   Mochowe,
Borua,   Niempsi,
Bresenice,   Nimucowa,
Buistrici,   Niwanburg,
Buzici,   Pouch,
Calbe,   Rochelitz,
Cluzi,   Rosenburg,
Gana,   Serebez,
Giveckenstein, Spurineburg,
Godimo,   Stene,
Gozebudi,   Suselitzi,
Gozne,   Titribuzie,
Groiska,   Trebeni,
Hisciwa,   Trebiste,
                            Tres-

Treskowoe, Zcolin,
Unsburg, Zianzo,
Woß, Zolnice,
Wurcin. Zurbici.
Zadili,

Nach dem Jahre 1196 kommen die Burg,
warten nicht mehr vor. Sie waren sämt,
lich kaiserlichen Befehlshabern anvertrauet.

> Chr. Schöttgens Nachricht von den Burg=
> warten in der Nachleſe der Hiſt. von Ober=
> ſachſen, P. VII. p. 377.

24. Von dieſer Eintheilung des Landes
in Burgwarten war die Eintheilung in Graf,
ſchaften merklich unterſchieden. Sie wur,
den anfänglich nach denen Grafen, die ſie
im Namen der Kaiſer regierten, benennt.
Z. E. comitatus Albi, Becilini, Bilin-
gi, Eckehardi, u. ſ. w. Als die Graf,
ſchaften in dem übrigen Teutſchland erblich
wurden: ſo geſchahe ein gleiches mit dieſen;
und darauf fiengen die Grafen an, ſich von
den Grafſchaften zu ſchreiben. Unter den,
ſelben kamen ſonderlich die Grafen von Wet,
tin ſehr empor.

II. Von den Stiftern Meiſen, Mer,
ſeburg und Zeitz.

1. Nach Bezwingung der Sorben wird
auch das Heydenthum in daſigen Gegenden
aus=

Erste Abhandlung.

ausgerottet, und die christliche Religion eingeführt.

2. Schon König Heinrich I geht damit um, ein Bisthum zu Meissen anzulegen. Aber sein Sohn, Otto I, führet das Werk aus. Der erste Bischof ist Burchard. 938.

SIGISMVNDI CALLESII series episcoporum Misnensium. Ratisbonnae, 1752. 4.

3. Der Pabst Johannes XIII unterwirft dieses Stift unmittelbahr dem römischen Stuhle.

Dipl. in Lünigs spicilegio ecclesiastico, cont. 1. p. 833.

4. Das nachmahlige Stiftswappen ist ein getheilter Schild. Im vordern Theile ist eine halbe blaue Lilie in goldenem Felde; im hintern die andere Helfte derselben von Golde in blauem Felde.

5. Otto der grosse stiftet ferner das Bisthum Merseburg; woselbst Boso der erste Bischof ist. 968.

6. Im folgenden geht das Bisthum Merseburg unter des Kaisers Otto II Regierung ein.

7. Der Kaiser Heinrich II stellt es wieder her im Jahr 1004.

Diploma Henr. II. in Lünigs Reichsarchiv, part. spec. II cont. IV. Abtheil. II Absatz p 760.

8. Das nachmahlige Stiftswappen ist ein schwarzes Kreutz in goldenem Felde

9. Ot

968. 9. Otto I stiftet auch das Bisthum Zeitz; woselbst Hugo der erste Bischof ist.

10. Der Pabst Johannes XII bestätiget diese zwey Stiftungen.

> Dipl. in SAGITTARII antiquit. archiepisc. Magdeb. §. 98.

11. Im folgenden wird der bischöfliche Sitz, mit Genehmhaltung des Pabst Johanns XX, im Jahr 1029, von Zeitz nach Naumburg verlegt.

> Bulla Ioannis XX in SAGITTARII historia Eccardi II p. 15. et in ECCARDI hist. geneal. princ. Sax. sup. p. 220.

12. Das nachmahlige Stiftswappen ist ein silberner Schlüssel und Degen, über einander gelegt in rothem Felde.

Zweyte Abtheilung,

in welcher die Geschichte der Markgrafen von Meisen bis auf Heinrichen den erleuchteten enthalten sind.

I. Die Markgrafen aus verschiedenen Häusern.

1. Grosse Verschiedenheit der Meynungen über die Frage: wer der erste Markgraf von Meisen gewesen sey?

2. Unter andern hat Gundling zu behaupten gesucht, daß Tankmar, König Heinrichs I Sohn, von der ersten Gemahlin Hatheburga, diese Würde zuerst geführt habe.

Gundlingiana part. XXXIV. p. 338. sqq.

3. Schöttgen hingegen hat zeigen wollen, daß Thimo, oder Dithmar, ein Sohn des Markgrafens in der Laußitz Christians, und der Hidda, der Tochter Markgraf Gerons des ältern, der erste Markgraf von Meisen gewesen sey.

Schöttgens älteste Geschichte des Landes Meissen (in der Nachlese der Historie von Obersachsen, P. VI. p. 173.)

4. Ridbag, oder Rigdag, welcher mit den Kaisern, Otto II und III, zu gleicher Zeit gelebt hat, ist unstreitig Markgraf von Meisen gewesen, indem ihn Dithmar von Merseburg, im vierten Buche seiner Chronick, marchionem et ciuitatis Misnensis custodem nennt.

5. Er steht dem Kaiser Otto III treulich bey gegen den Herzog Heinrich in Baiern; welcher gedemüthiget wird.

6. Die Böhmen, deren Hülfe dieser sich gegen den minderjährigen Kaiser bedienet, verwüsten Meisen gewaltig.

985. 7. Der Markgraf bleibt gegen sie am Flusse Tiebisch.

Eckard I,

1. Des Markgrafs in Thüringen Günthers Sohn, bekommt zur Belohnung seiner grossen Verdienste gegen den jungen Kaiser, und dessen Vater, die Würde eines
986. Markgrafen von Meisen.

2. Er schlägt die Böhmen, welche Meisen noch immer drücken, zum Lande hinaus, und setzt den verjagten Bischof von Meisen, Volkold, wieder ein.

3. Er ist nicht weniger glücklich gegen die miltzner Slaven, und macht ein Bündniß mit dem polnischen Herzog Boleslaus.

4. Ob

4. Ob aus den Worten des Dithmars von Merseburg: Boiemorum ducem Boleslaum ad *militem* sibi, aliumque ad amicum familiarem blanditiis ac minis adipiscitur (L. V. p. 107.) könne geschlossen werden, daß der damahlige Herzog in Böhmen ein Vasall des Markgrafs von Meisen gewesen sey?

5. Eckard begleitet den Kaiser Otto III 998 auf seinem andern Zuge nach Italien.

6. Der Kaiser kehret nach Teutschland zurück, und kehrt, als er nach Polen reiset, bey dem Markgraf Eckard ein; welcher ihn prächtig bewirthet.

7. Nach dieses Kaisers Tode trachtet 1002. Eckard selbst Kaiser zu werden. Aber der Herzog in Baiern, Heinrich, wird ihm vorgezogen.

8. Der Markgraf selbst wird im Kloster Pölde, den 30 April erschlagen. Sein 1002. Leichnam wird erst zu Jena, hernach zu Naumburg, in der Kirche des von ihm gestifteten S. Georgenklosters begraben.

> Joh. Martin Schamelii Beschreibung von dem ehemahls berühmten Benedictiner Kloster zu S. Georgen vor Naumburg. Naumburg, 1728. 4, (und in Thuringia sacra, p. 673.)
>
> CASP. SAGITTARII exerc. hist. de Eccardo I. Misniae marchione, Ienae anno MII

sepulto. Ienae, 1675. 4. rec. 1721. (et in
ECCARDI hist. geneal. princip. Sax. sup.
p. 190. sqq.)

Gunzelin,

1. Eckards I Bruder, sucht die Markgrafschaft, ohne des Kaisers Bewilligung,
zu behaupten.

2. Die Söhne Eckards I suchen sie ebenfalls zu erlangen.

3. Der polnische Herzog Boleslaus fällt
in die Laußitz ein, und erobert ferner Meissen; welches er seinem Bundsgenossen, Gunzelin, einräumt.

4. Diesen befehden die Söhne des Markgrafs Eckards; wobey das Land sehr leidet.

5. Der Kaiser Heinrich II hält zu Mer-
1011. seburg einen Reichstag, woselbst so wohl
Eckards I Söhne, als Gunzelin, erschei-
nen; Gunzelin wird zum Gefängniß ver-
urtheilt; die Markgrafschaft Meissen aber
Friedrichen, Grafen von Eulenburg,
einstweilen anvertrauet. Noch in eben dem
Jahre bekommt sie Eckards I ältester
Sohn,

Hermann.

1. Seine vor dieser Zeit verrichtete Thaten gegen den Graf Wilhelm von Weimar,
und den Herzog Boleslaus in Polen.

1032. 2. Der Markgraf stirbt ohne Leibeserben.

Eckard

Eckard II.

1. Des vorigen Bruder, welcher in den vormahligen Kriegen mit Gunzelin, und dem Herzog Boleslaus, seine Tapferkeit gezeigt, bekommt die Markgrafschaft Meissen.

2. Seine ehemahlige Feindschaft mit dem Kaiser Heinrich II, und seine Aussöhnung.

3. Er stirbt gleichfalls ohne Erben. 1046.

CASP. SAGITTARII hist. Eccardi II, marchionis Misniae, Ienae, 1680. 4. rec. ibid. 1718. (et in ECCARDI hist. geneal. princ. Sax. super. p. 211.)

Dedo.

1. Graf zu Wettin, bekommt nunmehro die Markgrafschaft Meissen. 1048.

2. Ankunft der Grafen von Wettin, als der Anherrn der folgenden Markgrafen von Meissen, und des heutigen chur= und fürstlichen Hauses Sachsen.

a) Graf Theodoricus, e tribu, quae Buzici dicitur, ortus, Dithmar. Merseb. L. VI. p. 288. (welcher bis aufs Jahr 982 gelebt, und die Burgwarte Buzici und Zurbici besessen) hinterlässet zwey Söhne, Dedo und Friedrichen; welcher letztere Eulenburg bekommt.

α) Von

α) Von den verschiedenen Auslegungen der angeführten Stelle des Dithmars von Merseburg.

 IO. GE. ECCARDI diff. de origine familiae Saxonicae nunc regnantis. Helmst. 1720. 4. (et in hist. geneal. princ. Sax. sup. p. 44. sqq.)

 FRID. ZOLLMANNI stemma Buzico - Saxonicum. Lipsiae et Ienae, 1721. 4.

 IO. GOTTL. KRAVSII dissertationes de Theodorico Buzico, eiusque genere et patria. Vitebergae 1731 et 1732. 4.

 GVNDLINGIANA P. XXXIV. p. 293. sqq.

β) Wie es zu verstehen sey, wenn das Chronicon montis Sereni p. 201. den Theodoricus Buzicius egregiae libertatis virum nennet?

Dissertatio de Theoderici Buzicii statu, rebus et obitu (in Kreyßigs Beyträgen zur Hist. von Obersachsen, P. V. p. 287.)

b) Dedons Sohn, Theodoricus II, bekommt, mit Genehmhaltung des Kaisers Heinrichs II, alles, was sein Vater und Oheim besessen; bringt auch die Gaue Suselitz an sich, und wird im Jahr 1034 entleibt.

c) Er hinterläßet unter andern mit Mathildis, des Markgrafs von Meisen Eckards

Eckards II Schwester, erzeugten Kindern, den Dedo, von welchem hier die Rede ist. Dieser bekommt nach Absterben des Markgrafs Udo II die Markgrafschaft Laußitz, und nach Eckards II Tode Meisen.

3. In diese Zeiten fällt die Stiftung des ehemahligen berühmten Benedictiner Klosters Gosegk, zwischen Naumburg und Weissenfels.

Joh. Martin Schamelii historische Beschreibung des Klosters Gosegk. Naumburg 1732. 4.

4. Der Markgraf von Meisen, Dedo, hält es bey den innerlichen Unruhen, welche das teutsche Reich zerrütten, mit den Feinden des Kaisers Heinrichs IV; da es hingegen sein Sohn, gleiches Namens, mit dem Kaiser hält; aber auch auf Anstiften seiner Stiefmutter, Adela, aus dem Wege geräumt wird.

5. Der alte Dedo unterwirft sich dem Kaiser; kommt aber in gefängliche Haft, und da er wieder auf freyen Fus gestellt wird, so beraubt ihn Heinrich IV verschiedener Ländereyen. 1069.

6. Er hält es abermahls mit den Feinden Heinrichs IV, als die Unruhen aufs neue angehen. 1073.

7. Nachdem zwischen dem Kaiser und den Sachsen der Vergleich zu Gerstungen ge-

schlossen worden: so hält sich Dedo von der Zeit an ruhig.

1075. 8. Er stirbt.

Vratislaus,
Herzog, und hernach König in Böhmen, und Markgraf in Meisen.

1. Nach des Markgrafs Dedo Absterben gibt der Kaiser Heinrich IV Meisen dem Herzog Vratislaus II, wegen der ihm geleisteten treuen Dienste.

2. Der Markgraf von Sachsen und Thüringen Ecbert II, steht dem iungen Dedo bey, als er sich mit Gewalt im Besitze derer Länder, welche sein Vater regieret, erhalten will. So lange Ecbert mit seinen Völkern in Meisen steht: so lange siehet es mit seinem Bundsgenossen wohl aus, und die Böhmen werden öfters geschlagen. So bald er aber in seine Länder zurückgeht: so erobern die Böhmen alles verlohrne wieder.

3. Vratislaus tritt, mit Genehmhaltung des Kaisers, seine Gerechtsame auf Meisen; und was er davon wirklich besitzt, seinem Eidam, Wiprecht, Grafen von Groitsch, ab.

Wiprecht.

1. Was von ihm zu wissen ist, ehe er die Markgrafschaft Meisen erlangt.

a) Sein

a) Sein Vater, gleiches Namens, war ein Dynaste im balsamer Lande (in der alten Mark, wo Soltwedel, Osterburg und Arneburg gelegen)

b) Der Graf Udo von Stade, sein ehemaliger Vormund, tritt ihm für das balsamer Land die Grafschaft Groitsch, im Osterlande, ab.

c) Er hat viele Händel mit seinen Nachbarn; fliehet endlich nach Böhmen zum Herzog Vratislaus II, dessen Schwiegersohn er zur Belohnung seiner Verdienste wird, und die Gauen Nisen und Budesin bekommt, im Jahr 1084.

d) Der Erzbischof von Cöln Anno, schenkt ihm, was er im Pago Sorla besitzt, im Jahr 1084.

e) Der Kaiser schenkt ihm Leisnig und Dornburg, beydes mit aller Zugehör.

f) Der Bischof Walrab zu Zeit schenkt ihm den Pagum Butsin, ums Jahr 1090.

g) Wiprecht stiftet das Kloster Pegau im Jahr 1090.

    Anonymus de fundat. et benefactoribus ecclef. Pegauienfis, in MENCKENII script. rer. Germ. T. II. p. 102.

h) Kaiser Heinrich V schenkt dessen Sohne, dem iüngern Wiprecht, die Stadt Eckardsberge, im Jahr 1109.

i) Der

i) Der alte Wiprecht bekommt auch vom Kaiser das Burggrafthum Magdeburg, und die Niederlaußiz, im Jahr 1118.

k) Er besitzt auch das Schloß Colbiz, das Guth Schkölen, den Gleisberg und Gänzigberg bey Jena, welche Stücke nachmahls, nebst Leisnig, Lausig und Morungen, seine Enkelin Mechtild ihrem Gemahl, dem Graf Rabodo von Abenberg, zubringt.

l) Sein Schwiegervater, der König in Böhmen Vratislaus, tritt ihm seine Gerechtsame auf Meisen, und was er davon im Besitz hat, ab

1124. 2. Er wird kränklich; wehlt sich den Mönchsstand; und stirbt bald darauf.

MONACHI PEGAVIENSIS vita Wiperti, comitis Groicensis. (in HOFFMANNI script. rer. Lusat. T. l. p. 8. sqq.)
Schöttgens Leben Graf Wiprechts von Groitsch Regensburg, 1749. 8.

3. Unterdessen stiftet Herwig, Bischof zu Meisen, die Stiftskirche zu Wurzen, im Jahr 1114.

4. Und Dietrich, Bischof von Naumburg, das Kloster Bosau, im Jahr 1121.
Joh. Georg Leuckfelds historische Nachricht von dem ehemahligen Benedictinerkloster Bosau. Naumburg, 1731. 4. (und in Thuringia sacra p. 639.)

II. Die

II. Die Markgrafen von Meisen aus dem Hause Wettin bis auf Heinrich den erleuchteten.

Heinrich,

1. Des Graf Heinrichs von Eulenburg, des ältern Dedo Bruders, Sohn, erlangt die Markgrafschaft Meisen; wodurch sie wieder ans Haus Wettin kommt, bey welchem sie von der Zeit an beständig bleibt.

2. Nach Heinrichs Tode erhält sie vom Kaiser Lotharius, Conrad, Heinrichs Vetter.

Conrad der grosse,

ingleichen der reiche, wie auch der fromme.

1. Merkwürdigkeiten von ihm, ehe er Markgraf von Meisen worden.
    - a) Stiftung des Klosters Petersberg, im Jahr 1124.
    - b) Conrads Händel mit seinem Vetter Heinrich von Eulenburg, in denen er, im Jahr 1126, gefangen wird.

2. Nach dieses Heinrichs Tode erhält er seine Freyheit wieder, und bekommt nicht allein, durch die Fürbitte der Kaiserin Richsa, mit der er nahe verwand ist, die Markgrafschaft Meisen, sondern erbt auch seinen

Feind Heinrich selbst; da ihm dann unter andern Eulenburg zu theil wird.

1133. 3. Verträgt sich mit dem Bischof Udo von Naumburg, wegen der Vogtey über besagtes Stift.

Dipl. in Schöttgens Leben Conrads des grossen. S. 281.

1134. 4. Der Bischof von Merseburg, Meingaud, tritt dem Markgraf die Stadt Leipzig gegen Skeuditz ab, mit dem Vorbehalt der Lehnsherrschaft. Zuvor hatte der Bischof Dithmar im Jahr 1021 den Ort vom Kaiser Heinrich II geschenkt bekommen.

Dipl. Henr. II. in DV MONT corps diplom. T. I. P. I. p. 42.

1136. 5. Nach dem Tode Heinrichs, des Sohns Wiprechts, Grafens von Groitsch, wird Conrad auch Markgraf in der Laußitz, und erbt die groitschischen Erblande.

1136. 6. Er begleitet den Kaiser Lotharius auf seinem Zuge nach Italien.

1138. 7. Er ist mit unter denen Reichsfürsten, welche ihr Mißvergnügen öffentlich an den Tag legen, als nach des Kaiser Lotharius Tode Kaiser Conrad III das Herzogthum Sachsen Albrecht dem Bären zuerkennet; söhnt sich aber bald wieder mit ihm aus.

1140. 8. Der Bischof von Naumburg Udo verlegt das Kloster von Schmöllen nach der Pforte.

9. Der

9. Der Markgraf übergiebt die von ihm und seiner Gemahlin Luitgard, Gräfin von Ravenstein, gestiftete Abtey Elchingen in Schwaben dem römischen Stuhle. 1142.

Dipl. in Schöttgens Leben Conrads des grossen p. 187. eiusd. disquis. de Luitgardis, Conradi M. vxoris, origine Sueuica. Dresdae, 1740. 4.

10. Bekommt Rochlitz vom Kaiser Conrad III. 1143

11. Reiset zweymahl in das gelobte Land. 1145.

12. Wohnet einem Zuge bey gegen die Obotriten und Wenden.

13. Tritt in den geistlichen Stand, und 1156. geht ins Kloster Petersberg, nachdem er in Ansehung seiner Länder unter seinen Söhnen die Verordnung gemacht, daß Otto die Markgrafschaft Meißen, Dietrich die Laußitz, und ein Stück vom Osterlande, Dedo die Grafschaften Rochlitz nnd Groitsch, Heinrich die Grafschaft Wettin, und Friedrich die Grafschaft Brene bekommen soll.

14. Er stirbt zwey Monathe und fünf Tage nach seiner Einkleidung. 1157.

15. Es werden zu seiner Zeit immer mehr Colonisten, besonders aus Flandern nach Meißen gebracht, und das Land dadurch besser angebauet; wozu sie durch allerhand

hand Gerechtigkeiten, welche man ihnen giebt, ermuntert werden.

Dipl. in Schöttgens Leben Conrads des grossen p. 322.

Otto der reiche.

1. Folgt seinem Vater Conrad in der Würde eines Markgrafs von Meissen; da hingegen die Laußitz schon gedachter massen an seinen Bruder Dietrich fället, welcher das Kloster Dobrilug in der Laußitz stiftet; auch der Erbauer von Landsberg ist.

2. Anmerkung, wie dem Revier von Landsberg der markgräfliche Character angediehen.

Johann Gottlob Horns Bericht von dem alten osterländischen Markgrafthum Landsberg. Dreßden, 1725. 4.

1157. 3. Vladislaus, König in Böhmen, thut einen Einfall in Meissen; zieht sich aber bald wieder zurück.

1176. 4. Stiftung des Klosters Buch bey Leißnig.

5. Der Markgraf hält es mit dem Kaiser Friedrich I gegen Heinrich den Löwen.

6. Er gelanget durch die freybergischen Bergwerke, welche unter seiner Regierung in die Höhe kommen, zu ungemeinem Reichthum.

Gedanken von der Erfindung des Bergwerks zu Freyberg. Chemnitz, 1763, 8.

7. Davon er einen Theil anwendet, Ländereyen in Thüringen an sich zu kaufen; woraus zwischen ihm und dem Landgraf Ludwig III grosse Weitläuftigkeiten entstehen.

8. Er wird von den Thüringern gefangen, 1182. und auf die Wartenburg gesetzt. Durch kaiserliche Vermittelung gelangt er wieder 1183. in Freyheit; muß aber die thüringischen Schlösser, welche er an sich gehandelt, gegen Wiedererstattung des Preises dem Landgraf Ludwig überlassen.

9. Der Markgraf in der Laußitz Dietrich, Ottens Bruder, stirbt ohne Leibeserben; worauf Dedo, der dritte Bruder, Markgraf in der Laußitz wird. 1184.

10. Stiftung des Klosters Altenzelle. 1185.

Dotationis Cellae veteris litterae in lucem publicam emissae a BERNHARDO FRIDERICO RVDOLPHO LAVHN. Ienae, 1760. 4.

Johann Conrad Knauthens Vorstellung des Klosters Altenzelle. Dreßden, 1722. 8.

CHRIST. SCHLEGELII schediasma de Cella veteri Misnensi. Dresdae, 1703. 4.

11. Er macht bey seinen Lebzeiten eine Theilung unter seinen beyden Söhnen, Albrecht und Dietrich; eignet Albrechten

Meisen, Dietrichen aber die von ihm erlangte Grafschaft Weissenfels, nebst noch einigen Ländern, zu; bald darauf aber, von seiner Gemahlin Hedwig, Albrecht des Bären Tochter, welche Dietrichen günstiger ist, als Albrechten, angereitzet, ändert er diese Verordnung, und giebt Dietrichen auch die Markgrafschaft Meisen.

1188. 12. Dieses macht, daß sich Albrecht gegen den Vater auflehnet. Er kriegt ihn in seine Hände; setzt ihn auf das Schloß Dieben, und leeret indessen seine Schatzkästen.

13. Der Kaiser Friedrich I nimmt sich des gefangenen Markgrafs an, und macht, daß ihn der Sohn wieder auf freyen Fus stellet.

1189. 14. Welcher dem ohngeachtet die Waffen von neuem gegen ihn ergreift.

1189. 15. Otto stirbt, nachdem er auf einem Reichstage zu Würzburg durch kaiserliche Vermittelung mit seinem Sohne ausgesöhnt worden.

    Ottonis, Misniae marchionis et fundatoris veteris Cellae, vita, per ascetam Cellensem descripta (in Knauths altzellischer Chronick P. 8. p. 38.)

    GOTTL. FRID. IENICHEN progr. de Ottone diuite Lipf. 1732. f.

    Eiusd. progr. de Hedwige, Ottonis coniuge. Lipf. 1732. f.

Al-

Albrecht der stolze.

1. Will nach seines Vaters Tode seinem Bruder auch die Grafschaft Weissenfels nehmen, und belagert die Stadt dieses Namens.

2. Der bedrängte Dietrich siehet sich nach Hülfe um, und macht ein Bündniß mit dem Landgraf Hermann von Thüringen, dessen Tochter Judith, oder Jutta, er zur Gemahlin nimmt.

3. Hermann schlägt die Belagerung von Weissenfels auf, und erobert einige andere Orte.

4. Albrecht sucht sich an ihm zu rächen, und verläumdet ihn beym Kaiser Heinrich VI, als habe er an einer Zusammenverschwörung gegen ihn Antheil.

5. Hermann fordert ihn auf einen Zweykampf heraus. Der Kaiser will denselben nicht zugeben, sondern die Sache auf einem Reichstage zu Northausen ausmachen; woselbst aber weder Hermann, noch Albrecht erscheinet.

6. Der Kaiser schreibt einen andern Reichstag nach Altenburg aus, und bescheidet beyde dahin.

7. Die uneinigen Fürsten halten für besser sich mit einander zu versöhnen, als ihre Sache dem Kaiser zu überlassen.

8. Die Uneinigkeiten gehen wieder an. Albrecht belagert Weissenfels zum andernmahle; ob gleich wieder vergeblich.

9. Er fällt so gar in Thüringen ein: leidet aber eine schwere Niederlage, und flüchtet kümmerlich nach Leipzig.

10 Er befürchtet wegen dieses seines unruhigen Betragens die Ungnade des Kaisers Heinrichs VI, und reiset nach Italien, um ihn zu versöhnen. Er findet aber keine Gnade bey ihm, und weil er in Gefahr läuft, gefänglich angehalten zu werden, so eilt er wieder nach Teutschland.

11. Er rüstet sich aufs neue gewaltig, und bevestiget Camburg, Meisen und Leipzig.

1195. 12. Er wird mit Gifte aus dem Wege geräumet, und zu Altenzelle begraben.

Dietrich der bedrängte.

1. Thut zu der Zeit, da er von seinem Bruder hart gedrängt wird, eine Reise ins gelobte Land.

2. Kehrt nach dessen Tode, nicht ohne grosse Gefahr, wegen hinterlistiger Nachstellungen, nach Teutschland zurück.

3. Dem Kaiser Heinrich VI stechen die meisnischen Bergwerke in die Augen, und als Dietrich anlangt, so findet er seine Länder in den Händen der Kaiserlichen.

4. Tod

Zweyte Abtheilung.

4. Tod des Kaisers Heinrichs VI. Dietrich gelanget endlich zum Besitz seiner Länder, und hält es mit dem Kaiser Philipp gegen Otto von Braunschweig. 1197.

5. Der König Premislaus II von Böhmen lässet sich von Adela, der Schwester des Markgrafs, scheiden, und vermählt sich mit Constantia, des Königs Bela III in Ungarn Tochter; welches zwischen ihm und dem Markgraf eine schwere Feindschaft veranlasset. Die Verstossene und ihr Bruder, wenden sich an den Pabst Innocentius III. 1201.

<small>Litterae Innoc. III. papae ad Adelam, epist. huius papae T. II. L. XIII. ep. 50. p. 249. ed. BALVZ.</small>

6. Dieser trägt Albrecht II, Erzbischofen von Magdeburg, die Untersuchung der Sache auf. Auch nimmt sich der Kaiser Philipp der Adela an; welche aber doch nicht wieder zu ihrem Gemahl kommt, sondern im Kloster stirbt. Ottocar söhnet sich so wohl mit dem Kaiser, als dem Markgraf aus.

7. Der Markgraf steht den Grafen Hermann und Heinrich von Wernigerode bey, gegen Wilhelm von Braunschweig.

8. Nach des Kaisers Philipps Ermordung söhnet sich der Markgraf mit Otto IV aus. 1208.

1213. 9. Er stiftet das Thomaskloster zu Leipzig.

> Diploma fundationis in Schöttgens Nachlese zur Historie von Obersachsen, im ersten Theile p. 40.
>
> Confirmatio Ottonis IV. Imp. (ibid. p. 45.) Friderici Imp. (ibid. p. 47.) Honorii III, pont. Rom. (ibid.) Adolphi imperat. in cod. dipl. WILKII vitae Tieccmanni adiecto n. 87.

10. Seine Händel mit dem Bischof Eckard von Merseburg, und dem Bischof Albrecht von Magdeburg.

11. Der Erzbischof thut ihn in den Bann; er hingegen belagert Lopen.

12. Des Markgrafs Händel und Vergleich mit den Leipzigern.

> Compositio in DV MONT. corps diplom. T. I, P. I. p. 156.

13. Erbauung der Pleissenburg.

14. Der Markgraf wird mit Gift aus **1221.** dem Wege geräumet.

15. Unterdessen stirbt im Jahr 1217 der letzte Graf von Wettin, Heinrich das Kind, des Markgraf Dietrichs von Meissen Vetter. Die Grafschaft fällt an den Graf von Brene, Friedrich II.

Heinrich der erleuchtete.

1. Stehet anfänglich unter der Vormundschaft des Landgrafs von Thüringen, Ludwigs

wigs IV, seiner Mutter Bruder, welcher von dem Vater Heinrichs selbst im Testamente zum Vormund verordnet worden).

2. Der Landgraf hält einen Landtag zu Delitsch. 1222.

3. Die Landstände verbinden sich eidlich, im Fall Heinrich während seiner Minderjährigkeit stürbe, Ludwigen für ihren Landesherrn zu erkennen, und leisten die Eventualhuldigung.

Formula jurisjurandi in HORNII vita Henr. ill. p. 44.

4. Der Bischof Eckard von Merseburg versucht vergeblich, an der vormundschaftlichen Regierung Theil zu nehmen.

5. Der Bericht, daß der Fürst von Anhalt Heinrich ein gleiches gesucht habe, wird widerlegt.

6. Hingegen lässet der Landgraf seine Schwester die verwittwete Markgräfin an der vormundschaftlichen Regierung Theil nehmen.

7. Da sie sich aber heimlich und ohne Vorwissen ihres Bruders mit Poppen, Grafen von Henneberg, vermählet: so entstehet zwischen beyden Geschwistern eine gewaltige Feindschaft. Judith siehet sich genöthiget, Meissen zu verlassen. 1223.

8. Der Landgraf thut eine Reise ins gelobte Land, und stirbt unterwegens. Heinrich tritt die Regierung selbst an. 1227.

1234. 9. Er vermählt sich mit Constantia, Herzog Leopolds VIII von Oesterreich Tochter.

1236. 10. Stiftung des Klosters Grünhayn.
Summarischer Extract eines Diplomatarii MSti. vom Kloster Grünhayn in Horns Hist. Handbibliothec von Sachsen, P. III. p. 304.
Historia diplomatica Abbatiae Gruohaynensis (in SCHOETTGENII et KREYSIGII scriptor. rer. Germ. T. II. p. 526.)

11. Heinrichs Händel mit Brandenburg, wegen Cöpenick und Mittenwalde.

12. Heinrichs ältester Sohn, Albrecht, wird als ein Kind mit des Kaisers Friedrichs II Tochter Margaretha, die da-
1242. mahls erst ein Jahr alt ist, verlobt, und ihr 10000 Mark Silbers zur Mitgabe versprochen; auch zur Versicherung einige Zeit hernach Heinrichen das Pleisnerland unterpfändlich eingeräumt.

13. Der Kaiser Friedrich II giebt ihm auch die Anwartschaft auf die Länder Heinrich Raspens, Landgrafens in Thüringen.
Diploma in Lünigs Reichsarchiv, part. spec. II. Cont. IV. Abth. II. Abs. p. 177.

1247. 14. Heinrich der erleuchtete sucht seine Rechte nach des Landgrafs Tode auszuführen, und vereiniget Thüringen mit Meisen.

Anhang
zur zweyten Abtheilung.

1.

Weil die ältesten Markgrafen von Meissen aus teutschen Häusern gewesen sind: so haben sie auch vom Anfange die Reichsstandschaft gehabt. Woher es auch gekommen, daß die Markgrafschaft, ob sie gleich zuvor zu den slavischen Provinzien gehöret, frühzeitig das ius ciuitatis Germanicae erlangt hat.

2. Wenn der schwarze Löwe in goldenem Felde das Wappen der Markgrafen von Meissen worden?

3. Das dazu gehörige Helmkleinod, der Mannskopf und Rumpf, mit grauen Haaren und Barte, in einem von Roth und Silber in die Länge gestreiften Kleide, und mit einer eben so gestreiften Zipfelmütze, ist das wettinische.

4. Der erste meisnische Landtag, von welchem man Nachricht hat, ist vom Markgraf Otto dem reichen, im Jahr 1165 zu Culmitz gehalten worden.

5. Auf den meisnischen Landtägen erschienen die Bischöfe von Meissen, Merseburg, und Naumburg, die Aebte, die Burggrafen,

fen, Grafen, Herren, Edelleute, und Abgeordneten der ansehnlichsten Städte; wie denn auf dem Landtage 1218 die Abgeordneten der Stadt Leipzig zugegen gewesen.

6. Bisweilen hatte einer den Vorsitz, und dieser wird bald Richter, bald Landtagsschulze genennt.

Schöttgens Abhandlung von den ältesten Landtagen des Markgrafthums Meisen (in der Vorrede zu dessen inuentario diplomatico hist. Sax, sup. §. 55 - 83)

7. Nach aller Wahrscheinlichkeit sind die vier Hofämter, der Marschälle, Kämmerer, Truchsesse und Schenken, bey dem Markgrafthum Meisen noch zu Markgraf Conrads des grossen Zeiten vestgesetzt, und bald darauf gewissen Familien erblich verliehen worden.

Joh. Gottlob Horns Abriß von den edlen Erbbeamten der chur= und fürstlich sächsischen Länder, §. 53=61. (in der histor. Handbibliothek von Sachsen, P. I. p. 122.)

8. Die Handlung des Landes, welche schon die wendischen Einwohner desselben sehr getrieben, blühet unter den Markgrafen, besonders denen aus dem Hause Wettin, immer mehr auf.

9. Grosses Alter der naumburger Messe, welche sich noch aus dem eilften Jahrhunderte herschreibt, und auf den Petri und Pauli Tag

Zweyte Abtheilung. 35

Tag gelegt worden, weil man die daſige Domkirche, bey Verlegung des biſchöflichen Sitzes von Zeitz nach Naumburg, gedachten Aposteln gewidmet hat.

> Diploma Henrici III. imp. de anno 1051. in SAGITTARII historia Eccardi II, marchionis Misniae, Sect. XVI. §. 1. Quod duo Principes, videlicet Hermannus Marchio et frater eius Eckehardus haereditatem suam (Numburgum) Deo et beatis Apostolis Petro et Paulo per manum ipsius Imperatoris (Conradi) contulerunt, et in ipsa *forum regale* etc. construxerunt etc.

10. Auch hat schon im Jahr 1190 Markgraf Albrecht der ſtolze der Stadt Leipzig die von ſeinem Großvater, Conrad, und Vater, Otto, verliehenen zwey groſſen Jahrmärkte, zu Oſtern und Michaelis, nicht nur beſtätiget, ſondern auch mit mehrern Privilegien verſehen.

11. Ob man gleich zu des Markgrafs Otto des reichen Zeiten in Meiſen zu münzen angefangen hatte: ſo bediente man ſich doch auch noch im Handel und Wandel bisweilen des ungemünzten Silbers. Auch war damahls zwiſchen der Münze, und dem reinen Silber, kein Unterſchied. Eine Mark Silbers, und eine Mark Pfennige, waren einander gleich. Im vierzehnden Jahrhunderte machte man erſt in Meiſen einen Zuſatz von ſchlechterem Metall.

12. Nicht

12. Nicht nur die Markgrafen von Meißen, sondern auch die Bischöfe von Meißen, Merseburg und Naumburg, wie auch die damahligen Reichsstädte Altenburg, Zwickau und Chemnitz münzten ebenfalls.

CHRISTIANI SCHLEGELII diff. epist. de numis Altenburgensibus. Dresdae, 1696. 4.

eiusdem tract. de numis antiquis Gothanis, Cygneis, Coburgensibus, Vinariensibus et Merseburgensibus rec. Francof. 1723. 4.

Leuckfelds Nachricht von einem merseburgischen Bracteaten. Halberstadt, 1723. 4.

13. Durch die Ueberwinder der Sorben kam auch das sächsische Recht ins Land.

14. Grosse Wahrscheinlichkeit, daß, da sich in dem benachbarten Thüringen und Hessen schon im dreyzehnden Jahrhunderte das päbstliche und römische Recht eingeschlichen, ein gleiches in Meißen geschehen sey.

15. Die damahlige wenige Gelehrsamkeit in Meißen stack in den Klöstern, in denen zum Theil Schulen gehalten, und Bücher gesammlet wurden.

Dritte Abtheilung,

in welcher die thüringischen Geschichte bis auf den Tod Heinrich Raspens enthalten sind.

I. Thüringen unter seinen Königen.

1.

Das Königreich Thüringen ist aus dem alten Staate der Hermundurier entstanden.

2. Vegetius gedenkt der Thüringer unter allen Schriftstellern zuerst, indem er ihre dauerhaften Pferde lobt, artis veterinariae, ſ mulomedicinae, libro IV, c. 6.

3. Eintheilung des alten Thüringens in Nord- Ost- West- und Südthüringen; welches letztere sich bis an die Donau erstreckt hat.

4. Merwig soll ums Jahr Christi 426 über die Thüringer geherrscht haben.

5. Der fränkische König Clodio fällt in Thüringen ein, erobert Dispargum, und lässet sich daselbst nieder.

6. Ob

6. Ob Attila, nachdem er in den catalaunischen Feldern geschlagen worden, seinen Weg durch Thüringen genommen habe?

7. Auf Merwig folgt in der Reihe der thüringischen Könige Basinus, zu welchem der fränkische König Childerich flüchtet, als er von seinen Unterthanen verjagt wird.

8. Er wird endlich von seinen Franken zurückgerufen, und die Gemahlin des Königs in Thüringen, mit der er sich eingelassen, folgt ihm nach.

9. Clodovaus, Childerichs Sohn und
486. Nachfolger, erobert das römische Gallien. Indem er mit der Einrichtung seiner neuer-
489. oberten Länder beschäftiget ist: so thut Basinus einen Einfall ins fränkische Gebieth. Die Franken suchen den Frieden, und erhalten ihn. Aber Basinus bricht ihn wieder, und lässet die gegebenen Geiseln hinrichten. Worauf Clodovaus in Thüringen eindringt; welches ihm zinsbahr wird.

10. Nach Basins Tode wird sein Königreich unter seine drey Söhne, Baderich, Hermenfried, und Bertharit, getheilt.

11. Der ostgothische König Theodoricus Veronensis ersucht die thüringischen Könige, den Krieg zwischen dem König der Westgothen Alarich, und dem fränkischen König Clodovaus verhüten zu helfen; oder, im Fall der letztere nicht ruhen wollte, sich mit ihm gegen denselben zu verbinden.

Epistola Theodorici regis ad reges Thuringorum in CASSIODORI variis, L. III. Epist. 3.

12. Hermenfried vermählt sich mit des nur gedachten ostgothischen Königs Schwester Tochter, Amalberga.

Epistola Theodorici ad Hermenfridum in CASSIODORI variis, L. IV. ep. 1.

13. Grosse Wahrscheinlichkeit, daß die arianische Lehre durch die Geistlichen, welche Amalberga mitgebracht, in Thüringen einiger massen ausgebreitet worden; obgleich das Heydenthum noch die Oberhand behalten.

14. Amalberga verleitet ihren Gemahl, seinen Bruder Bertharic aus dem Wege zu räumen, und ist auch Ursache, daß er mit dem austrasischen König Theodoricus, dem Sohne Clodowigs, ein Bündniß schliesset, in welchem er ihm die Helfte der Länder seines andern Bruders, Baderichs, anbiethet, wenn er ihn wollte unterdrücken helfen.

15. Theodoricus nimmt dieses Anerbiethen an. Baderich wird geschlagen, und 520. umgebracht.

16. Hermenfried erfüllet das dem austrasischen König geleistete Versprechen nicht, sondern behält seines Bruders Land alleine.

17. So lange der mächtige Theodoricus Veronensis lebt, verschiebt der austrasische

fische König gleiches Namens seine Rache. Nach seinem Tode aber dringt er in Thüringen ein. Sein Bruder, der König Clotharius zu Soissons, steht ihm bey. Er bricht mit einem andern Kriegsheere durch das Land der Allemannen in Thüringen ein, und erficht einen Sieg an der Nab; welche damahls unttr die thüringischen Flüsse gehört.

18. Nachdem Hermenfried das grosse dreytägige Treffen bey Runiberg (andere nennen es Tenneberg) verlohren: so wird er in Scheidingen belagert, und muß sich endlich ergeben. Amalberga flüchtet nach Italien. Amalfried, ihr Sohn, nach Constantinopel. Die übrigen Prinzen Hermenfrieds werden hingerichtet, und er selbst findet zu Zülpich seinen Tod, woselbst er von einer hohen Mauer gestürzt wird.

531.

VENANTII FORTVNATI poema de excidio Thuringiae.

CASP. SAGITTARII antiquitates regni Thuringici. Ienae, 1685. 4.

Joh. Heinrich vor Falkensteins thüringische Chronick. Erstes Buch. Erfurt, 1738. 4.

II. Thüringen, als eine Provinz des fränkischen Reichs.

1. Auf diese Weise hört Thüringen auf, ein Königreich vorzustellen. Es wird von die-

Dritte Abtheilung.

dieser Zeit an nach der Art der übrigen Provinzien des fränkischen Reiches eingerichtet, und durch Herzoge und Grafen regiert.

2. Die Sachsen, welche den Franken im thüringischen Kriege beygestanden, bekommen zur Belohnung das nordliche Thüringen; von welcher Zeit an die Unstrut auf dieser Seite die Grenze ist.

3. Vermuthlich haben sich auch, nach dieser Veränderung, die Bajern in dem südlichen Thüringen, mit Erlaubniß der Franken, ausgebreitet, und den Theil desselben, welchen sie an sich gezogen, den Nordgau, oder den nordlichen Theil ihres Landes, genennt.

4. Theodoricus hat zum Nachfolger seinen Sohn Theudebert; und dieser seinen Sohn Theudobald; welcher ohne Kinder stirbt. Worauf sich die Thüringer wieder vom fränkischen Reiche losreissen wollen. Aber Clotharius, Theudobalds Großvaters Bruder, treibt sie durch die Waffen zu paaren, und vereiniget sie aufs neue mit der fränkischen Monarchie.

555.

5. Die Hunnen suchen das Land mit Streifereyen heim, und die Sorben fangen an, sich in dem östlichen Thüringen auszubreiten. Sie bemächtigen sich dessen nach und nach, und dringen bis an die Saale;

welche von der Zeit an die Grenze zwischen ihnen und den Thüringern ist.

638. 6. Der fränkische König Dagobert I stirbt, und hinterläſſet zwey minderjährige Söhne, Siegebert II, und Clodowig II, davon iener Austrasien bekommt. Radulph, welchen Dagobert zum Herzog in Thüringen geſetzet, empört ſich unter der neuen Regierung.

7. Es wird ein Kriegsheer nach Thüringen geſchickt; Radulph geſchlagen; und in einem Schloſſe belagert.

8. Es kommt abermahls zu einem Gefechte, in welchem Radulph ſiegt; worauf Unterhandlungen angefangen werden. Radulph verſpricht, den König Siegebert für ſeinen Oberherrn zu erkennen, und bleibt Herzog in Thüringen.

9. Von der Meynung einiger, daß dieſer Rudolph Rudelſtadt erbauet habe.

10. Ihm folgt in der herzoglichen Würde ſein Sohn Hetan der ältere; dieſem ſein Sohn Theobald; und dieſem ſein Bruder Gotzbert I, welchen der heil. Kilian zur chriſtlichen Religion bringt.

11. Dem Herzog Gotzbert I folgt ſein Sohn gleiches Namens, und dieſem ſein Sohn Hetan der iüngere; welcher dem Stifte Uetrecht verſchiedenes in Thüringen ſchenkt.

Dritte Abtheilung. 43

Diplomata in Falkensteins thüringischer Chronick, T. II. p. 73. eiusdemque antiquit. Nordgauiens. T. II. p. 286.

12. Weil er sich in eine unabhängige Freyheit zu setzen, und vom fränkischen Reiche loszureisen sucht: so treibt ihn der ältere Pipin zu paaren. Er verliehrt das Herzogthum, und an seine Stelle wird damahls kein anderer Herzog in Thüringen verordnet.

13. Bonifacius kommt zum ersten mah- 718. le nach Thüringen, um es zur römischen Kirche zu bringen. Als er aber Nachricht empfängt, daß Radbod, König der Friesen, mit Tode abgegangen sey: so verfügt er 719. sich aus Thüringen nach Friesland, und rottet das Heydenthum vollends aus.

14. Er kehret nach Hessen zurück, und fängt an, zu Amanaburg (Hamelburg) zu predigen; woselbst er auch eine Kirche 721. und Kloster bauet, welches unter denen, so von ihm in Teutschland gestiftet worden, das erste ist.

15. Er berichtet dem Pabst Gregorius II den glücklichen Fortgang seiner Lehre. Ja er geht zum andernmahle nach Rom; 722. da er denn den Namen Bonifacius bekommt, indem er zuvor Winfried geheisen. Er kehret mit Empfehlungsschreiben an Carl Martelln, und an alle geistliche und weltliche Herren zurück.

Epist.

Epiſt. Greg. 11. inter Epiſtolas Bonifacianas n. 119. 120.

724. 16. Auch giebt ihm Carl Martell einen Schutzbrief an die Thüringer und Heſſen.

Dipl. in BARONII annal. ad a. 724. n. 2.

17. Er wendet ſich wieder nach Heſſen; hauet die abgöttiſche Donnereiche bey Geiſmar um; und bauet aus dem Holze dem heil. Petrus zu Ehren eine Kapelle.

18. Zerſtöhret darauf die Götzen Stufo, Retho, Biel, Lahra und Jecha.

19. Er beſetzet Thüringen mit römiſchen Prieſtern, und ſtiftet Kirchen und Klöſter; unter andern zu Ordruf.

Monumenta monaſterii S. Michaelis archangeli Ordorfiani, in THVRINGIA SACRA p. 16.

743. 20. Er ſtiftet ein Biſthum zu Erfurt; welcher Ort ietzo zuerſt vorkommt. Das daſelbſt angelegte Biſthum aber geht nach dem Tode des Adelarius, dem es anvertrauet worden, wieder ein.

21. Dieſe Stiftungen tragen nicht wenig dazu bey, daß das Land beſſer als zuvor angebauet wird.

22. Bonifacius bekommt vom Pabſt Gregorius III das ertzbiſchöfliche Pallium, und wird einige Zeit hernach der erſte Ertz-
745. biſchof zu Maynz.

23. Noch

23. Noch zuvor stiftet er das Kloster Fulda, und macht seinen getreuen Sturm im Jahr 744 zum ersten Abte daselbst.

24. In denen Kriegen, welche der jüngere Pipin mit seinem Stiefbruder Gripo führet, leidet Thüringen nicht wenig.

25. Bonifacius trägt vieles dazu bey, daß Pipinus sein Vorhaben, den König Childerich IV vom Throne zu stossen, und sich 752. darauf zu schwingen, glücklich ausführet.

26. Er wird endlich in Friesland erschla- 755. gen, und zu Fulda begraben.

CASP. SAGITTARII antiquit. gentilismi et Christianismi Thuringici. Ienae, 1685. 4.

HENR. PHILIPPI GVDENI diss. de Bonifacio. Helmst. 1722 sub praesidio BOEHMERI habita.

Eiusd. observ. miscellaneae, ex historia Bonifacii selectae.

OTHLONI vita S. Bonifacii.

27. Weil also durch seine Bemühung Thüringen zur römischen Kirche gebracht worden: so ist es nachmahls, bis auf die Reformation, unter dem Kirchensprengel der Ertzbischöfe von Maynz geblieben.

28. Bey dem langwierigen Kriege Carls des grossen mit den Sachsen wird Thüringen sehr mitgenommen. Dieses mag die Ursache der Meuterey seyn, welche von den Thüringern gegen Carln gemacht, aber noch zu rechter Zeit unterdrückt wird.

29. Die-

Dritte Abtheilung.

29. Viele Thüringer, besonders aus dem südlichen Theile dieses Landes, werden in andere Gegenden geschickt, und ihre Wohnsitze Franken eingeräumt; von welcher Zeit an sie nicht mehr zu Thüringen, sondern zum heutigen Frankenlande gehört haben.

30. Nachdem also die Sachsen Nordthüringen; die Sorben Ostthüringen; und die Franken Südthüringen bis an den thüringer Wald an sich gezogen: so sind die Gauen des übrigen Thüringens folgende:

Altgau,	Nabelgowe,
Eichsfeld,	Omefeld,
Engelheim,	Südthüringen (im
Finne,	besonderen Verstande)
Hörselgau,	Vatergowe,
Ilmin,	Westergowe.
Langewiesen,	

31. Erfurt kommt immer in mehrere Aufnahme, und ist zu Carls des grossen Zeiten bereits eine Handelstadt, woselbst, nach dieses Kaisers Verordnung, die Kaufleute, welche mit den Wenden handeln, ihre Niederlage halten.

Caroli M. Capitulare anni 805. ad omnes generaliter cap. 7.

34. Nach Carls des grossen Tode ist Thüringen unter seinem Sohne Ludwig dem frommen ziemlich ruhig.

33. Sein Sohn Ludwig der teutsche bekommt, Kraft der väterlichen Verordnung,

nung, anfänglich, nebst andern teutschen Ländern, auch Thüringen; welches ihm der Vater hernach wieder nimmt, und verlangt, daß er mit Baiern zufrieden seyn solle; worüber Unruhen entstehen, in welchen Ludwig der fromme stirbt. 840.

34. Sein ältester Sohn Lotharius sucht die gesammten fränkischen Länder, und also auch Thüringen, zu behaupten. Seine Brüder, Ludwig der teutsche, und Carl der kahle, widersetzen sich ihm männlich, und gewinnen das Treffen bey Fontenay; worauf der Vertrag zu Verdun geschlossen wird, in welchem Ludwigen die gesammten teutschen Provinzien, und also auch Thüringen, verbleiben. 843.

35. Unter dieses teutschen Königs Regierung geschiehet die erste Erwehnung des limitis Sorabici. Thüringen bekommt wieder Herzoge, und, ums Jahr 849, ist Dachhülf Herzog in Thüringen, und Markgraf auf der sorbischen Grenze.

36. Als Ludwig der jüngere sich gegen seinen Vater auflehnt: so ziehet er auch die Thüringer an sich; wird aber bald mit dem Vater ausgesöhnt. 865.

37. Die Sorben verwüsten Thüringen unter Ludwigs des teutschen Regierung einige mahle gewaltig.

84 Dritte Abtheilung.

874. 38. Nach Dachhülfs Tode wird Radulph II Herzog in Thüringen.

876. 39. Nach Ludwigs des teutschen Absterben theilen sich seine drey Söhne in
Teutschland; da denn Thüringen, nebst andern Ländern, an Ludwigen dem iüngern
kommt.

40. Nach dessen Tode es an seinen Bruder, Carln den dicken, gelangt.

887. 41. Carl der dicke wird abgesetzt, und
Arnulph, desselben Bruders, Carlmanns,
natürlicher Sohn, gelangt auf den teutschen
Thron; wozu die Thüringer nicht wenig
beytragen.

42. Nach Radulph II wird Heinrich,
und nach diesem sein Bruder, Poppo, Herzog in Thüringen.

892. 43. Arnulph entsetzt ihn seiner Würde,
und giebt sie Conraden.

44. Als dieser dieselbe freywillig nieder-
legt: so bekommt sie Burchard, welcher,
908. unter der Regierung Ludwigs des Kindes, in einem Treffen gegen die Ungarn
bleibt.

CASP. SAGITTARII antiquitates ducatus
Thuringici. Ienae, 1687. 4.

45. Worauf der Herzog Otto in Sachsen auch Herzog in Thüringen wird.

46. Der teutsche König Conrad I, welcher nach Ludwigs des Kindes Absterben
er-

Dritte Abtheilung. 49

erwählet wird, will Heinrich dem Vogler, Herzog Ottens Sohne, Thüringen nicht lassen.

47. Dieser aber behauptet Thüringen mit dem Degen in der Faust, und verjagt alle die, so es nicht mit ihm halten; nimmt auch alles weg, was dem Erzstifte Maynz gehört.

48. Die Hunnen thun einen abermahli- gen Einfall in Thüringen und Sachsen. 916.

III. Thüringen unter den sächsischen und fränkischen Kaisern.

1. Nach Conrads I Tode wird der Herzog Heinrich König in Teutschland. 919.

2. Die Hunnen beunruhigen Teutschland, und insbesondere Thüringen gewaltig. Heinrich macht mit ihnen einen Stillstand auf neun Jahre, nach deren Verlauf er sie bey Sondershausen, und bey Merseburg, aufs Haupt schlägt. 924

3. Stiftung des ehemaligen Nonnenklosters zu Arnstadt. 925.

4. Synodus zu Erfurt. 932.
HARDVIN coll. concil. T. VI. P. 1. p. 573. Salkenstein von dem 932 zu Erfurt gehaltenen Synodo, in analect. Nordgau. P. IX, p. 248.

5. Nach

936. 5. Nach Heinrichs Tode gelangt sein Sohn Otto I auf den teutschen Thron.

6. Nichtiges Vorgeben, daß dieser seinem natürlichen Sohne Wilhelm, Erzbischof von Maynz, und seinen Nachfolgern, ganz Thüringen unterworfen habe; ob man gleich nicht läugnen kan, daß dieser Wilhelm eine Zeitlang im Namen des Kaisers die Statthalterschaft daselbst geführet habe.

968. 7. Otto I bestätiget die Stiftung des Klosters Bebra in Thüringen.

    Historische Nachricht vom Stifte Bebra, in Kreyßigs Beyträgen zur Hist. von Obersachsen, P. I. p. 319.

8. Sein Sohn und Nachfolger, Otto II, macht das Kloster Memleben zu einer freyen Reichsabtey.

    Schamelli Beschreibung dieses Klosters. Naumburg, 1729. 4. (und in Thuringia sacra p. 746.)

    Diplomatischer Beytrag zur Historie des Klosters Memleben, in Kreyßigs Beyträgen zur Hist. von Obersachsen, P. II. p. 323.

9. Der Kaiser Heinrich II erläßet den Thüringern den Tribut, welchen sie bis dahin den Kaisern entrichtet.

10. Ludwig der bärtigte, Herzog Carls von Lothringen Sohn, kauft sich in Thü-

Thüringen an, und bekommt vom Kaiser 1026.
Conrad II ansehnliche Güther daselbst.

    Dipl. Conradi II. in Lünigs Reichsarchiv, part. spec. II. Cont. IV. Abth. IV. Abs. p. 176.

11. Welche er durch Vermählung mit Cäcilia, Gräfin von Sangerhausen, vermehrt, und im Jahr 1056 stirbt.

    HARTMANNI oratio de Ludouici barbati natalibus, rebusque gestis, appendicis loco, parti I. hist. Hassiacae subiuncta.

12. Unter Heinrichs IV Regierung ist Thüringen sehr unruhig, indem es sich aus allen Kräften widersetzt, dem Erzbischof von Maynz den verlangten Zehnden zu entrichten.

    IOAN. FRID. de BEVLWIZ de tempestatibus, ex decimis Thuringicis, a Moguntinis archiepiscopis olim exactis, tempore Henrici IV exortis. Halae, 1742. 4.

13. Ludwig der Springer, Ludwigs des bärtigen Sohn, nimmt an diesen Unruhen grossen Antheil.

14. Er vermählt sich mit Adelheid, des Pfalzgrafens von Sachsen, Friedrichs, Wittwe.

15. Fabel, daß er, wegen des an gedachtem Pfalzgrafen begangenen Mordes, auf den Giebichenstein gesetzt worden, und sich durch einen gefährlichen Sprung daraus gerettet habe.

                            CONR.

CONR. FRID. REINHARDI comm. qua fabula de faltu Lud. II. cognomine Salii, refellitur. Halae, 1726. 4.

16. Ecbert II, Markgraf in Thüringen und Sachsen, nimmt ebenfalls grossen Antheil an den Unruhen unter Heinrichs IV Regierung. Er tritt auf die Seite Hermanns von Luxenburg, und stellet hernach selbst einen Gegenkaiser vor, wird aber in ei-
1090. ner Mühle erschlagen.

Exercitationes noſtrae de Ecberto Anti-Caeſare. rec. Erlangae, 1752. 8.

17. Die Würde eines Markgrafens in Thüringen erlöscht.

18. Unter dem Kaiser Heinrich V entstehen abermahlige Unruhen in Thüringen, als derselbe den Pfalzgraf Siegfried um seine Erbschaft, die Länder des Graf Ul-
1112. richs von Orlamünde, bringen will.

1114. 19. Ludwig der Springer wird gefangen; kommt aber wieder auf freyen Fus.

20. Er so wohl als seine Gemahlin erzeigen sich milbthätig gegen die Geistlichen, indem Ludwig drey Klöster, zu Sangerhausen, Reinhardsbrunn, und Weissenburg; seine Gemahlin aber das Kloster Oldisleben stiftet.

Schamelii Historische Beschreibung des Klosters
Ol-

Dritte Abtheilung.

Oldisleben. Naumburg, 1730. 4. (und in *Thuringia sacra* p. 709.)

21. In diese Zeiten fällt auch die Stiftung des Klosters Paulinzelle, welche der Pabst Paschalis II im Jahr 1114 bestätiget.

Diplomatarium titulare vom Kloster Paulinzelle, in Kreyßigs Beyträgen zur Hist. der chur- und fürstl. sächsis. Lande P. IV. p. 225.

22. Graf Wichmann stiftet das Kloster Kaldenborn. 1115.

D. BERH. FRID. RVD. LAVHNII comment. de Wigmanno, conditore monasterii Caldenborn, comite nec Orlamundano, nec Vinariensi. Ienae, 1762. 4.
Codex diplomaticus monasterii Caldenborn, in SCHOETTGENII et KREYSIGII script. rer. Germ. T. II. p. 689.

IV. Thüringen unter den Landgrafen.

Ludwig I,

1. Ludwigs des Springers Sohn, wird vom Kaiser Lotharius zum Landgraf in Thüringen gemacht. 1130.

2. Von dem nichtigen Vorgeben, als wäre bereits zuvor der Graf Hermann von Winzeburg Landgraf in Thüringen gewesen.

3. Dem

3. Dem neuen Landgraf werden auch die Stifter, und die thüringischen Grafen, unterworfen.

4. Verzeichniß der alten thüringischen Grafschaften.

Arnshaug,
Beichlingen,
Berka,
Brandenberg,
Buche,
Camburg,
Ebersberg,
Gleichen,
Hohenstein,
Kammerstein,
Kefernburg,
Kirchberg,
Klettenberg,
Lobdeburg,
Lora,
Mannsfeld,
Mühlberg,
Orlamünde,
Rabinswald,
Raspenburg,
Rothenburg,
Sangerhausen,
Schwarzburg,
Stollberg,
Vieselbach.

1131. 5. Stiftung des Klosters Volkenrode.
SCHOETTGENII Historia monasterii Volcolderodensis diplomatica, in eius et KREYSIGII script. rer. Germ. T. 1. p. 750.

1133. 6. Stiftung des Klosters Bürgel.
Johann Basilii von Gleichenstein primitiae Burgelenses. Ienae, 1729. 8.

1140. 7. Stiftung des Klosters Heusdorf.
Thuringia sacra p. 321.

1140. 8. Der Landgraf Ludwig I stirbt.

Lud-

Ludwig II, mit dem Beynamen der eiserne.

1. Folgt seinem Vater in der Regierung.
2. Anfang der Stadt Weissensee.
3. Stiftung des Klosters Roßleben.

Schamelii historische Beschreibung dieses Klosters. Naumburg, 1729. 4. (und in *Thuringia sacra* p. 736.)

4. Sizzo, Graf von Kefernburg, stiftet das Kloster Georgenthal. 1143.

Erzbischöfl. maynzische Bestätigung, in Seydenreichs Historie des Hauses Schwarzburg, p. 29.

K. Conrads III. Bestätigung eben daselbst p. 31. Monumenta monasterii vallis S. Georgii in *Thuringia sacra* p. 464.

5. Der Landgraf Ludwig II stirbt. 1172.

Ludwig III, der fromme.

1. Des vorigen Sohn, tritt darauf die Regierung an.
2. Thut mit dem Kaiser Friedrich I einen Zug ins gelobte Land. } 1188.
3. Stirbt daselbst. 1190.

Hermann I.

1. Des vorigen Bruder, folgt ihm in der Regierung.

2. Seine Händel mit dem Markgraf von Meißen Albrecht dem stolzen.

3. In den damahligen Unruhen in Teutschland, hält es der Landgraf anfänglich mit Otto IV gegen Philippen aus dem hohenstaufischen Hause.

4. Die Böhmen, seine Bundsgenossen, beschädigen Thüringen mehr, als des Landgrafs Feinde. Zu gleicher Zeit verwüstet es Philipp; und der Erzbischof von Maynz Siegfried.

1199. 5. Hermann verlässet die bisherige Parthey, und tritt auf die Seite Philipps; welcher ihn dafür mit Mühlhausen, Nordhausen, Saalfeld, und einigen andern Stücken belehnt.

1203. 6. Gleichwohl verlässt er seine Parthey wieder auf Anstiften des Pabsts Innocentius III; weswegen Philipp in Thüringen einfällt, und übel hauset.

7. Deswegen unterwirft sich ihm der Landgraf aufs neue; wodurch er aber Otto IV wider sich aufbringt, welcher Thüringen gewaltig verwüstet.

1208. 8. Nach Philipps Ermordung wendet er sich auf die Seite Friedrichs II; weswegen Otto Thüringen wieder heimsucht.

1215. 9. Der Landgraf stirbt, und hinterlässet Thüringen in einem erbärmlichen Zustande,

den

den er durch seine wetterwendische Aufführung verursacht.

10. Unter dieses Landgrafs Regierung stiftet der Graf Dietrich der ältere von Berka das ehemahlige Nonnenkloster Berka; oder versetzt es vielmehr dahin von dem nahe gelegenen Orte München.

Ludwig IV, mit dem Beynamen der heilige, ingleichen der gütige,

1. Des vorigen Sohn und Nachfolger, vermählt sich Elisabeth, des Königs Andreas II in Ungarn Tochter.

2. Er führet die Vormundschaft über den Markgraf von Meisen, Heinrich den erleuchteten

3. Er will Kaiser Friedrich II auf seinem Zuge ins gelobte Land begleiten.

4. Welchem Zuge auch Ernst, Graf von Gleichen, beywohnet, von dessen zwey Weibern, die er zugleich gehabt haben soll, nicht wenig geredet und geschrieben worden.

Joh. Zach. Gleichmanns Nachricht hiervon in der dritten Sammlung der thüringischen Merkwürdigkeiten Cap. VI. p. 106. sqq

Joh. Heinrichs von Falkenstein entgegen gesetzte Schrift (analectorum Thuringo-Nord-gauiensium T. X. p. 269.)

Gleichmanns gerettete Ehre der türkischen Prinzeßin ꝛc. ꝛc. (in Oetters Sammlung ver-
schie-

schiedener Nachrichten aus allen Theilen der historischen Wissenschaften, im ersten Bande p. 550. sqq.

1228. 5. Der Landgraf stirbt unterwegens zu Otranto in seinen schönsten Jahren.

Hermann II,

1. Des vorigen Sohn, ist bey Absterben seines Vaters minderjährig.

2. Er wird nebst seiner Mutter Elisabeth und Schwestern von Heinrich Raspen, seines Vaters Bruder, verdrungen.

3. Elisabeth wendet sich anfänglich nach Bamberg. Endlich wird ihr Marburg zum Leibgedinge ausgemacht, woselbst sie 1231, den 19. Nov. stirbt, und nach ihrem Tode unter die Heiligen gezehlet wird.

Canonisatio S. Elisabethae, in CHERVBINI bullario T. I. p. 78.

Auctor rhythmicus de vita S. Elisabethae, Landgrauiae Thuringiae, in MENCKENII script. rer. Germ. T. II. p. 2034.

Narratio breuis de translatione S. Elisabethae in script. rer. Germ. SCHOETTGENIO-KREYSSIGIANIS T. I. p. 107.

1240. 4. Hermann wird mit Gift aus dem Wege geräumet; seine älteste Schwester Sophia aber mit dem Herzog Heinrich von Brabant vermählet.

Hein-

Heinrich Raspe.

1. Wirft sich gedachter maſſen zum Landesherrn auf.

2. Führet das Reichsvicariat in Abweſenheit des Kaiſers Friedrichs II, welcher damahls in Italien iſt. 1242.

  Diploma Henrici Raſponis, ſacri imperii per Germaniam procuratoris, de anno 1242 in HAHNII coll. monum. T. I. p. 94.

3. Nachdem der Pabſt Innocentius IV den Kaiſer Friedrich II auf der Kirchenverſammlung zu Lion abermahls in den Bann gethan: ſo biethet er die kaiſerliche Würde überall aus. Endlich giebt der Landgraf den päbſtlichen Lockungen Gehör.

4. Er läſſet ſich zu Würzburg von einigen Reichsfürſten wehlen; wird vom Pabſt unterſtützt, und erficht bey Frankfurt einen Sieg gegen Friedrichs Sohn, Conrad. 1246.

5. Belagert darauf Reutlingen vergeblich.

6. Er belagert ferner Ulm; wird in der Belagerung verwundet; und muß ſie aufheben.

E 3   7. Er

1247. 7. Er stirbt ohne Leibeserben zu hinterlassen, und mit ihm geht der alte landgräfliche Stamm aus.

 Casp. Sagittarii gründlicher Bericht von Landgraf Heinrichs in Thüringen römischer Königswahl und Regierung. Jena, 1692. 4. (et in ECCARDI hist. geneal. princ. Sax. sup. p. 469 sqq.)

 FRID. CHRISTIANI SCHMINCKII dis. epist. de vera epocha electionis et mortis Henrici Rasponis etc.

 IO. FRID. GRVNERI exercitat. de Henrici Kaspe in regem Romanorum electione, rebus in imperio gestis, et vitae exitu. (in opusculis ad illustr. hist. Germ. pertinent. Vol. I. p. 1. sqq.)

Anhang

zur dritten Abtheilung.

1.

Die Residenz der alten Landgrafen war die Wartburg bey Eisenach. Woher sie nicht selten, sonderlich auf den Blechmünzen, comites prouinciales de Isenac genennt werden.

Joh. Michael Kochs Beschreibung der Wartburg. Eisenach 1710. 8.

2. Anmerkung vom thüringischen Wappen. Vermuthung, daß Ludwig der bärtigte einen mit Silber und Roth gefaschten Schild geführet (indem die Franken die weise und rothe Farbe sonderlich hochgehalten, dieser Graf aber aus dem carolingischen Hause gewesen,) und daß daher die silbernen und rothen Streifen nachmahls auf den thüringischen Löwen gekommen.

3. Ob man gleich heutzutage das dazu gehörige Helmkleinod, die zwey silbernen Büffelshörner, iedes mit fünf dreyblätterichten grünen Zweigen aussen besteckt: so findet man doch auf den Siegeln, und andern Denkmahlen der alten Landgrafen, nur viere.

4. Es läst sich aus sichern Documenten Darthun, daß die vier thüringischen Hofämter der Marschälle, Kämmerer, Truchsesse,

seße und Schenken schon zu Ausgange des zwölften Jahrhunderts bey den Familien derer von Ebersberg, Vaner (oder Fahner), Schlotheim und Vargila gewesen.

Joh. Gottlob Horns Abriß von den edlen Erbbeamten in den chur= und fürstl. sächsischen Provinzien, (besonders §. 36 = 52.) in der hist. Handbibliothec von Sachsen, P. I. p. 58.

Joh. Zach. Gleichmanns Remarquen von den thüringischen Erbhofämtern. Jena, 1752. 4.

Joh. Heinrichs von Falckensteins Anmerkungen über Hrn. Gleichmanns thüringische Erb= und Hofämter (in anal. Nordg. P. X. p. 318.)

5. Von denen Landtägen, welche die alten Landgrafen in Thüringen gehalten, ist der einzige vom Jahr 1195 bekannt; ob man gleich den Ort, wo er gehalten worden, nicht anzugeben weiß.

6. Obgleich Kaiser Philipp den Landgraf Hermann I mit Mühlhausen, Nordhausen und Saalfeld beliehen: so haben doch Mühlhausen und Nordhausen ihre alte Freyheit wieder erlangt; wozu der Abgang des alten landgräflichen Mannsstammes, und die darauf erfolgten Unruhen, nicht wenig mögen beygetragen haben. Kaiser Conrad IV, und nachmahls Kaiser Wilhelm haben der Stadt Mühlhausen besondere Privilegien ertheilet, daß
sie

sie nie sollte verpfändet, oder jemand damit belehnt werden.

Diplomata in **Lünigs** Reichsarchive part. spec. Cont. IV. p. 1426. und in DV MONT Corps diplomat. T. l. P. 1. p. 201. conf. GRASHOFII origines Mühlhusanae p. 94.

7. Saalfeld, welches ehedessen unmittelbahr zum Reiche gehöret, nachmahls an Cölln gelangt war, bekam der Erzbischof Adolph bey seiner Aussöhnung mit dem Kaiser Philipp, im Jahr 1204 wieder. Nach Philipps Tode ist der Ort durch des Kaisers Otto IV Genehmhaltung an die Landgrafen von Thüringen, und von selbigen an die Grafen von Schwarzburg kommen. Nachmahls hat ihn Graf Günther im Jahr 1389 an Friedrich den streitbahren, und seine Brüder verkauft, von welcher Zeit an er beym Hause Sachsen geblieben ist.

Saalfeldische Historien in **Struvens** hist. und polit. Archive. P. II. p. 51.

8. Erfurt war freylich keine Reichsstadt. Doch hatte dieser alte Ort vor andern thüringischen Städten grosse Freyheiten: stunde aber unter landgräflicher Hoheit. Die Erzbischöfe von Maynz hatten ebenfalls einige Gerechtsame daselbst; welche sie immer weiter auszudehnen suchten.

9. Der Ursprung dieser Gerechtsame ist von der obgedachten Statthalterschaft des mayn-

maynzischen Erzbischofs Wilhelms, des natürlichen Sohns Kaisers Otto I, herzuleiten. Dieser hielt sich, so oft er in Thüringen war, zu Erfurt, als dem damahligen ansehnlichsten Orte in Thüringen, auf, und baute sich daselbst ein Haus, zu welchem er einige von seinem Vater, Otto I, in Thüringen ihm geschenkte Güther und Gerechtigkeiten zog; woraus der dasige maynzische Hof, und das ihm anhängige maynzische Gericht, entstanden ist.

10. Von den ehemahligen vier Gerichts- oder Dingstühlen in Thüringen, welche zu Gotha, Thomasbrücken, Weissensee und Buttelstaedt gewesen seyn sollen.

> Bericht von den Gerichten des Landes zu Thüringen in Struvens hist. und polit. Archive, P. II. p. 251.

11. Das römische und päbstliche Recht fängt schon an im dreyzehnden Jahrhundert in Thüringen und Hessen einzuschleichen.

> Analecta Hassiaca coll. IX. p. 191. not. a.

12. Es ist nicht unwahrscheinlich, daß mit denen arianischen Geistlichen, welche der Königin Amalberga nach Thüringen gefolgt, schon einige wenige Gelehrsamkeit nach Thüringen gekommen; aber schlecht verbreitet worden.

13. Die Klöster wurden nachmahls die Wohnsitze der wenigen Erkenntniß, welche man damahls hatte, und andern mittheilte.

14. Am

14. Am Hofe der Landgrafen war zu Anfange des dreyzehnden Jahrhunderts die deutsche Dichtkunst beliebt.

15. Spiel zu Wartburg.

16. Ob sich gleich die alten Thüringer vorzüglich mit dem Ackerbau und der Viehzucht beschäftiget haben: so sind sie dennoch nicht ohne alle Handlung gewesen; nach dem Beyspiele der benachbarten Franken, Sachsen und Wenden.

17. Es ist unausgemacht, wenn man in Thüringen zu münzen angefangen habe. Auffer den Landgrafen münzten auch die Grafen von Schwarzburg, Stollberg, u. a. wie auch die Städte Mühlhausen und Nordhausen.

SCHLEGELII Tract. de nummis antiquis, Isenacensibus, Muhlhusinis, Northusinis et Weissenseensibus. Ienae, 1703. 4.

Vierte

Vierte Abtheilung,

in welcher die Geschichte der Landgrafen in Thüringen und Markgrafen von Meisen vorgetragen werden, bis auf die Zeit, da Friedrich der streitbahre das Herzogthum Obersachsen und die Churwürde auf sein Haus gebracht.

Heinrich der erleuchtete, ingleichen der gutthätige.

1.

Nach Heinrich Raspens Tode sucht der Markgraf von Meisen, Heinrich der erleuchtete, seine Ansprüche auf dessen gesammte Länder, welche sich sowohl auf die Verwandschaft mit dem Verstorbenen, als auch auf die vom Kaiser 1242 erhaltene Anwartschaft, und Heinrich Raspens eigene Verordnung gründen, so gleich auszuführen.

2. Das

2. Das Haus Brabant hingegen macht auch Ansprüche. Obgedachte Sophia, Ludwigs des heiligen Tochter, des Herzogs Heinrichs von Brabant Gemahlin, sucht diese ansehnliche Erbschaft an ihr Haus zu bringen.

3. Sophia begiebt sich in Person nebst ihrem kleinen Sohne Heinrich, aus Brabant nach Hessen und Thüringen. Marburg, Cassel, Eisenach u. a. Orte, unterwerfen sich ihr.

4. Da hingegen der gröste Theil von Thüringen, nebst denen daselbst befindlichen Grafen es mit dem Markgraf von Meissen halten, und ihn für ihren Oberherrn erkennen. 1249.

Reuersales comitum nobiliumque Thuringiae, quibus Henricum pro Domino suo et Landgrauio Thuringiae agnoscunt, in Lünigs Reichsarchive, Part. spec. II. cont. IV. Abth. II. Abs. p. 177.

5. Bey diesen Unruhen befehden die thüringischen Landsassen einander selbst gewaltig, und es gehet alles drunter und drüben.

6. Es wird ein Interimsvergleich getroffen, Kraft dessen dem Hause Brabant Hessen, und Heinrich dem erleuchteten Thüringen, bis zu ausgemachter Sache, verbleiben soll.

7. Gerhard, Erzbischof von Maynz, thut 1252. so wohl dem Markgraf, als die Herzogin

in den Bann. Dieser wird bald wieder aufgehoben, und zwischen dem Erzbischof und dem Markgraf Heinrich ein Interimsvergleich, in Ansehung der maynzischen Lehne, errichtet.

<blockquote>Conentio interimiſtica inter Gerhardum et Marchion. Miſn. Henricum, tum proprio, tum Henrici pueri nomine, quoad feuda, morte Henrici Raſponis conſolidata, in GVDENI codice diplomatico p. 639.</blockquote>

8. Sophia fängt die Gewaltthätigkeiten von neuem an; fällt wieder in Thüringen ein, in der Absicht Heinrichen gänzlich daraus zu vertreiben; und bekommt Hülfe von dem Herzog Albrecht von Braunschweig.

9. Sie ziehet auch das Haus Anhalt auf ihre Seite; welches ihr um so viel leichter fällt, weil dieses Haus ohnehin nicht wohl mit Heinrich dem erleuchreten steht.

10. Dieser aber ist gegen alle seine Feinde glücklich, und gewinnt unter andern zwischen Halle und Wettin ein Treffen, in welchem der Herzog Albrecht selbst, nebst verschiedenen andern Grossen, gefangen wird.

1263. 11. Hierauf kommt es zum Frieden, in welchem Thüringen, und die Pfalz Sachsen, dem Markgraf, Hessen aber Heinrichen dem Kinde verbleibt. Albrecht bekommt seine Freyheit wieder, gegen Erlegung 8000 Mark Silbers und Abtretung der Schlösser Allendorf, Witzenhausen, Arnstein, Eschwege, Fürstenstein, Sontra, Wanfried, und Ziegenberg, welche zu Hessen geschlagen werden.

12. Anmerkung wegen des thüringischen und heßischen Wappens, und wie in Ansehung der rothen Streifen des silbernen Löwens ein Unterschied gemacht worden.

13. Es wird eine Erbvereinigung zwischen dem Markgraf, und Heinrich dem Kinde errichtet. Die Erbverbrüderung aber kommt damahls noch nicht zu Stande.

14. Die bisherigen Unruhen verhindern Heinrich den erleuchteten, daß er nach Abgange der Herzoge von Oesterreich aus dem bambergischen Hause im Jahr 1246 seine ihm wegen seiner Gemahlin Constantia zukommenden Rechte auf die österreichischen Lande nicht ausführen kan.

15. Er macht ums Jahr 1263 eine Ländertheilung unter seinen Söhnen. Dem ältesten, Albrecht, giebt er Thüringen und die Pfalz Sachsen; dem andern Dietrich das Osterland (welcher darauf seinen Sitz zu Landsberg nimmt, und daher der Markgraf von Landsberg genannt wird); dem dritten, Friedrich, einige Städte in Meissen; und behält sich das übrige Meissen und die Laußitz vor.

16. Prächtiges Turnier, welches der 1265. Markgraf nach Nordhausen ausschreibt.

17. Hein-

Vierte Abtheilung.

1268. 17. Heinrich der erleuchtere stiftet das Kloster Seuselitz.

>Litterae fundationis in den unsch. Nachrichten aufs Jahr 1725. p. 9. conf. ibid. p. 177. et 351.

1268. 18. Nachdem der unglückliche Conradin zu Neapel enthauptet worden: so hat niemand ein näheres Recht zu den Königreichen beyder Sicilien und Jerusalem, als das Haus Heinrichs des erleuchteten, vermöge der Gemahlin seines Sohnes Albrechts, der hohenstaufischen Prinzeßin Margaretha; welches aber auch nicht ausgeführet wird.

>PETRI DE PRETIO adhortatio ad Henricum illustrem. in qua Margaretham, Frider. II. filiam, Alberti Marchionis Misniae vxorem, veram Conradini heredem in regno Siciliae ex testamento, tam fratris, quam nepotis, institutam fuisse testatur; ex MSto eruit IO. HERMANNVS SCHMINCKIVS, curante filio FRID. CHRIST. SCHMINCKIO. 1744.

1268. 19. Grosse Feindschaft zwischen den zwey Brüdern, Albrecht und Dietrich, welche in einem Krieg ausschlägt. Der Bischof von Naumburg vermittelt einen Vergleich.

20. Auch kommt es zwischen Heinrich dem erleuchteten und seinem unartigen Sohne Albrecht zu grossen Weitläuftig-

Vierte Abtheilung.

feiten; welche durch einen Vergleich beygeleget werden.

> Dipl in TENZELII vita Frid. Admorsi, S. II. §. 2. in MENCKENII script. rer. Germ, T. II. p. 914.

21. Die Zwietracht zwischen Albrechten und Dietrichen geht aufs neue an. Sie versöhnen sich zum zweyten mahle. 1275.

22. Heinrich der erleuchtete schließt ein Bündniß mit dem König in Böhmen Wenceslaus IV. 1287.

> Bundsbrief in Struvens hist. und polit. Archive, P. V. p. 346.

23. Er stirbt. 1288.

> IO. GOTTL. HORNII Henricus illustris. Francof. et Lipsiae. 1726. 4.
>
> Christ. Siegmunds Liebens zufällige Nachlese zu Heinrichs des erleuchteten Lebensbeschreibung. Altenb. 1731. 4.
>
> Johann Gottlob Horns vorläufige Untersuchung, was seither unterschiedene Gelehrte bey seiner Lebensbeschr. Markgraf Heinrichs des erleuchteten zu erinnern gefunden (in dessen sächsischen Handbibliotheck, P. VIII. p. 805. sqq.)

Zugleich
Albrecht der unartige,
in Thüringen,
Dietrich und Friedrich
in Meißen.

1. Albrecht regieret anfänglich in Thüringen nicht übel; ändert sich aber hernach gänzlich.

2. Nachdem ihm seine Gemahlin Margaretha, bereits drey Söhne, Heinrich, Friedrich und Dietrich (insgemein Diezmann genannt) gebohren: so entbrennet er in unkeuscher Liebe gegen Cunigunde von Eisenberg, mit welcher er einen natürlichen Sohn, Albert (insgemein Apiz genannt), erzeugt.

3. Der unglücklichen Margaretha wird so gar nach dem Leben getrachtet. Sie
1270. flüchtet kümmerlich den 24 Jun. bey nächtlicher Weile von der Wartburg, nachdem sie zuvor von ihren Prinzen Abschied genommen, und Friedrichen aus allzugrosser Liebe in den Backen gebissen; woher er den Zunamen der Gebissene bekommen.

4. Sie wendet sich anfänglich nach Hirsch-
1270. feld, und von dar nach Frankfurt am Mayn, woselbst sie bald darauf stirbt.

5. Der Markgraf von Meissen Dietrich besorgt die Erziehung der mit Margaretha erzeugten zwey jüngern Söhne seines Bruders. Der älteste Heinrich hält sich zu Altenburg auf; woselbst anfänglich ein wegen seiner grossen Jugend zugeordneter Richter des Pleisnerlandes die Regierungsgeschäfte besorgt.

6. Al-

6. Albrecht lässet sich nun seine Cunigunde ehelich beylegen.

7. Der Markgraf Dietrich wird von dem Fürst von Anhalt Siegfried, nebst den zwey Prinzen, Friedrich und Diezmann, gefangen. Diese entkommen aus ihrer gefänglichen Haft; der Markgraf aber muß ein Lösegeld erlegen. Hingegen nimmt er bald darauf Delitch und Bitterfeld weg, so bis dahin dem Hause Anhalt gehöret.

8. Albrecht bezeigt sich gegen seine Söhne erster Ehe sehr hart, und geht damit um, wie er seine Länder seinem mit Cunigunde von Eisenberg erzeugten Sohne zuwenden möchte. Aber die Söhne erster Ehe suchen ihr Erbrecht mit dem Degen in der Faust auszuführen.

9. Anfänglich geht es nicht glücklich. Heinrich wird aus dem Pleisnerlande verjagt; woher er den Zunamen ohne Land bekommen. Friedrich wird bey Weimar von dem Vater gefangen, und auf die Wartburg gesetzt. 1281.

10. Er entkommt aus der gefänglichen Haft durch Hülfe der Seinigen, und die Unruhen dauren fort. 1282.

11. Der Ruhm dieses jungen Helden macht, daß die Städte in der Lombardey und Toscana eine Gesandschaft an ihn schicken, und ihn zu ihren Oberherrn erwehlen; 1281.

F 2   wel-

welche günstige Gelegenheit er sich nicht zu Nutze machen kan.

1286. 12. Erster Vergleich Albrechts mit seinen Söhnen erster Ehe, Friedrich und Diezmann. (Der älteste, Heinrich, muß damahls schon gestorben gewesen seyn.)

1287. 13. Die Unruhen zwischen Albrechten und seinen Söhnen gehen wieder an. Er
1289. wird so gar von Friedrichen gefangen. Auf kaiserliche Vermittelung gelangt er wieder in Freyheit, und vergleicht sich mit seinen Söhnen.

> Alberti Landgrauii litterae de amica cum filiis conuentione in cod. dipl. WILKII vitae Ticemanni adiecto p. 77.
>
> Alberti litt. ad Abb. Fuldensem de discordia inter se et filios felibiter composita ibid. p.84.
>
> Nouae reconciliationis plenariae tabulae de anno 1290. in TENZELII vita Frid. adm. S. UI. §. X. in MENKENII script. rer. Germ. T. II p. 927.

1290. 14. Rudolph I nimmt auf einem Reichstage zu Erfurt, nebst andern wichtigen Reichssachen auch die thüringischen Angelegenheiten vor, und sucht die Unruhen zu stillen.

1291. 15. Er löset das vom Kaiser Friedrich II verpfändete Pleisnerland wieder ein.

16. Während diesen Unruhen stirbt 1283 der Markgraf Dietrich von Meisen, Albrechts

brechts des unartigen Bruder, und sein Sohn Friedrich, mit dem Beynamen Tuta oder Tatta, folgt ihm bald im Tode nach; worauf seine Vettern, die Söhne 1291. Albrechts des unartigen, erben.

17. Die Feindschaft zwischen ihnen und ihrem Vater geht aufs neue an. Auch werden sie mit Brandenburg in Krieg verwickelt. Ihr Vater verkauft endlich gar die Landgrafschaft Thüringen an den Kaiser Adolph von Nassau, Rudolphs I Nach- 1292. folger, für 12000 Mark Silbers. Die Stände aber sind ihren rechtmäßigen Landesherrn getreu.

18. Adolph lässet ein Heer in Thüringen einrucken, um sich mit Gewalt in Besitz zu setzen; da denn das arme Land grausam verwüstet wird. Nach vielen andern Unter- 1294. nehmungen kommt es zu dem Treffen bey Döbeln, welches Friedrich gewinnt, und 1297. den kaiserlichen Feldherrn, Graf Philipp von Nassau, selbst gefangen bekommt.

19. Adolph selbst wird abgesetzt, und 1298. vom Kaiser Albrecht I im Treffen bey Gelnhausen erlegt; da denn Thüringen und Meisen auf kurze Zeit Ruhe bekommt.

20. Der Markgraf Friedrich, Albrechts des unartigen Bruder, trägt seine Länder dem König in Böhmen Wenceslaus zu Lehn auf. 1299.

Dipl.

Dipl. in **Lünigs** Reichsarchive, part. spec. H. cont. IV. Abtheil. II. Absatz, Anhang, p. 1.

21. Indem dieses alles vorgeht: so stirbt des unartigen Albrechts andere Gemahlin, Cunigunde von Eisenberg. Er vermählt sich zum drittenmahle mit Elisabeth, gebohrner Reußin von Plauen, verwittweter Gräfin von Arnshaug, deren mit dem Graf von Arnshaug erzeugte Tochter, Elisabeth, Friedrich mit dem gebissenen 1300. Backen entführet und zur zweyten Gemahlin nimmt; wodurch er die Grafschaft Arnshaug, zu welcher unter andern Neustadt an der Orla, und der vierte Theil von Jena gehöret, erlangt.

HENR. GOTTLOB. FRANCKII anastasis Elisabethae senioris, Landgrauiae Thuringiae. (in SCHOETTGENII et KREY. SIGII script. rer. Germ. T. II. p. 473.)

Joh. Gottfried Büchners gründlicher Beweis, daß Landgraf Albrechts des unartigen zu Thüringen dritte Gemahlin eine gebohrne Reußin und Vögtin von Plauen gewesen. (in Oetters Sammlung verschiedener Nachrichten aus allen Theilen der hist. Wissenschaften, im ersten Bande p. 347. sqq.)

22. Der Markgraf Diezmann will die Niederlaußitz veräussern, und lässet sich des-
1301. wegen mit dem Erzbischof Burchard von Magdeburg ein.

Ven-

Venditio marchiae Lufatiae per Theodoricum iuniorem Burchardo, arch. Magd facta in Lünigs Reichsarchive, part. spec. II. cont. IV. Abth. II Abf. Anhang, p. 4.

23. Die Sache kommt aber nicht zu Stande.

ALBERTI archiep. Magdeb. et Capituli eiusd. ecclesiae litterae, quibus profitentur, quod venditio marchionatus Lufatiae, Magd. Ecclesiae per Theodoricum iuniorem facta, nunquam in effectum realem fit deducta, in Lünigs Reichsarchive, part. spec. II. cont. IV. Abth. II. Abf. Anhang, p. 10.

24. Darauf verkauft sie Diezmann an den Markgraf Hermann von Brandenburg. 1303.

25. Der Kaiser Albrecht I mengt sich in die Streitigkeiten des Landgraf Albrechts mit seinen Söhnen, und gedenkt das auszuführen, was Adolph angefangen. Seine Völker aber werden bey Lucca aufs Haupt geschlagen. 1307.

26. Der Kaiser wagt einen neuen Versuch, welcher gleichfalls fruchtlos abläuft. Er geht in seine Erblande zurück; lässet aber Philippen von Nassau in Thüringen.

27. Diecemann wird zu Leipzig den 25 Dec. tödlich verwundet, und stirbt den dritten Tag darauf. Seine Länder fallen an seinen Bruder Friedrich. 1307.

IO. GE. LEBRECHT WILKII Ticemannus. Lipfiae, 1754. 4.

28. Die

28. Dieser liefert Philippen von Nassau das Treffen bey Freyberg, welches er gewinnt, und Philippen mit eigener Hand erleget.

1308. 29. Der Kaiser Albrecht I wird ermordet.

30. Friedrich mit dem gebissenen Backen bringt das Pleisnerland, und die bisherigen Reichsstädte, Altenburg, Zwickau, und Chemnitz zu Ersetzung seines in diesem Kriege erlittenen Schadens unter sei-
1308. ne Bothmäßigkeit.

31. Nach Kaiser Albrechts I Tode wird Heinrich VI aus dem Hause Luxenburg zum Kaiser erwehlt, welcher Friedrichen den gebissenen mit Thüringen und Meisen belehnet.

1314. 32. Der unartige Albrecht stirbt zu Erfurt.

Hermann Ulrichs von Lingen Abhandlung von Albrechts des unartigen Geburth und Vermählung (in seinen kleinen Schriften P.I. p. 103.)

33. Noch einige hieher gehörige Merkwürdigkeiten.

a) Weil seiner ersten Gemahlin Hofmeister, Albrecht Schenk von Vargila, ihre Flucht befördert: so nimmt der Landgraf die Herrschaft Vargila weg; welche nachmahls an den teutschen Orden

den gekommen, und endlich 1385 an Erfurt verkauft worden.

b) Das bis dahin zu Saalfeld gewesene Frauenkloster wird nach Ilmenau verlegt, 1275.

Schamelii Nachricht von diesem Kloster, so er an Leuckfelds Chronolog. abbat. Bosauiens. andrucken lassen.

c) Heinrich IV, Graf von Gleichen, verkauft im Jahr 1294 das Eichsfeld an Maynz.

Inſtrument. venditionis in GVDENI eod. dipl. p. 887.

d) Die Grafen von Schwarzburg, Günther und Heinrich, erkaufen, im Jahr 1306, den orlamündischen Theil von Arnstadt. Nachmahls bringen sie im Jahr 1332 auch den hirschfeldischen käuflich an sich.

e) Nach Friedrichs, zugenannt Tuta, Absterben kommt Landsberg mit allem Zugehör, an Brandenburg, indem man den Markgraf von Brandenburg Heinrich im Jahr 1291 schon in Besitz davon findet; obgleich noch nicht ausgemacht ist, wie er dazu gelangt sey. Nach seinem Tode behält es seine Wittwe Agnes; deren Tochter Sophia es ihrem Gemahl, dem Herzog von Braunschweig, Magnus dem from-

frommen, zubringt; bey welchem Hause es bis 1347 bleibt.

Friedrich mit dem gebissenen Backen.

1. Busso von Lobdaburg verkauft Friedrichen sein Viertheil, so ihm von der Stadt Jena zukommt. 1315.

2. Seines Vaters Bruder Friedrich stirbt. Der Landgraf erbt ihn. 1316.

3. Nachdem er die Widerwärtigkeiten, an denen sein unartiger Vater schuld gewesen, überwunden: so hat er das Unglück in einer Fehde mit dem Churfürst Waldemar von Brandenburg, gefangen zu werden. 1317.

4. Während seiner Gefangenschaft wachen die Erfurter, und seine übrigen alten Feinde auf.

5. Er wird auf freyen Fuß gestellt; muß aber unter andern, zum Vortheil des Hauses Brandenburg, auf die Niederlaußitz Verzicht thun.

1319. 6. Vergleicht sich mit Bischof Wittig von Meisen wegen Dresden.

Dipl. in Weckens Historie von Dresden p. 163.

1324. 7. Er stirbt.

10. GARZONIS, Bononienfis, libri II. de rebus Saxoniae, Thuringiae, Libanotriae, Misniae et Lusatiae. Basil. 1518. 4. (variisque operibus historicis inserti.)

W.

W. E. TENZELII Fridericus fortis rediuiuus, seu vita et fata Friderici fortis s. admorsi. (in MENCKENII script. rer. Germ. T. 2 p. 885. sqq.)

GOTTL. FRID. SEELIGMANNI diss. de Friderico admorso Lips. 1675. 4. (et in eiusd. exercitationibus p. 1. sqq.)

Friedrich der ernsthafte, ingleichen der magere.

1. Ist bey Absterben seines Vaters annoch minderjährig, und steht unter der Vormundschaft Heinrichs, Grafens von Schwarzburg.

2. Nachdem derselbe in einem Treffen geblieben: so bekommt Heinrich Reuß, Vogt von Plauen, die Vormundschaft.

3. Diesem giebt der Kaiser Ludwig die Grafschaft Gleisberg zu Lehn, deren alte Besitzer im dreyzehnden Jahrhundert ausgestorben waren; worauf an deren Stelle besondere Vögte zu Gleisberg waren verordnet worden.

4. Der Kaiser ertheilt Friedrichen veniam aetatis. 1329.

5. Er vermählt sich mit dieses Kaisers Tochter Mechtild, und schickt dem böhmischen König Johann seine Tochter Judith, welche ihm von seinem verstorbenen 1329.

Vater zur Gemahlin ausersehen, und auch zu dem Ende an seinem Hofe erzogen worden, wieder nach Hause; wofür ihn König Johann um alles das bringt, was er bis dahin in der Oberlaußitz besessen.

1331. 6. Albrecht und Johann, Herren von Leuchtenberg, verkaufen Friedrichen die Helfte von Jena, welche ihnen bis dahin gehöret.

1331. 7. Er ziehet dem König Eduard III in Engelland gegen den König von Frankreich zu Hülfe.

8. Hat mit den Erfurtern, welchen die Grafen von Kefernburg, Orlamünde, Beichlingen und Rothenburg beystehen, viele Händel; welchen allen er aber seine schwere Hand fühlen lässet.

9. Dem ohngeachtet fangen die Grafen von Orlamünde und Schwarzburg neue Unruhen an. Er züchtiget sie zum andernmahle, und nöthiget sie, sich zu unterwerfen; da denn Hermann, Graf von Orlamünde, um den grösten Theil seiner Länder kommt. Unter andern verliehrt er die Stadt Weimar, welche bis dahin seinem Hause gehöret.

10. Auch wird ihm Dornburg und Tonndorf abgenommen, welches letztere vormahls eine eigene Herrschaft gewesen. Weil die Stadt Erfurt dem Landgrafen beygestanden:

Vierte Abtheilung.

den: so bekommt sie Tonndorf zur Ausbeute.

11. Der Langraf füget den Titel eines Grafen von Orlamünde zu seinen übrigen.

12. Er kauft die Helfte von Salza. 1344.

13. Wie auch Landsberg vom Herzog 1347. Magnus von Braunschweig.
Dipl. in Horns hist. Handbibliotheck P. II. p. 222.

14. Vermählt seinen Sohn, Friedrichen 1347. den jüngern, mit der Gräfin Catharina von Henneberg; durch welche Vermählung die Pflege Coburg an sein Haus kommt.

15. Nach dem Tode des Kaisers Ludwigs wird er von denen Churfürsten, welche es nicht mit Carln IV halten, zum Kaiser erwählt. Er nimmt aber von Carln 10000 Mark Silbers, und steht von der kaiserlichen Würde ab; zu welcher er ohnehin keine Lust hat.

16. Die Geisler thun sich in Meisen hervor. 1349.

17. Der Landgraf stirbt. 1349.

Friedrich, der jüngere, ingleichen der strenge, und seine Brüder, gemeinschaftlich.

1. Bey Absterben des Vaters ist nur der älteste Sohn Friedrich, mündig. Er
führt

führt die Regierung zugleich mit in seiner Brüder Namen.

2. Er verbindet sich mit Kaiser Carln IV, dem das Haus Baiern, auch nach der Aussöhnung mit demselben, noch immer Sorge macht, und verspricht, ihm im Fall der Noth beyzustehen.

1350.

Dipl. in Lünigs cod. diplom. Germ. T. l. p. 1075.

1354. 3. Er nimmt Ziegenrück, Weida und andere Orte, Heinrich Reussen, Voigten von Plauen in einer Fehde ab.

Joh. Gottfr. Büchners Vorstellung von Markgraf Friedrichs des strengen, wider Heinrichen Vogten in Plauen 1354 unternommenen Heerzuge ins Vogtland (in Horns hist. Handbibl. von Sachsen p. 478. sq.)

4. Sondershausen, welches vormahls eine eigene thüringische Herrschaft gewesen, fällt, nach Graf Heinrichs von Hohnstein Absterben, an Schwarzburg.

1356.

5. Heinrich XXII, Graf zu Schwarzburg, Herr zu Arnstadt, Kaiser Günthers Sohn, stirbt ohne Leibeserben; worauf der Landgraf Friedrich und seine Brüder Frankenhausen und Arnstadt, als heimgefallene Lehne, einziehen wollen. Aber die Vettern des Verstorbenen widersetzen sich, und endlich wird die Sache also verglichen, daß die Grafen 3000 Mark Silbers bezahlen,

1358.

und

und die Schlösser, Döringsberg, Windberg und Greifberg, an die Landgrafen abtreten.

6. Wilhelm I, Friedrich des strengen Bruder, begleitet Carln IV auf seinem Zuge nach Italien gegen Bernabo Visconti. 1367.

7. Die Landgrafen Friedrich, Balthasar und Wilhelm treffen mit Böhmen eine Einigung.

Dipl. in Lünigs Cod. dipl. Germ. T. I. p. 1346.

8. Erbverbrüderung mit Hessen. 1373.

Pactum confraternitatis in ESTORIS origg. iur. publ. Hassiaci p. 20c.

9. Friedrich der strenge, bringt Sangerhausen vom Herzog Magnus Torquatus von Braunschweig anfänglich wiederkäuflich, nachmahls vollkommen erblich an sich. 1374.

Dipl. in Horns hist. Handbibl. P. II. p. 235.

10. Balthasar, Friedrich des strengen Bruder, kauft die andere Helfte von Salza. 1374.

11. Balthasar erheurathet mit Margaretha, Burggraf Albrechts des schönen von Nürnberg Tochter, Hildburghausen, Heldburg und Eisfeld in Franken, welche Aemter zuvor ihre Mutter Sophia, Heinrichs XII, Grafen von Henneberg, Tochter, ihrem Gemahl zugebracht. 1374.

12. Lud-

12. **Ludwig,** der Landgrafen Bruder (welcher im Jahr 1338 zu Halberstadt, und im Jahr 1366 zu Bamberg Bischof worden) wird vom Pabst Gregorius XI dem Erzstifte Maynz aufgedrungen; da hingegen Adolph von Nassau vom Capitel erwehlet wird. Mit diesem halten es die Städte Mühlhausen, Nordhausen und Erfurt, nebst den Grafen von Gleichen, und dem eichsfeldischen Adel. Die Landgrafen hingegen stehen ihrem Bruder bey; worüber Thüringen in grosse Verwirrung kommt, bis endlich im Jahr 1378 durch einen Vertrag die Ruhe wieder hergestellt wird.

Vertrag in Sagittarii Hist. der Grafen von Gleichen, p. 129.

13. Die zwischen dem Landgraf Balthasar, und dem Bischof von Bamberg entstandenen Zwistigkeiten werden, durch Vermittelung Burggraf Friedrichs V von
1378. Nürnberg beygelegt.

14. Die Landgrafen treffen eine Oerte-
1379. rung.

Dipl. in Lünigs Reichsarchive, part. spec. von Sachsen Cont. II. p. 101.

1381. 15. **Friedrich der strenge stirbt.**

ADAMI RECHENBERGII historiae Saxonicae specimen I. Lipsiae, 1693. 4.

D. FRIDERICI WIEDEBVRGII origines et antiquitates Marggrauiatus Misnici, Halae, 1734. 4.

Frie

Vierte Abtheilung.

Friedrich der streitbahre,

1. Friedrichs des strengen Sohn, steht, nebst seinen Brüdern, Wilhelm und Georg, bey Ableben seines Vaters eine Zeitlang unter der Vormundschaft seiner Mutter Catharina.

2. Nunmehro wird eine Theilung der thüringischen und meisnischen Lande zwischen der Familie Friedrichs des strengen, und 1382. dessen Brüdern, Wilhelmen und Balthasarn, vorgenommen.

   Charta diuisionis in WIEDEBVRGII libro cit. p. 108. c)

3. Der junge Friedrich bekommt Gelegenheit, die Erstlinge seiner Tapferkeit abzu- 1384. legen, als im Stifte Merseburg wegen der Bischofswahl Unruhen entstehen.

4. Er nimmt auch an dem damahligen 1388. Städtekrieg Antheil, und leistet dem Burggraf Friedrich V von Nürnberg, wie auch den Bischöfen von Bamberg und Würzburg, Beystand gegen die verbündeten Städte.

5. Er und seine Brüder, als mit welchen 1389. er gemeinschaftlich regieret, kaufen Schloß und Stadt Saalfeld von den Grafen von Schwarzburg.

   Huldigungserlaß, den die Grafen von Schwarzburg ausgestellt, in Horns Leben Friedrichs des streitbahren p. 127.

G   6. Wie

1393. 6. Wie auch von dem Burggraf Diet‑
herrn zu Altenburg das Schloß Altenburg.
> Charta vendit. in cod. dipl. HORNII vitae
> Frid. bell. adiecto n. 77.

7. Nach vorhergegangener harten Zwie‑
tracht und Fehde lösen sie vom Graf Jo‑
1396. hann von Schwarzburg das Schloß
Leuchtenberg, nebst Kahle und Roda,
welches im Jahr 1333 die Grafen von Arns‑
haug an dessen Vorfahren versetzet, wieder
ein.

1400. 8. Sie kaufen vom Bischof Gerhard zu
Würzburg Stadt und Amt Königsberg,
wie es derselbe von Swantiborn, Herzo‑
gen zu Stettin, an sich gebracht, welcher es
zuvor mit seiner Gemahlin Anna, des
Burggrafs Albrechts des schönen von
Nürnberg, und der hennebergischen Sophia,
Tochter erheurathet.

1400. 9. Wie sie denn in eben dem Jahre vom
Bischof und Capitel zu Naumburg die
Schlösser Schmölln, Ronneberg und
Werda, als stiftliche Lehnstücke, käuflich
an sich bringen.

10. Der Kaiser Wenceslaus wird seiner
Würde entsetzt. Wilhelm I ist mit unter
der Zahl derer Fürsten, welche es mit Ru‑
prechten halten. Er thut ihm zu Gefallen
einen Zug mit nach Böhmen, und hilft
1401. Prag belagern.

11. Weil

11. Weil die Burggrafen von Dohna sich schon längstens durch ihre Plackereyen und Hausung der Fehder verhaßt gemacht: so beschliessen Wilhelm der ältere und Friedrich der streitbahre sie hart zu züchtigen. Die Burg Dohna wird geschleift. 1401.

12. Der jüngste Bruder Friedrichs, Georg, stirbt. 1401.

13. Fehde zwischen dem Hause Braunschweig und dem gräflich waldeckischen Hause, in welche auch Friedrich und Wilhelm eingeflochten werden. 1403.

14. Friedrich, sein Bruder, und seine Vettern Balthasar und Wilhelm, legen ihre Fürstenthümer und Herrschaften wieder zusammen, und lassen sich unter einander die Erbhuldigung thun. 1403.

Dipl. in Lünigs Reichsarchive, part. spec. II. Cont. IV. Abth. II. Abs. p 196.

15. Der Landgraf Balthasar stirbt. Noch einige Merkwürdigkeiten von ihm. 1406.

  a) Er bringt die Grafschaft Gleisberg an sich.

  b) Nach Absterben des letzten Grafens von Kefernburg, Günthers, fällt ihm diese Grafschaft heim, 1385.

  c) Er erkauft Gerstungen vom Abt zu Fulda, 1402.

  d) Hinterläßet einen Sohn, Friedrichen den einfältigen.

16. Der

16. Der Landgraf Wilhelm I bringt
Königstein, Riesenburg, Pirna u. a.
1407. Orte an sich, und stirbt ohne Leibeserben.

17. Worauf zwischen Friedrich dem
streitbahren und seinem Bruder auf der
einen, und den Burggrafen von Nürnberg
Johann und Friedrich VI, des verstorbenen Wilhelms Schwester Söhnen, wegen
einiger, ihnen von nur gedachtem Landgraf
im Vogtlande vermachten Orte, Streitigkeiten entstehen; welche zum Vortheile der
letztern entschieden werden.

Urkunden, welche zur Hist. dieser Streitigkeiten
gehören, in meinen Beyträgen zur Hist. Frankenlandes, P. I, p. I. sqq.

1409. 18. Friedrich der einfältige überläßet
die Grafschaft an der schmalen Gera
der Stadt Erfurt wiederkäuflich.

Dipl. in MENCKENII script. rer. Germ. T.
III. p. 2061.

19. Friedrich der streitbahre kauft
nebst seinem Bruder, die Theile, welche die
Vögte von Plauen an Weida bis dahin
1410. gehabt, an sich.

1410. 20. Zu Naumburg werden zwischen
Friedrichen dem streitbahren, und Wilhelmen dem reichen, auf der einen, und
Friedrichen dem einfältigen, Landgraf
Balthasars Sohne, auf der andern Seite, die Länder Wilhelms des ältern, ihres Vetters getheilet.

Dipl.

Vierte Abtheilung.

Dipl. in Lünigs Reichsarchive, part. spec. II. Cont. IV. Abth. II. Abf. p. 200.

21. Friedrich der streitbahre beliebt mit seinem Bruder Wilhelm dem reichen eine Mutschierung auf vier Jahr. **1411.**

22. Beyde richten auf zwey Jahr ein Schutzbündniß auf mit Erich und Otto, Herzogen von Braunschweig. **1412.**

23. Beyde, samt ihrem Vetter, Friedrich dem einfältigen, schliessen auch mit Maynz, Würzburg, Fulda und Hirschfeld, ein Schutzbündniß.

Dipl. in Struvens hist. und polit. Archive, P. V. p. 341.

24. Friedrich der einfältige, ihr Vetter, lässet sich lediglich von seinem Schwiegervater, Graf Günthern von Schwarzburg regieren, und geht damit um, seine Länder theils dem König in Böhmen, theils dem Churfürst von Maynz, theils dem Landgraf von Hessen in die Hände zu spielen, zum Nachtheil seiner Vettern, welche deswegen Gewalt brauchen, und unter andern Gotha und Eisenach einnehmen. Doch wird die Ruhe bald wieder hergestellet.

22. Costnitzer Kirchenversammlung. Friedrich schickt seinen Kanzler, den Bischof von Merseburg, Nicolaus, dahin. Er selbst besucht sie in Person, nebst einer grossen Begleitung. **1414.**

1414. 23. Die Geisler thun sich wieder in Thüringen und Meisen hervor.

MONACHVS REINHARDSBRONNENSIS in ECCARDI hist. gen. princ. Sax. sup. p. 365. sqq. et ap. PISTOR. T. l. script. rer. Germ. p. 1366. sqq.

24. Unterdessen ereignen sich zwischen beyden Brüdern, Friedrichen und Wilhelmen verschiedene Zwistigkeiten, welche durch Unterhandlung Gerhards Bischofs von Naumburg und Friedrichs VI, Burggrafs von Nürnberg, gehoben werden. Die Mutschierung wird ferner beliebt.

1415.
Dipl. in Lünigs Reichsarchive, part. spec. II. Cont. IV. Abth. II. Abs. p. 205.

25. Die alte Familie der edlen Herren
1416. von Blankenhayn stirbt aus mit Ludwigen, dessen Verlassenschaft seinen Vettern und Schwestersöhnen, Ernsten, Ludwigen und Heinrichen, heimfällt.

1420. 26. Verschiedene Zwistigkeiten zwischen Friedrich dem streitbahren, seinem Bruder Wilhelm, und Vettern Friedrich, werden durch die Dresdnische Richtung gehoben.

Dipl. in Lünigs Reichsarchive, part. spec. II. Cont. IV. Abth. II. Abs. p. 217.

1420. 27. Friedrich der streitbahre ziehet mit Siegmunden gegen die Hußiten zu Felde, und leistet ihm wichtige Dienste.

28. Er

Vierte Abtheilung.

28. Er verbindet sich mit Maynz, Trier, 1421.
Cölln und Pfalz genauer gegen die Hußiten
und ihre Lehren.

Einigungsbrief in DV MONT corps dipl. T.
II. P. II. p. 153.

29. Reichstag zu Nürnberg, welchem 1422.
Friedrich der streitbahre in Person bey,
wohnet. Es wird auf demselben ein aber,
mahliger Zug gegen die Hußiten beschlossen.

30. Auf eben demselben Reichstage ver,
setzet Kaiser Siegmund, Friedrichen,
Wilhelmen und Friedrich dem einfälti,
gen, für ihre habende Dienstforderungen
an 90000 Gulden Rheinisch, Stollberg,
Schöneck, Myla, Battendorf, Spa,
renberg, Mühlberg, Osseck und Lant,
schitz. Dagegen versprechen besagte Für,
sten, den ganzen böhmischen Krieg auszu,
halten, und sich nie von Siegmunden zu
trennen; welches sie auch redlich halten, und
an allen wichtigen Unternehmungen in Böh,
men Theil nehmen.

Dipl. in HORNII vita Frid. bell. p. 859. et
862.

31. Der ascanische Stamm der Churfür, 1322.
sten von Sachsen geht mit Albrecht III aus;
worauf das Herzogthum Obersachsen, und
das damit verknüpfte Chur, und Erzmar,
schallamt an Friedrichen den streitbah,
ren gelangt.

An=

1414. 23. Die Geisler thun sich wieder in Thüringen und Meisen hervor.

MONACHVS REINHARDSBRONNENSIS in ECCARDI hist. gen. princ. Sax. sup. p. 365. sqq. et ap. PISTOR. T. I. script. rer. Germ. p. 1366. sqq.

24. Unterdessen ereignen sich zwischen beyden Brüdern, Friedrichen und Wilhelmen verschiedene Zwistigkeiten, welche durch Unterhandlung Gerhards Bischofs von Naumburg und Friedrichs VI, Burggrafs von Nürnberg, gehoben werden. Die Mutschie-
1415. rung wird ferner beliebt.

Dipl. in Lünigs Reichsarchive, part. spec. II. Cont. IV. Abth. II. Abs. p. 205.

25. Die alte Familie der edlen Herren
1416. von Blankenhayn stirbt aus mit Ludwigen, dessen Verlassenschaft sein-.1 Vettern und Schwestersöhnen, Ernsten, Ludwigen und Heinrichen, heimfällt.

1420. 26. Verschiedene Zwistigkeiten zwischen Friedrich dem streitbahren, seinem Bruder Wilhelm, und Vettern Friedrich, werden durch die Dresdnische Richtung gehoben.

Dipl. in Lünigs Reichsarchive, part. spec. II. Cont. IV. Abth. II. Abs. p. 217.

1420. 27. Friedrich der streitbahre ziehet mit Siegmunden gegen die Hußiten zu Felde, und leistet ihm wichtige Dienste.

28. Er

Vierte Abtheilung.

28. Er verbindet sich mit Maynz, Trier, 1421.
Cölln und Pfalz genauer gegen die Hußiten
und ihre Lehren.

Einigungsbrief in DV MONT corps dipl. T.
II. P. II. p. 153.

29. Reichstag zu Nürnberg, welchem 1422.
Friedrich der streitbahre in Person beywohnet. Es wird auf demselben ein abermahliger Zug gegen die Hußiten beschlossen.

30. Auf eben demselben Reichstage versetzet Kaiser Siegmund, Friedrichen,
Wilhelmen und Friedrich dem einfältigen, für ihre habende Dienstforderungen
an 90000 Gulden Rheinisch, Stollberg,
Schöneck, Myla, Battendorf, Spa-
renberg, Mühlberg, Osseck und Lant-
schitz. Dagegen versprechen besagte Fürsten, den ganzen böhmischen Krieg auszu-
halten, und sich nie von Siegmunden zu
trennen; welches sie auch redlich halten, und
an allen wichtigen Unternehmungen in Böhmen Theil nehmen.

Dipl. in HORNII vita Frid. bell. p. 859. et
862.

31. Der ascanische Stamm der Churfür- 1322.
sten von Sachsen geht mit Albrecht III aus;
worauf das Herzogthum Obersachsen, und
das damit verknüpfte Chur- und Erzmarschallamt an Friedrichen den streitbahren gelangt.

An-

Anhang
zur vierten Abtheilung.

1.

Es ist wahrscheinlich, daß schon Friedrich der ernsthafte vom Kaiser Ludwig dem Baier mit dem Reichsoberiägermeisteramte beliehen worden.

2. Carl IV belehnt Friedrich den strengen damit 1350.

Dipl. in Lünigs corp. iur. feud. Germ. T. I. p. 581.

3. Er übt es auf dem Reichstage zu Metz 1355 feyerlich aus.

Joh. Gottl. Horns Abhandlung von dem Obristreichsiägermeisteramte der Churfürsten von Sachsen, als Markgrafen von Meisen, in der hist. Handbibliothek von Sachsen, p. 925.

4. Nach Wilhelms I Zeiten werden allmählich das Osterland, die Pfalz Sachsen, die Grafschaft Orlamünde, das Pleisnerland und die Mark Landsberg aus dem markgräflichen Titel ausgelassen; welches hauptsächlich daher gekommen, weil er durch Friedrichen den streitbahren wichtigere Zusätze erhalten.

5. Land-

5. Landgraf Balthasar legt im Jahr 1406 seinen Unterthanen eine Kopfsteuer auf, also, daß ieder einen Silbergroschen geben muß, deren zwanzig einen rheinischen Gulden machen. Von dieser Zeit an findet man deutliche Nachricht von den Steuerschocken.

6. Friedrich der gebissene hat die ersten meisnischen Groschen schlagen lassen.

<small>Gründliche Nachricht von der Ankunft, Gepräge, Gewicht und Werth derer in Sachsen, Thüringen und Meisen gemünzten Groschen. Wittenberg, 1728.</small>

7. Es werden immer mehrere Städte in Meisen und Thüringen in diesen Zeiten mit dem Münzrechte begnadiget. Z. E. Leipzig, Taucha, Weissensee, Coburg, Erfurt, Jena, Arnstadt, Weimar, Gotha und Eisenach.

<small>Dipl. Theodorici marchionis, Lipsiensibus datum a. 1273. in Lünigs Reichsarchive, part. spec. Cont. IV. P. II. p. 592.

Kaufbrief, Kraft dessen Erzbisch. Gerlach zu Maynz 1354 dem Magistrat zu Erfurt die Münze wiederkäuflich überlassen. ibid. p. 447.</small>

8. Schon Heinrich der erleuchtete hat im Jahr 1255 zu Freyberg einen Schöppenstuhl angelegt; den nachmahls sein Enkel, Friedrich der gebissene, im Jahr 1294 bestätiget.

Dipl. in Lünigs Cod. Aug. I. p. 744.

9. Der Leipziger Schöppenstuhl ist bereits unter der Regierung Friedrichs, des ernsthaften daselbst gewesen.

10. Mehrere Aufnahme der Studien in Thüringen, besonders durch Stiftung der Universität Erfurt im Jahr 1392.

10. CHRISTOPH. MOTSCHMANNI
    Erfordia litterata. Erf. 1729.

11. Ein gleiches geschiehet in Meisen durch Stiftung der Universität Leipzig von Friedrich dem streitbahren und Wilhelm II, im Jahr 1409.

Dipl. in HORNII vita Frid. Bellicofi, p. 751.
CHR. HVBNERI diff. de Frid. Bellicoso
    academiae Lipfienfis fundatore. Halae, 1709.
Confirm. Alex. V. papae in HORNII vita
    Frid. bell. p. 748.

12. Weil die leipziger Handlung durch die Kriege zwischen Heinrichen dem erleuchteten und dem Hause Brabant ziemlich in Verfall gekommen war: so privilegirte Markgraf Dietrich im Jahr 1268 die Stadt aufs neue.

Dipl. in Glafevs Hist. von Sachsen p. 485.

13. Die Zigeuner lassen sich im Jahr 1418 zum ersten mahle in Meisen und Thüringen blicken; gegen welches Gesindel man die nöthigen Anstalten macht.

Fünfte

Fünfte Abtheilung,

in welcher die sächsischen Geschichte bis auf die Zeiten Friedrichs des streitbahren eingeschaltet werden.

I. Geschichte der Sachsen vor Carls des grossen Zeiten.

1.

Der erste Schriftsteller, welcher der Sachsen gedenkt, ist Ptolemäus L. II c. 11.

2. Sie kamen aus Norwegen, und setzten sich in denen bey Schleßwig gelegenen Inseln Fanöe, Nordstrand, u. s. w. Von dar breiteten sie sich in dem heutigen Holstein, Dithmarsen und Stormarn aus.

CHRISTIANI CRVSII programmata de originibus Saxonicis.

3. Sie beunruhigen das römische Gebieth im dritten und vierten Jahrhundert nach Christi Geburth mit ihren Seeräubereyen.

4. Sie

4. Sie breiten sich auch disseits der Elbe aus, bis an die Schelde und den Rhein.

5. Bey den grossen Wanderungen der schwäbischen Völker nehmen sie einen Theil ihrer Sitze ein.

6. Gleichwie sie sich auch einiger Stücke von Friesland bemächtigen.

7. Die Angelsachsen werden von den Britten zu Hülfe gerufen; denen sie auch anfänglich gegen die Schotten beystehen. Hernach aber bringen sie die Britten selbst unter ihre Bothmäßigkeit.

ROBERTI SHERINGHAM de Anglorum gentis origine disceptatio. Cantabrigiae, 1670. 8.

8. Die Sachsen stehen den Franken bey, als diese dem thüringischen Königreiche ein Ende machen, und bekommen zur Vergeltung den nordlichen Theil desselben; worüber sich aber die Franken die Oberherrschaft vorbehalten.

9. Ein Theil der Sachsen wohnet dem Zuge der Longobarden nach Italien bey. Eine Colonie von Schwaben nimmt ihre Sitze ein.

10 Sie beunruhigen mit ihren Streiferenen, welche sie aus Italien thun, das fränkische Reich sehr, und werden endlich von den Franken genöthiget, in ihr Vaterland zurückzukehren.

Fünfte Abtheilung.

11. Es entstehen zwischen den Sachsen und Franken einmahl über das andere blutige Kriege, theils wegen des Tributs, welcher den Sachsen wegen des abgetretenen Theils von Thüringen auferlegt worden, theils wegen der Grenzstreitigkeiten.

12. Die Grenzen der Sachsen sind zu der Zeit, da Carl der grosse auf den Thron gelangt, folgendermassen beschaffen. Gegen Mitternacht stöset diese Völkerschaft an die Normannen; gegen Morgen an die Obotriten und einige andere slavische Völker; gegen Mittag an die Thüringer und Franken; gegen Abend an die Friesen. Ihre Länder sind: Ostphalen, Westphalen, Engern, Albingien, der friesische, und der thüringische Theil.

13. Ostphalen, welches nach Westen zu an die Weser gränzte, begriff folgende Gauen:

Amberga,	Guttingon,
Angeri,	Hessengowe,
Cilide,	Himmeltago,
Darlingau,	Lainga,
Densiga,	Langingen,
Entergow,	Leri,
Flotwede,	Liergewe,
Gandersheimigow,	Lisga,
Grenigowe,	Login,
Grindiriga,	Marstenheim,

Mo-

Morungen, Salzgewe,
Osterburg, Scapefeld,
Ostphala, Sastpha- Schettelingen,
 la (in engerem Ver- Selesen,
 stande) Thilici,
Paringen, Wittinga.
Rittega,

14. Westphalen begriff die Gauen:

Agrotingen, Hassau,
Ammeri, Hasagew,
Auge, Lobeckegau,
Emisgau, Laergau,
Hamalant, oder Westphalen, im
 Hamata, besondern Verstande.

15. Engern begriff die Gauen:

Almengau, Dreni, Dreini, Dra-
Ambrogau,   ni,
Angerisgau, Hurtagow,
Bucki, Padergau.

REIN. REINECCIVS de Angriuariis et
 Angraria oppido, ad calcem eius cognitionis
 historiae tam sacrae quam profanae.

16. Albingien wurde durch die Elbe in zwey Theile getheilet. Der ienseits der Elbe gelegene Theil, welcher Nordalbingen genennt wurde, begriff die Gauen:

Detmargoe, Walsatia, so viel da-
Holsatia,   von ienseit der Elbe
Stormarn und lag.

17. Der

Fünfte Abtheilung.

17. Der disseits der Elbe gelegene Theil, oder Sudalbingien, enthielte die Gauen:

Bardengau,
Ferdi, oder Sturmi- gau,
Lungau,

Walsatia, so viel da- von disseits der Elbe lag.
Wimodi.

18. Die Gauen des friesischen Theils waren Herolga, und das Hadlerland.

19. Die Gauen des thüringischen Theils waren:

Budißin,
Darlingau,
Gise,
Hartegau, oder Har- ten,
Helmingow,
Hosgau, oder Hus- gau,

Insen,
Nordthüringen im besondern Verstan- de,
Schwabe, oder Schwabengau,
Zorega, oder Zurri- gau.

Geographische Beschreibung des alten sächsischen pagi Hassgaw (in Kreyßigs Beyträgen zur Hist. von Obersachsen P. I. p. 271.)

Nachricht von dem pago Schwabengau (eben daselbst P. III. p. 201.)

20. Die alten Sachsen hatten keine Köni- ge. Ihr Staat wurde durch die vornehmsten der Nation, welche dazu erwehlet wurden, doch mit Zuziehung des Volkes, regiert, und war eine Vermischung von Aristocratie und Democratie. Zu Kriegszeiten waren einige der edelsten, welche dazu ernennt wurden,

die

die Heerführer, und ihre Gewalt nahm zugleich mit dem Kriege wieder ein Ende.

21. Ihre vornehmsten Götzen waren die Irmensäule, der Krodo, der Büstrich und die Freya.

ERN. CAS. WASSERBACHII libellus de statua Harminii. Lemgouiae, 1698. 8.

IO. MICH. HEINECCII diss. de Crodone Hartzburgico (antiquitatibus Goslariensibus subnexa.)

IM. WEBERI schediasma de Büstero. Giesae, 1723. 4.

CASP. CALVOER Saxonia inferior gentilis et Christiana. Goslar, 1714. fol. (hieher gehört nur der erste Theil.)

II. Bezwingung Sachsens durch Carln den grossen.

1. Nachdem Carl der grosse das ganze fränkische Reich, nach Absterben seines Bruders, Carlmanns, wiederum vereiniget: so wird auf einem Reichstage zu Worms der Krieg wider die Sachsen beschlossen.

2. Nachdem der Feldzug eröfnet worden: so erobert Carl die Ehresburg; zerstöhrt die Irmensäule; und nähert sich der Weser. Die Sachsen unterwerfen sich, und geben Geiseln.

772.

3. Der König geht darauf nach Italien. Die Sachsen machen sich seine Abwesenheit zu

Nutze; ergreifen die Waffen gegen die Franken aufs neue; und verwüsten alles bis Fritzlar.

4. Nachdem Carl das longobardische Königreich unter seine Bothmäßigkeit gebracht: so eilt er wieder nach Sachsen; erobert Siegeburg; geht über die Weser, und schlägt die sächsischen Heerführer, Hassino und Bruno. Die Sachsen unterwerfen sich, und geben Geiseln.

5. So bald Carl wieder nach Italien zurückgekehret, fangen die Sachsen die Feindseligkeiten von neuem an. Sie schleifen die Ehresburg.

6. Carl kommt ihnen deswegen wieder auf den Hals. Seine Ankunft macht, daß sie sich zum drittenmahle unterwerfen. Eine grosse Menge empfängt die Taufe, und ihre Heerführer, Wittekinden ausgenommen, schwören ihm den Eid der Treue. 777.

7. Carl thut darauf einen Zug nach Spanien. Während der Zeit lehnen sich die Sachsen abermahls auf, unter der Anführung Wittekinds, und dringen bis an den Rhein. Da sich aber das fränkische Kriegsheer nähert: so unterwerfen sie sich zum vierten mahle.

8. Dem ohnerachtet ergreifen sie bald darauf unter der Anführung Wittekinds die Waffen aufs neue. Sie erhalten auch anfänglich einige Vortheile über die fränkischen 718.

Be-

Befehlshaber. Da aber Carl in Person hinzu eilet: so verändert sich die Gestalt der Sachen auf einmahl. Wittekind entgeht durch die Flucht, und die Sachsen bitten wieder um Friede.

9. Gräuliches Blutbad, welches Carl unter den Sachsen anrichtet, indem er fünfthalbtausend von denen, die sich ergeben, hinrichten lässet, um den übrigen ein Schrecken einzujagen.

10. Es thut dieses eine ganz widrige Wirkung. So bald Carl nach Frankreich zurück kehret: so machen die Sachsen einen allgemeinen Aufstand, welchen Wittekind abermahls anspinnet.

783. 11. Carl geht wieder nach Sachsen und gewinnt einige Schlachten hinter einander.

12. Die beyden Heerführer der Sachsen, Wittekind und Albion, unterwerfen sich und werden Christen.

CONR SAM. SCHVRZFLEISCHII diss. de Wittekindo M. Viteb. 1672. 4.

IAC. ANDREAE CRVSII Wittikindus. Mindae. 1679. f.

13. Nichtsdestoweniger fangen die Sachsen einige Jahre hernach aufs neue Feindseligkeiten an. Sie werden aber auch wieder gebändiget, und eine grosse Menge in andere Länder geführt.

794.

14. Ohnerachtet nun diese Völkerschaft durch den bisherigen blutigen Krieg, und durch die

die nur gedachten Wegführungen aus äusserste geschwächt worden: so kan sie doch nicht ruhen. Carl muß wieder in Person gegen sie zu Felde gehen, und wird von seinem gewöhnlichen Glücke begleitet; welches die Sachsen beweget, abermahls um Friede zu bitten, und Geiseln zu geben. 797.

15. Seine Gegenwart ist im folgenden Jahre schon wieder nöthig, indem die jenseit der Elbe wohnenden Sachsen Feindseligkeiten gegen die Franken ausüben. Sie werden aufs Haupt geschlagen, und genöthiget um Friede zu bitten. 798.

16. Endlich wird dieser langwierige Krieg völlig geendiget, nachdem Carl über die jenseit der Elbe wohnenden Sachsen abermahls gesieget. 804.

    IOANNIS de ESSENDIA hist. belli a Carolo M. contra Saxones gesti (in der götting. hist. Bibliothec, P. I. p. 19)

    GODOFREDI THOMAE LVDEWIGII hist. Saxoniae a Francis subiugatae regnante Carolo M. Lipf. 1724. 4.

    Untersuchung der Ursachen, warum die alten Sachsen Carln dem grossen im Kriege nicht gewachsen gewesen, in den Arbeiten einer vereinigten Gesellsch. in der Oberlaußiß, Vol. III. P. III. p. 313.

17. Die Sachsen unterwerfen sich, und werden in die völlige Gemeinschaft mit dem fränkischen Reiche aufgenommen. Sie be-

halten ihre eignen Gesetze, und werden Reichstagsfähig. Der Tribut, welchen sie bis dahin erlegen müssen, wird aufgehoben.

18. Ursprung der sächsischen Pfalz. Weil man nämlich den Sachsen ihre Rechte und Gewohnheiten lässet: so wird auch ein besonderer Pfalzgraf in Sachsen verordnet, um nach denselben, im Namen des Königs, die Gerechtigkeit zu verwalten.

19. Es werden abermahls viele Familien aus Sachsen, theils nach Frankreich, theils in andere Gegenden von Teutschland, geführet.

    IO. DAV. KOELERI diff. de Saxonum transsportatione sub Carolo M. facta. Goettingae, 1748.

20. Gewaltsame Ausbreitung der christlichen Religion unter den Sachsen. Stiftung der Bistümer Oßnabrück, Minden, Verden, Bremen, Paderborn, Hildesheim und Münster.

    ALBERTI CRANZII Metropolis. (hieher gehöret nur das erste Buch.)

    CASP. CALVÖR Saxonia inferior gentilis et Christiana. (hieher gehört der zweyte Theil.)

    HERM. AD. MEINDERS de statu relig. et reip. in veteri Saxonia Lemgov. 1711. 4.

    CHRIST. HENR. WEISII antiquitatum Misnico-Saxonicarum singularia. Chemnitii, 1717. 8.

                  III. Säch-

III. Sächſiſche Geſchichte von Carls des groſſen Tode bis auf K. Otto I.

1. Die ſächſiſchen Gauen werden nunmehro von den Franken in verſchiedene Grafſchaften eingetheilt, und dieſelben, mit den edelſten dieſer Völkerſchaft beſetzt.

2. Unter Ludwigen dem frommen, Carls des groſſen Sohne und Nachfolger halten ſich die Sachſen ruhig. Er erlaubet vielen von denen, welche Carl in fremde Länder geführet, in ihr Vaterland zurück zu kehren.

3. Als sein Reich unter ſeine Söhne getheilet wird: ſo kommt Sachſen, nebſt dem übrigen Teutſchland, unter die Bothmäßigkeit Ludwigs des teutſchen, und iſt ruhig; auſſer daß es von den benachbarten Slaven und Normannen bisweilen leiden muß.

4. Wie denn die letztern im Jahr 845 Hamburg gänzlich zerſtöhren, und im Jahr 867 bey Ebbekeſtorp die Sachſen aufs Haupt ſchlagen.

5. Anfang der herzoglichen Würde in Sachſen. Zu Ludwigs des teutſchen Zeiten kommt Ludolph als Herzog in Sachſen vor.

Fünfte Abtheilung.

G. GVIL. LEIBNITII, medit. de initiis ducatus Saxonici (in PISTORII amoenit. historico-iurid. T. VII. p. 3011.)

876. 6. Als die Söhne Ludwigs des teutschen die väterlichen Länder theilen: so kommt Sachsen mit Ostfranken, Thüringen, Friesland und einem Theile von Lothringen an Ludwigen den jüngern, und nach dessen Ableben an Carln den dicken.

887. 7. Nachdem dieser abgesetzt worden: so kommt es unter die Bothmäßigkeit Arnulphs.

8. Otto, Herzog Ludolphs Sohn und Nachfolger, bekommt auch durch die Gnade Ludwigs des Kindes Thüringen.

912. 9. Er schlägt die nach Ludwigs des Kindes Tode ihm angebothene Würde eines teutschen Königs aus, und empfiehlet den Ständen Conraden I, welcher auch erwehlt wird.

10. Otten folgt in seiner Würde Heinrich der Vogler, sein Sohn. Der König Conrad will ihm nicht alle Länder lassen, die sein Vater gehabt hat, sondern Thüringen wieder davon trennen. Allein Heinrich behauptet es wider Willen des Königes, und beherrscht seine Länder unumschränkt.

11. Conrad will ihn zu paaren treiben, ist aber nicht glücklich. Die Unruhe, wel-

che auf diese Weise in Teutschland erregt wird, breitet sich bald weiter aus, und hindert Conraden, seine Kräfte gegen Heinrichen zu brauchen.

12. Conrad versöhnt sich mit Herzog Heinrichen, und schlägt ihn selbst auf dem Todbette zu seinem Nachfolger in der königlichen Würde vor; welche er auch erlangt.

13. So wohl Thüringen, als Sachsen, leidet gewaltig von den Streifereyen der Hunnen; von welcher Plage es durch die Anstalten Heinrichs des Voglers befreyet wird. Welcher es auch durch Anlegung der Städte in mehrere Aufnahme bringt; wie denn der Ursprung der Städte Goslar, Quedlinburg und Nordhausen in diese Zeiten gesetzt wird.

14. Er legt den Grund zu dem Reichsfürstlichen Frauenzimmerstifte Quedlinburg; welches unter seinem Sohne, Otto I, vollends zu Stande kommt.

Diplomata in KETTNERI antiquitatibus Quedlinburgensibus p. 2. et 5.

IV. Sächsische Geschichte zu K. Ottens I Zeiten.

1. Unter Otto dem grossen kommt die Würde der Pfalzgrafen von Sachsen vollends recht empor.

H 4   2. Un-

2. Unter ihm werden die Harzbergwerke entdeckt.

HENRICI MEIBOMII diff. de Metallifodinarum Harzicarum prima origine et progreſſu. Helmſt. 1680. 4. rec, ibid. 1704. 4.
WITTIKINDI CORBEIENSIS annales (ap. MEIBOM T. I. p. 926.)

3. Das Erzbiſtum Magdeburg wird von ihm geſtiftet.

Diploma in LEVBERI difquiſ. de ſtapula Magdeburg. et in calce annal. WITTIKINDI ap. MEIBOM. T. I.
Hiſtoria erectionis eccleſiae Magdeburgicae ap. MEIBOM. T. I. p. 731.
SAGITTARII antiquitates archiep. Magdeb.

4. Urſprung des Burggrafthums Magdeburg.

CASP. HENR. HORNII tractat. de Burggrauiis Magdeburgicis. Viteb. 1724. 4.

5. Als Otto ſeinen erſten Zug nach Italien unternimmt: ſo macht er Hermann Billingen, welcher aus einer vornehmen ſächſiſchen Familie abſtammet, zum Statthalter über die ſächſiſchen Lande. Hernach giebt er ihm ein Stück davon, ohngefehr das 960. heutige Lüneburgiſche, nebſt einem Diſtricte ienſeit der Elbe, und der Würde eines Herzogs in Sachſen.

6. Belehnt ihn auch einige Zeit hernach mit dem Burggrafthum Magdeburg; welches aber nicht bey ſeinem Hauſe bleibt.

HEN-

HENRICI MEIBOMII vindiciae Billinganae (T. III. script. rer. Germ. p. 37. sqq.) GEORGII AYRERI disquisitio, Hermannus officione, an gente Billingus? Goettingae, 1761. 8.

V. Die Billingischen Herzoge von Sachsen.

1. Bruno folgt seinem Vater Hermann, mit Genehmhaltung des Kaisers, in der herzoglichen Würde.   973.

2. Und diesem sein Sohn Bernhard.   1011.

3. Diesem Ordulph.   1062.

4. Und diesem sein Sohn Magnus.   1074.

5. Die Sachsen nehmen an denen Unruhen, welche unter Heinrich IV entstehen, vor allen andern teutschen Völkern Antheil.

6. Der Herzog Magnus wird vom Kaiser gefangen genommen, und erst nach einigen Jahren wieder auf freyen Fuß gestellet.

7. Er hinterlässet zwey Töchter, Wulfhild und Elicke; davon die erste an den Herzog in Baiern, Heinrichen den schwarzen, die andere an Otto den reichen, Grafen von Ascanien, vermählet wird.   1106.

8. Anmerkung von dem Zustande Sachsenlandes zu den Zeiten der billungischen Herzoge. Die darinnen befindlichen Bischöfe, Gra-

Grafen und Dynasten stehen damals noch sämtlich unmittelbahr unter dem Reiche.

VI. Sachsen unter dem Herzog Lotharius.

1106. 1. Nach Herzogs Magnus Tode giebt der Kaiser Heinrich V das Herzogthum Sachsen dem Graf Lotharius von Supplinburg und Querfurth.

2. Welcher seine Macht durch die Vermählung mit Richenza, der Erbin des 1113 braunschweiger Landes, gewaltig vergrössert.

: CHRIST. GOTTL. SCHWARZII stemma Richenzae Augustae.

3. Er stehet dem Pfalzgraf Siegfried bey, als ihm der Kaiser die Erbschaft Graf Ulrichs von Orlamünde entziehen, und an sich reissen will, und zerfällt darüber mit dem Kaiser gänzlich. Der Graf Ludwig in Thüringen, und Wiprecht, Graf von Groitsch, stehen auf seiner Seite.

4. Der Graf Hoyer von Mannsfeld, der es mit dem Kaiser hält, siegt über sie 1113 bey Wahrenstädt. Siegfried bleibt; Wiprecht wird gefangen.

1114. 5. Lotharius söhnt sich mit dem Kaiser aus. Aber die Unruhen in Sachsen gehen aufs neue an. Beym Welferholze kommt es endlich zu einer blutigen Schlacht, in wel-

welcher die Sachsen siegen, und der Graf
Hoyer von Mannsfeld, dem der Kaiser das
Herzogthum Sachsen zugedacht hatte, bleibt.

6. Die italiänischen Angelegenheiten hin-
dern den Kaiser, den Herzog Lotharius zu
paaren zu treiben. Er söhnt sich zu Gos- 1120.
lar mit ihm aus. Doch gehen die Zwistigkeiten aufs neue an.

7. Anfang des Landsaßiats der Grafen
und Dynasten in Sachsen zu dieses mächtigen Lotharius Zeiten.

8. Nachdem Lotharius Kaiser worden: 1137.
so giebt er das Herzogthum Sachsen seinem
Tochtermann, Heinrich dem großmüthigen, des obgedachten Herzogs Heinrichs
des schwarzen in Baiern Sohne.

VII. Sachsen unter Heinrichen dem großmüthigen, und Heinrichen dem Löwen.

Heinrich der großmüthige.

1. Unter dem mächtigen Herzog Heinrich wird vollends der Landsaßiat der sächsischen Grafen und Dynasten bevestiget.

2. Der Kaiser belehnt den Herzog mit den
mathildischen Ländern.

3. Der Herzog macht sich nach seines
Schwiegervaters Tode grosse, aber vergebliche, Hofnung, zur kaiserlichen Würde.

4. Die

4. Die wegen seiner allzugrossen Macht besorgten Stände setzen durch eine übereilte Wahl, bey welcher der Herzog Heinrich, nebst seinen Baiern und Sachsen nicht zugegen ist, Conrad III auf den Thron, welcher sich vornimmt Heinrichen zu schwächen.

5. Er verlangt, daß er die mathildischen Lande wieder abtretten soll; treibt auch Albrecht den Bär, Grafen von Ascanien, an, daß er auf das Herzogthum Sachsen wegen seiner Mutter einen nichtigen Anspruch macht, und erkennet es ihm zu.

1138. 6. Heinrich der großmüthige will sich keineswegs zum Ziel legen. Es wird vom Kaiser widerrechtlich zu Würzburg in die Acht erkläret.

7. Diese Achterklärung wird zu Goßlar wiederhohlet.

1139. 8. Heinrich erobert Sachsen mit gewaltner Hand wieder, und stirbt.

Heinrich der Löwe.

1. Sein unmündiger Prinz, Heinrich der Löwe, steht unter der Vormundschaft Herzogs Welphens, seines Vaters Bruders. Welcher den Markgraf Leopold, 1140 dem Baiern zugetheilt worden, bey Valei schläget; hingegen bey Weinsberg ein Treffen verlieret.

2. End-

Fünfte Abtheilung.

2. Endlich werden auf einem Reichstage zu Frankfurth die Sachen also abgethan, daß der iunge Heinrich Sachsen bekommt; Albrecht der Bär hingegen erhält die Mark Brandenburg.

3. Heinrich bekommt auch Baiern wieder; aber Oesterreich wird davon getrennt. 1156.

4. Er begleitet den Kaiser Friedrich I auf seinem fünften Zuge nach Italien; verlässet ihn aber mit seinen Völkern, als der Kaiser seiner Hülfe am nöthigsten hat, und geht nach Teutschland. Welches verursacht, daß der ganze Zug höchst unglücklich abläuft, und der Kaiser fürs rathsamste hält, sich mit seinem bisherigen Todfeinde, dem Pabst Alexander III, auszusöhnen. 1177.

5. Der Kaiser nimmt sich vor, Heinrichen dem Löwen seinen Zorn aufs empfindlichste fühlen zu lassen. Die Bischöfe, welche insgesamt dem tapfern Heinrich feind sind, hetzen so viel, als sie können. Er wird in die Acht erkläret.

6. Dieses ziehet sowohl in Baiern als Sachsen gewaltige Veränderungen nach sich. Insonderheit wird Engern und Westphalen dem Erzbischof Philipp von Cölln gegeben; das Herzogthum Sachsen aber (worunter das lauenburgische, und der nachmahls sogenannte Churkrais begriffen war) und das Erzmarschallamt Bernhar- 1180.
den

den von Ascanien. Heinrich der Löw behält nur seine Allodialgüter; woraus im folgenden das Herzogthum Braunschweig entsteht.

7. Vom heutigen sächsischen Wappen.

PHIL. IAC. SPENERI insignia domus Saxonicae.

STARCKII. diss. de serto rutaceo, domus Saxonicae insigni.

BVRC. GOTTHELF STRVVII diss. de ruta Saxonica. Ienae. 1705. 4.

Friedrich Zollmanns Untersuchung des sächsischen Hauptwappens. Jena, 1723. 4.

Ge. Paul Horns Wappen und Geschlechtsuntersuchung des chur= und fürstlichen Hauses Sachsen 1704. 8.

CHRISTIANI GOTTLIEB BVDERI coniectura de inuestitura Bernhardi Ascanii, Saxoniae Ducis, per pileum et sertum, et de origine rutae Saxonicae. Ienae, 1752.

Sam. Wilh. Oetters Probe einer wöchentlichen Wappenbelustigung an dem herzoglich sächsischen Wappen. Nürnberg, 1756. 4.

10. GOTTL. BOEHMII liber singularis de origine vera rutae Saxonicae, Lipſ. 1756. 4.

8. Von dem alten sächsischen Wappen, dem springenden Roß.

9. Von dem ganz alten Heerzeichen der Sachsen, dem Löwen und Drachen.

VIII. Die

VIII. Die ascanischen Herzoge und Churfürsten von Sachsen.

Bernhard.

1. Widersetzt sich, nebst andern, dem Kaiser Heinrich VI, als er damit umgeht, die kaiserliche Würde erblich an sein Haus zu bringen.
2. Er stirbt. 1212.

Albrecht I,

1. Sein ältester Sohn, folgt ihm in der Regierung, und stehet seinem Schwievater, dem Kaiser Otto IV, treulich bey, als derselbe vom Pabste verfolgt wird.
2. Sein Bruder Heinrich der fette, wird der erste Fürst von Anhalt. 1218.
3. Er wohnet dem Kreutzzuge Kaiser Friedrichs II bey.
4. Stirbt. Von seinem einen Sohne Albrecht II stammen die folgenden ascanischen Churfürsten von Sachsen ab; von dem andern, Johann, aber die Herzoge von Lauenburg. 1260.

Albrecht II.

1. Er steht dem Hause Brandenburg gegen den Erzbischof Günther von Magdeburg bey.
2. Hilft

1273. 2. Hilft Rudolph I zum Kaiser erwehlen, und vermählt sich mit dessen Tochter Agnes.

3. Sein Schwiegervater belehnt ihn mit der Pfalz Sachsen. Die Markgrafen von Meißen führen aber Titel und Wappen davon ebenfalls ferner.

> GOTTL. FRIEDEM. LOEBERI diff. de titulo comitis Palatini Saxoniae in litteris Frid. admorsi. Ienae, 1743. 4.
> CONR. FRID. REINHARDI diff. de titulo comitis palatini Saxoniae in litteris Frid. admorfi. Halae, 1725. 4.

4. Einschaltung der summarischen Geschichte der Pfalzgrafschaft Sachsen bis auf diese Zeiten.

> Entwurf einer Historie der Pfalzgrafen von Sachsen. Erfurt, 1740. 4.

1290. 5. Nach Absterben des letzten Grafens von Brene, Otto, kommt die Grafschaft Brene an das Haus Sachsen; Wettin aber an das Erzstift Magdeburg, Kraft der Schenkung, welche Otto im Jahr 1288 gethan.

> Dipl. in LVNIGII spicil. eccl. Cont. I. p. 281.

1292. 6. Albrecht II hilft, der österreichischen Schwägerschaft ohngeachtet, Adolphen von Nassau wehlen; tritt aber hernach auf die Seite seiner Feinde, und williget mit in dessen Absetzung.

7. Er

7. Er giebt Albrecht I seine Stimme; wohnet deſſen Krönung zu Achen bey; und 1298.
kommt im Gedränge um.

Rudolph I.

1. Folgt seinem Vater in der Churwürde, und hilft Heinrich VII zum Kaiſer 1308.
wehlen.

2. Nach dieſes Kaiſers Tode entſteht 1313.
zwiſchen ihm und dem Herzog Johann von
Sachſen-Lauenburg, wegen der Führung der
Churſtimme ein Streit. Rudolph giebt
ſeine Stimme Friedrich dem ſchönen,
Herzogen von Oeſterreich. Der Herzog
Johann aber die ſeinige Ludwig dem
Baier.

3. Rudolph I macht nach dem Abgange 1320.
des ascaniſchen Hauſes Brandenburg vergeblich Anſprüche auf die Mark, welche
Ludwig der Baier an ſein Haus bringt.

4. Als dieſer vom päbſtlichen Stuhle äuſ-
ſerſt verfolgt wird: ſo wird zu gemeinſchaft-
licher Vertheidigung der churfürſtlichen Ge-
rechtſame und der kaiſerlichen Würde zu
Rhens die erſte Churfürſtenverein geſchloſ-
ſen, in welcher Rudolph dux Saxoniae 1338.
portitor enſis genennt wird.

5. Nachmahls läſſet ſich Rudolph ver-
leiten, den Markgraf Carl von Mähren
wehlen zu helfen.

1346.

6. Da

6. Da hingegen nach Ludwigs des Baiern Tode der Herzog Heinrich zu Sachsen-Lauenburg Eduard III, Königes in Engelland, und als dieser die angebothene Würde ausschlägt, den Markgraf von Meissen Friedrich den ernsthaften zum Kaiser wehlen hilft.

1347.

7. Der Churfürst Rudolph I unterstützt den falschen Waldemar aus Haß gegen den Churfürst von Brandenburg Ludwig, den Sohn Ludwigs des Baiern; welcher, nachdem Friedrich der ernsthafte vom Kaiser Carl IV durch Geld bewogen worden, von der kaiserlichen Würde abzustehen, den Graf Günther von Schwarzburg wehlen hilft.

8. Carl IV behauptet endlich doch die kaiserliche Würde, und weil Sachsen-Wittenberg es zeither beständig mit ihm gehalten; Lauenburg aber mit seinen Gegnern: so entscheidet er den zwischen beyden Häusern wegen der Churwürde zeither geführten Streit zum Vortheil des erstern, und macht die Verordnung, daß Sachsen-Wittenberg mit Ausschliesung von Sachsen-Lauenburg die Churwürde haben solle.

Dan. Mitthofens historischer Bericht, wie die Herzoge von Sachsen um ihre Gerechtigkeit gekommen (in Ludwigs T. II. ad A. B. p. 142. sqq.)

9. Ru-

9. Rudolph I stirbt. Er ist der erste 1356. aus diesem Hause, der in den Urkunden den Titel eines Erzmarschalls geführt hat.

Rudolph II.

1. Folgt seinem Vater in der Regierung, und wohnet dem berühmten Reichstage zu Metz bey, auf welchem die letztern Titel der 1357. goldenen Bulle vollends abgefasset werden. Auf demselben Reichstage entstehet ein Streit zwischen ihm und dem Herzog Wenceslaus von Luxenburg, als Herzogen von Brabant, über das Recht, dem Kaiser das Schwerd vorzutragen.

<small>Kaiser Carls IV Declaration deswegen in Lünigs Reichsarchive, part spec. II. cont. IV. Abth. II. Abs. p. 185.</small>

2. Er stirbt, und nach seinem Tode ent- 1370. stehet wegen der Nachfolge in der Churwürde zwischen seinem jüngsten Bruder Wenceslaus, und dessen ältern Bruders, Ottens, hinterlassenen Prinzen, Albrecht, ein Streit.

3. Carl IV entscheidet denselben also, daß 1376. Wenceslaus die Chur bekommt.

<small>Bulla aurea ap. GOLDAST. T. l. p. 372.</small>

Wenceslaus.

1. Hilft den Sohn Carls IV, Wenceslaus, zum römischen König wehlen. 1376.

Churf. Wenzels Schreiben an den P. Gregorius XI wegen dieser Wahl in Struvens hist. und polit. Archive, P. I., p. 49. sqq.

2. Seine Händel mit dem Herzog von Braunschweig Magnus.

1388. 3. Er stirbt.

Rudolph III.

1. Folgt seinem Vater in der Regierung;
1400. hilft den Kaiser Wenceslaus absetzen, und sucht Friedrichen von Braunschweig auf den Thron zu helfen; nach dessen Ermordung er Ruprechten erwehlen hilft.

2. Er verliehrt durch einen unglücklichen
1406. Zufall seine Prinzen, Siegmund und Wenceslaus, in einer Nacht, indem sie zu Schweinitz an der Elster durch einen einfallenden Thurm erschlagen werden.

1410. 3. Nach Ruprechts Tode hilft er anfänglich den Markgraf Jodocus von Mähren zum Kaiser wehlen, und nach dessen Absterben Siegmunden.

4. Dieser entscheidet die Streitigkeit zwischen Sachsen und Brabant, wegen des Rechtes, dem Kaiser das Schwerd vorzutragen, zum Besten des Churfürstens.
1415.
Dipl. in Lünigs Reichsarchive, part. spec. II. Abs. p. 5.

5. Der Churfürst nimmt Theil an dem Hußiten Kriege.

6. Er

6. Er stirbt. Von ihm wird noch ange- 1419.
merkt, daß er den Titel Elector Saxoniae
zuerst gebraucht habe.

Albrecht III,

1. Des vorigen Churfürstens Bruder,
folgt ihm in der Regierung.

2. Mit ihm geht der ascanische Stamm 1422.
der Churfürsten von Sachsen aus.

3. Nach seinem Tode machen vornehmlich Erich V, Herzog von Lauenburg, und
der Churfürst Friedrich I von Brandenburg Ansprüche auf seine Churwürde und
Länder.

4. Der Churfürst von Brandenburg be-
mächtiget sich der Stadt Wittenberg, und
des Churkraises.

5. Der Kaiser Siegmund aber eignet
das Herzogthum Obersachsen, das damit
verknüpfte Chur- und Erzmarschallamt, samt
dem Burggrafthum Magdeburg, der Pfalz,
und dazu gehörigen Stadt Alstädt, und
der Grafschaft Brene, dem um ihn und das
Reich hochverdienten Markgraf von Meisen,
Friedrich dem streitbahren zu.

Diploma declarationis super electoratu Friderico concesso in Horns Leben Friedrichs des
streitbahren, p. 866.

MENCKENII diff. de electoratu Saxoniae Friderico bellicoso iure meritoque collato. Lipsiae, 1709. 4.

6. Ursachen warum Sachsen-Lauenburg, der Agnation ohngeachtet, vom Kaiser übergangen worden.

7. Friedrich der streitbahre findet sich mit dem Churfürst von Brandenburg ab, und bezahlt ihm für seinen Anspruch eine Summe Geldes.

Dipl. in Horns Leben Friedrichs des streitbahren, p. 870.

Sechste Abtheilung,

in welcher die Regierung Friedrichs I, des streitbahren, und Friedrichs II, des gütigen, enthalten.

Friedrich I, der streitbahre.

1.

Bekommt vom Kaiser Siegmund ein Privilegium de non euocando. 1423.
   Dipl. in Horns Leben Friedrichs des streitbahren, p. 874.

2. Wie auch die Erlaubniß mit rothem Wachse zu siegeln.
   Dipl. l. c p. 874.

3. Er empfängt die Belehnung zu Ofen. 1425.
   Dipl. inueſtiturae l. c. p. 906.

4. Kauft Finsterwald. 1425.

5. Sein Bruder Wilhelm geht mit Tode ab. 1425.

J 4   6. Fried-

6. Friedrich fähret nach erlangter Churwürde fort, Siegmunden gegen die Böhmen beyzustehen.

1426. 7. Schlacht bey Außig, in welcher die churfürstlichen Völker eine harte Niederlage erleiden.

8. Unter denen, welche in diesem Treffen bleiben, ist auch der letzte Burggraf von Meisen hartensteinischen Stammes, Heinrich, welcher keine Leibeserben hinterläßt. Seine Länder fallen dem Churfürst heim, welcher auch Besitz davon nimmt, und die Mannschaft belehnt.
Diploma l. c. p. 918.

9. Aber der Kaiser Siegmund giebt das Burggrafthum Meisen, und die Graffschaft Hartenstein, als erledigte Reichslehne, und so gar mit der fürstlichen Würde, seinem Hofrichter, Heinrich Reussen, Herrn zu Plauen, zu Lehn, und verlangt vom Churfürst, ihm solches einzuräumen.
Dipl. l. c. p. 919.

10. Die daraus nothwendig entstandenen Irrungen werden bey lebzeiten Friedrichs I nicht beygelegt.

1428. 11. Friedrich der streitbahre stirbt zu Altenburg.

10. GEORGII HAHNII electoratus Friderici bellicosi. Lipsiae, 1678.

Joh. Gottl. Horns Lebens-und Heldengeschichte Friedrichs des streitbahren. Leipz. 1733. 4.

Frie-

Sechste Abtheilung. 127

Friedrich II, der sanftmüthige.

1. Regieret anfänglich mit seinen Brüdern gemeinschaftlich.

2. Er vergleicht sich mit dem Burggraf 1428.
Heinrich von Meisen.
  Dipl. in Lünigs Reichsarchive, P. spec.
  II. Cont. IV. Abth. II. Absaß, p. 208.

3. Meisen leidet gewaltig von den Hußiten.
  Gedächtniß und Merkmale des hußitischen Verfahrens im meisnischen Obererzgebirge, in Kreyßigs Beyträgen zur Hist. von Obersachsen, P. V. p. 398.

4. Friedrich der sanftmüthige kauft von seinem Vetter Friedrichen dem einfältigen die Grafschaft Gleisberg.

5. Kirchenversammlung zu Basel. Der Herzog Erich von Lauenburg wendet sich an dieselbe wegen seines Anspruches auf die Churwürde. Sie untersteht sich auch wirklich in dieser Sache zu richten, und verstattet seinen Gesanden den Sitz unter den churfürstlichen. Der Kaiser aber thut ihr Einhalt, und lässet ihr wissen, daß sie sich nicht in Reichssachen mischen solle.
  Churfürst Friedrichs Protestation auf der baseler Kirchenversammlung, wegen der von Lauenburg eingenommenen churf. Seßion in Möllers Reichstags-Theatro Frid. V. 5. Vorstellung c. 13. p. 468.

J 5 6. Der

1434. 6. Der Kaiser bestätiget die Erbverbrüderung zwischen Sachsen und Hessen.

7. Zwischen dem Churfürst von Sachsen, Friedrich dem gütigen, und seinen Brüdern, Siegmund, Heinrich und Wilhelm. eines, und dem Churfürst von Brandenburg Friedrich und seinen drey Söhnen Johann, Friedrich und Albrecht an-
1435. dern Theils wird zu Lichtenfels eine Erbverbrüderung aufgerichtet.

1435. 8. Der Herzog Heinrich, des Churfürstens Bruder, stirbt.

1436. 9. Der Churfürst trift mit seinen zwey andern Brüdern, Siegmunden und Wilhelmen, wegen ihrer Länder (ausgenommen das Herzogthum Sachsen, welches ihm als dem ältesten Bruder iure praecipuo zu, und nicht mit in die Theilung kommt) einen Oerterungsvergleich zu Altenburg.
Dipl. in Lünigs Reichsarchive, part. spec. II. Cont. IV. Abth. II. Abs. p. 211.

1436. 10. Der Herzog Siegmund tritt in den geistlichen Stand. Worauf dessen zwey Brüder, der Churfürst und Herzog Wilhelm, eine anderweite Mutschierung auf drey Jahr zu Jena treffen.
Dipl in Lünigs Reichsarchive, part. spec. II. Cont. IV. Abth. II. Abs. p. 214.

11. Einigung zwischen dem Kaiser Alb-
1439. recht II, als König in Böhmen, und den Häusern Sachsen und Hessen.

Dipl.

Sechste Abtheilung.

Dipl. in DV MONT corps dipl. T. III. P. 1. p. 63.

12. Siegmund wird Bischof von Würz- 1440. burg.

13. Friedrich der einfältige stirbt zu 1440. Weissensee, und ist der letzte Landgraf von Thüringen, der nebst seiner Gemahlin zu Reinhardsbrunn begraben wird. Seine Länder fallen an seine Vettern.

14. Händel des Bischofs Siegmunds 1443. von Würzburg. Er verliehrt seine Würde, welche Gottfried, aus dem Hause Limburg, bekommt. Die Brüder Siegmunds, der Churfürst Friedrich, und der Herzog Wilhelm, lassen ihn, wegen eines wider den Churfürst gepflogenen Verständnisses, nach Scharfenstein, und endlich nach Rochliz, ins Gefängniß bringen; woselbst er sein Leben beschließt.

15. Friedrich, und sein Bruder Wilhelm, schliesen mit dem König in Frankreich Carln VII ein Bündniß. 1444.

Dipl. in LEIBNITII C. I. G. D. P. I. n. 186. P. 375.

Pfanners und Leibnitzens Briefe wegen dieser Urkunde in den teutschen actis eruditor. P. XXIII. p. 997.

16. Nachdem zeithero Friedrich der sanftmüthige und sein Bruder der Herzog Wilhelm gemeinschaftlich mit einander regie-

gieret: so vergleichen sie sich einer erblichen Landestheilung zu Altenburg. Der Churfürst bekommt den Churkrais und Meisen; der Herzog aber Thüringen, das Osterland und die Länder in Franken.

Dipl. ap. LVNIG. Part. spec. II. Cont. IV. Abth. II. Abs. p. 222.

17. Aus dieser Theilung entstehen hernach zwischen beyden Brüdern Irrungen, welche, durch Vermittelung Churfürst Friedrichs II von Brandenburg, Erzbischof Friedrichs von Magdeburg, und Landgraf Ludwigs von Hessen erörtert, und in dem Kloster zum Neuenwerk vor Halle beygelegt werden.

Dipl. ap. LVNIG. l. c. p. 227.

1446. 18. Der Herzog Wilhelm hält mit des Kaisers Albrechts II Tochter Anna zu Jena Beylager; welches aber eine sehr mißvergnügte Ehe wird.

19. Der so genannte hällische Machtspruch wird nicht gehalten, sondern die beyden Brüder gerathen in einen öffentlichen und landverderblichen Krieg mit einander; woran hauptsächlich böse Rathgeber schuld sind.

1447. 20. Der Churfürst Friedrich von Brandenburg, sein Bruder der Markgraf Albrecht, und der Landgraf von Hessen Ludwig, legen zwar die Irrungen, welche im Hause Sachsen vorwalten, zu Erfurt gütlich

Sechste Abtheilung.

lich bey; sie gehen aber bald darauf von neuem, und viel heftiger an.

21. Convent zu Mühlhausen, auf welchem die Streitigkeiten zwar ziemlicher massen gehoben, aber bald darauf erneuert werden.

22. Convent zu Naumburg, auf welchem beyde Brüder einander selbst sprechen, und sich aussöhnen. 1451.

23. Zu gleicher Zeit schliesen sie eine ewige Erbeinigung mit Brandenburg.

24. Beyde Brüder halten eine abermahlige Zusammenkunft in Leipzig, und die Zwistigkeiten zwischen dem Graf Adolph von Gleichen, welcher in diesen Unruhen Herzog Wilhelmen beygestanden, und der Stadt Erfurt, welche es mit Friedrichen gehalten, werden zu Sach beygelegt.

25. Unterdessen bringt Herzog Wilhelm von Apeln von Vizthum Roßla, Sulze, und Reinstedt im Jahr 1447 an sich, und und sein Bruder, der Churfürst, kauft im Jahr 1448 vom Graf Günther von Schwarzburg das Schloß dieses Namens, und Königsee.

26. Der Herzog Wilhelm giebt Bossen, Apeln, und Burcharden, Gebrüdern von Vizthum, wie auch Christianen von Witzleben, das im Jahr 1290 verwüstete gräfliche Schloß Gleißberg, samt allen Ge-
rich-

richten und Herrlichkeiten zu Lehn, mit der
1450. Bedingung, es wieder aufzubauen.

27. Zug des Herzogs Wilhelms ins Vogtland wider den damahligen Herrn von Gera, welcher ihn auf mancherley Weise beleidiget. Gera wird erobert, und daselbst übel gehauset.

28 Er demüthiget den stolzen Apel von Vizthum, welcher Coburg, so ihm auf gewisse Zeit eingeräumt worden, nicht wieder abtreten will. Der Herzog erobert Co-
1453. burg; schleift das kaum wieder aufgebaute Schloß Gleißberg; und zwingt Apeln von Vizthum, nach Böhmen zu flüchten; woselbst er alles gegen Sachsen aufzuwiegeln sucht.

1455. 29. Kunz von Kaufungen, ehemahliger Hofmarschall des Churfürstens Friedrichs, nebst seinen Helfershelfern, Wilhelm von Mosen, und Wilhelm von Schönfels, entführt die beyden churfürstlichen Prinzen, Ernsten und Albrechten.

30. Albrecht wird nahe an der böhmischen Grenze von einem Köhler errettet, und der Räuber gefänglich eingebracht. Worauf Mosen und Schönfels, nachdem ihnen Gnade versprochen worden, den Prinz Ernst zurückbringen.

31. Kunz von Kaufungen wird enthauptet; wie denn auch seine Knechte, und

der

der verrätherische Küchenjung, Schwalbe, ihren Lohn empfangen, indem sie mit glüenden Zangen gerissen, und darauf geviertheilt werden.

MART. OBERNDORFERI oratio de abductis ex arce Altenburgica duobus Principibus Saxonicis. Witt 1575. 8.

BALTH. LINDNERI historia de abductis ex arce Altenburgica duobus principibus adolescentulis, Ernesto et Alberto a Cunrado Kaufungo. Francof. 1610. 4.

IO. SVEVI diff. de plagio Kauffungiano, 1455. commisso Viteb. 1655. 4.

PA. MART. SAGITTARII progr. de plagio Conr. Kaufungii. Altenb. 1674.

IO. GE. HATTENBACHII diff. de plagio Kaufungensi. Ienae, 1686.

IO. HOFMANNI progr. de plagio fratrum Ernesti et Alberti. Sondershusae. 1691. 4

ADAM RECHENBERGII diff. de raptu Ernesti et Alberti. Lipsiae, 1694 4. (inter diff. hist. p. 328.)

Plagium Kaufungense, d. i. der churf. sächsis. Prinzen durch Conrad von Kaufungen geschehene Entführung durch I. V. Weissenfels, 1704. 4.

PE. KVNZII Conradus Kaufungus, raptor principum. Viteb. 1712.

Eiusd. Conradus Kauffungus, eiusdemque socii ad supplicia tracti. ibid. 1712.

CHRIST. SCHOETTGENII progr. de
Con-

Conrado de Kauffungen, eiusque familia. Dresdae, 1736. 4.

PE. CVNZII opusculum de vestium suspensione in templis. Ienae. 4.

IO. GEORGII HAGERI progr. de vestibus numquam mutatis, sed adhuc antiquis, princip. Sax. Ernesti atque Alberti, Ebersdorfii conseruatis. Chemniz, 1746. 4.

1457. 32. Erbverbrüderung zwischen Sachsen, Brandenburg und Hessen.

Dipl. in Lünigs Reichsarchive, part. spec. II. Cont. IV. Abth. II. Abs. p. 763.

33. Der Herzog Wilhelm versäumt die herrliche Gelegenheit, sich nach seines Schwagers, Ladislaus, Tode auf den böhmischen Thron zu schwingen; welchen Georg Podiebrad behauptet.

34. Die mit Böhmen zeithero vorgewal-
1459. teten Irrungen werden durch Vermittelung Markgraf Albrechts von Brandenburg, zu Eger beygelegt.

Markgraf Albrechts zu Brandenburg Richtung zwischen Böhmen und Sachsen in Müllers Reichstags-Theatro 2. Vorst. c. 9 p. 537.

35. Die Erbeinigung zwischen Sachsen und Böhmen wird erneuert.

Dipl. in Müllers Reichstags-Theatro l. c. p. 541. und in der 4. Vorst. c. 24. p. 253.

36. Der Herzog Wilhelm thut eine Rei-
1461. se ins gelobte Land.

37. Er

Sechste Abhandlung.

37. Er verkauft seinen wegen seiner Ge- 1462.
mahlin habenden Anspruch auf Luxenburg
an den Herzog in Burgund, Philipp den
gütigen.

38. Die Gemahlin Wilhelms, Anna, 1462.
stirbt.

> Chronica, wie die Landtgraven von Düringen
> sich erst erhuben ꝛc. Erfurt, 1522. (und in
> Horns historischer Handbibliothek von Sachsen p. 461. sqq.)

39. Der Herzog lässet sich darauf Catharinen von Brandenstein beylegen.

> Nachricht von dieser Vermählung in **Struvens**
> hist. und polit. Archive, P. IV. p. 81.
>
> Historische Nachricht von ihr und ihrem Geschlechte in den braunschweigischen Anzeigen 1746. n. 19. p. 433. sqq.

40. Friedrich der sanftmüthige stirbt.

41. Noch einige Merkwürdigkeiten von seiner Regierung.

  a) Er stiftet den Orden S. Hieronymi, im Jahr 1450.

> Extract aus Friedrichs II Stiftungsbriefe in
> Horns sächsis. Handbibliothek p. 873.

  b) Er und sein Bruder lassen im Jahr 1444 die so genannten bärtigten Groschen, oder Judengroschen prägen. Nachmahls lässet Friedrich im Jahr 1457 die ersten Schwerdgroschen schlagen.

c) Fried-

c) **Friedrich** II legt die leipziger Neujahrsmesse an, im Jahr 1458, welche der Kaiser Friedrich III im Jahr 1466 bestätiget.

BORNII diss. de iure stapulae et nundin. Lips.

43. Er hinterläſſet von seiner Gemahlin **Margaretha**, des Kaiser Friedrichs III Schwester, unter andern Kindern gedachte zwey Prinzen, **Ernsten** und **Albrechten**, von welchen iener der Stammvater der ernestinischen, dieser der albertinischen Linie des Hauses Sachsen ist. Sie regieren anfänglich, Kraft der väterlichen Verordnung, gemeinschaftlich, und erben ihres Vaters Bruder, den Herzog Wilhelm, welcher zu Weimar im Jahr 1482 ohne männliche Erben stirbt. Endlich wird zwischen beyden Brüdern, im Jahr 1485, eine Ländertheilung gemacht, in welcher Ernst das meiste von Thüringen, nebst der Churwürde, Albrecht hingegen das meiste von Meisen nebst einer grossen Summe Geldes bekommt.

Dipl. in Lünigs Reichsarchive, II. Cont. IV. Abth. II. Abs. p. 237.

Siebende Abtheilung,

in welcher die Geschichte des ernestinischen Hauses enthalten
sind.

Ernst, Churfürst von Sachsen.

1.

Thut mit seinem Bruder einen Zug ins 1466.
Vogtland; nimmt Plauen ein; und
verjagt den Herrn zu Plauen nach Böhmen.

2. Er unterdrückt die Rotte der Stell-
meisen.

3. Bringt es dahin, daß der vom Pabst
Paul II wider den König Georg in Böh- 1467.
men und die Hußiten angeregte Feldzug un-
terbleibt.

4. Der Herzog Johann II versetzt das 1477.
Herzogthum Sagan an Ernsten, und dessen Bruder Albrecht; welches hernach bey
der Theilung der albertinischen Linie zufällt,
bey welcher es bis aufs Jahr 1549 bleibt,
als in welchem es Mauritius durch einen
Tausch

Tausch dem König Ferdinand wieder überläſſet.

1477. 5. Ernſt hilft die Stadt Quedlinburg der Aebtißin, welche damahls seine Schweſter Hedwig ist, unterwerfen; da denn die Erbvogtey des Stiftes an das Haus Sachsen kommt.

> Revers des Churf. Ernſts und seines Bruders, so sie deswegen der Aebtißin gegeben in DV MONT corps diplom. T. III. P. II. p. 67.

1478. 6. Er hilft die Stadt Halle, welche sich wider seinen Sohn, den Erzbischof Ernſt von Magdeburg, empöret, bändigen.

1479. 7. Er stellet das gute Vernehmen zwischen den Königen, Vladislaus in Böhmen, und Matthias in Ungarn, wieder her.

1480. 8. Thut eine Reise nach Rom.

> Erneſti Duc. Sax. iter Romanum (in MENCII itiner. duc. et el. Sax. p. 30.)

1482. 9. Sein Sohn Albrecht wird Erzbischof zu Maynz; daß also Vater und Sohn zugleich im churfürſtlichen Collegio sitzen.

1482. 10. Er hilft die unruhige Stadt Halberſtadt, woselbſt sein Sohn Ernſt ebenfalls Bischof worden, zu paaren treiben.

1482. 11. Der Herzog Wilhelm III, Churfürſt Ernſtens Vaters Bruder, stirbt, und seine Länder fallen an Ernſten und Albrechten.

12. Noch

12. Noch einige Merkwürdigkeiten von des nur gedachten Herzog Wilhelms Regierung.
- a) Er stiftet 1453, auf Anrathen des päbstlichen Legatens Capistrans, zu Weimar ein barfüsser Kloster.
- b) Verwandelt die Schloßkapelle zu Weimar in eine Collegialkirche, 1461.
- c) Uebt überhaupt seine Rechte in Kirchensachen aus, und sucht im Jahr 1446 in seinen Ländern die Geistlichkeit zu reformiren.

    Ordnung der Geistlichen in RVDOLPHI Gotha diplomat. l. p. 138.
    IO. GEORG REINHARD de iure principum, cum primis Saxoniae, circa sacra, ante tempora reformationis exercito. Halae, 1717. 4.
- d) Er bringt Magdela, welches ehedessen eine eigene Herrschaft gewesen, nachmahls an die Grafen von Orlamünde gekommen, die es 1428 an Schwarzburg verpfändet, an sich, 1480.

13. Das Haus Sachsen errichtet mit Erfurt ein Concordat, in welchem es diese Stadt auf ewig in seinen Schutz nimmt; 1483. diese aber jenem jährlich 1500 rheinische Gulden Schutzgeld zu zahlen verspricht.

Dipl. in Lünigs Reichsarchive, Part. spec. S. IV. von Sachsen p. 16.

14. Ernst und sein Bruder lösen die Grafschaft an der schmalen Gera, nebst einigen andern Dörfern, von der Stadt
1483. Erfurt wieder ab.

    Dipl. in MENCKENII script. rer. Germ. T. III. p. 2061.

1485. 15. Der Churfürst Ernst theilt gedachter massen mit seinem Bruder Albrecht.

1486. 16. Stirbt das Jahr darauf zu Colditz.

Friedrich III, der weise.

1. Folgt seinem Vater in der Churwürde und regieret die väterlichen Lande, ausgenommen den Churkrais, mit seinem Bruder, Johann, gemeinschaftlich.

2. Erneuert zu Nürnberg die Erbeini-
1487. gung mit Brandenburg und Hessen.

3. Oschatzer Vertrag zwischen Friedrich
1491. III, seinem Bruder Johann, und Herzog Georgen von Sachsen albertinischer Linie, wegen einiger Irrungen.

    Dipl. in Lünigs Reichsarchive, Part. spec. II. Cont. IV. Abth. II. Abs. p. 251.

1491. 4. Er thut eine Reise ins gelobte Land, und wird ein Ritter des heil. Grabes.

    Friderici III peregrinatio Hierosolymitana (in MENCII itiner. Duc. et Elect. Sax. p. 37. sqq.)

    Auszug etlicher sächsischen Begebenheiten aus Matthiä Dörings und Thomä Werners Engel-

Siebende Abtheilung.

gelhusio continuato von 1420 = 1493 in
Horns hist. Handbibl. von Sachsen P. IV.
p. 359.

5. Bekommt eine Anwartschaft auf Jü- 1495.
lich).
> Dipl. in Lünigs Reichsarchive, Part. spec.
> Cont. II. n. 6.

6. Das Geschlecht der edlen Herren von 1496.
Querfurt stirbt ab mit Bruno; worauf
Magdeburg von dieser Herrschaft Besitz
nimmt. Die bambergischen Lehne aber bekommt Anhalt.
> Dipl. Henr. ep. Bamb. in Lünigs Reichsarchi-
> ve, part. spec. II. Cont. IV. Abth. von An-
> halt p. 184.

7. Der Churfürst führet in Abwesenheit 1496
Maximilians I das Reichsvicariat.
> Vicariatspatent in Lünigs Reichsarchive, Part.
> spec. S. IV. von Sachsen p. 20.

8. Er stiftet die Universität Wittenberg, 1502.
> BECKERI diss. de Frid. III. acad. Viteb. fun-
> datore.

9. Bekommt vom Kaiser Maximilian I 1507.
eine Anwartschaft aufs Lauenburgische.
> Dipl. in Lünigs Reichsarchive, Part. spec. S.
> IV. von Sachsen p. 223.

10. Uebernimmt bey gedachten Kaisers Zu- 1507.
ge nach Italien die Reichsstatthalterschaft.
> Dipl. in Lünigs Reichsarchive, Part. spec. S.
> IV. p. 27. sqq.

11. Friedrich und sein Bruder kaufen
1508. vom erfurtischen Rathe Kapellendorf wiederkäuflich; welches ehedessen eine besondere Reichsherrschaft gewesen, so von den Burggrafen von Kirchberg (welche auch das ehemahlige Cistercienser Kloster daselbst gestiftet) im vierzehnden Jahrhundert an Erfurt verkauft worden.

12. Der unverschämte Tezel treibt den ärgerlichen Ablaßhandel aufs höchste. Seinetwegen wird zu Weimar eine Zusammenkunft verschiedener Geistlichen angestellt.

13. Gleich darauf fängt Luther an, sich dem Pabstume zu widersetzen, und schlägt seine Sätze den 31. Oct. zu Wittenberg
1517. an.

14. Von dem Traume, welchen der Churfürst die Nacht zuvor auf dem Schlosse zu Schweinitz soll gehabt haben.

    IM. WEBERI oratio de veritate somnii Friderici Sax. Septemuiri sapientis. Viteb. 1717.

    CHRIST. AVG. HEVMANNI diss. de somnio diuino, quod Friderico, Sax. El. vulgo tribuitur. (in eiusdem Luthero Apocalyptico p. 73. sqq.)

    Chr. Schlegels Nachricht von Churf. Friedrichs Traume (in den unschuldigen Nachrichten 1736, p. 257. sqq.)

1518. 15. Der Churfürst vermittelt, daß Luther sich nicht in Rom stellen darf, sondern

Siebende Abtheilung.

dern dafür zu Augsburg mit dem Cardinal Cajetan eine fruchtlose Unterredung hält. Dieser ermahnet darauf den Churfürst, Luthern nach Rom zu liefern, oder wenigstens aus dem Lande zu jagen; woraus nichts wird.

16. Tod Kaiser Maximilians I. Der Churfürst tritt sein Reichsvicariat abermahls an. 1519.

Vicariatspatent in Lünigs Reichsarchive, part. spec. II. cont. IV. Abth. II. Abs. p. 769.

17. Er verhilft Carln V zur kaiserlichen Würde; ist aber auch Ursache, daß ihm die erste Wahlcapitulation vorgelegt wird.

18. Leo X giebt sich viele Mühe, den Churfürst dahin zu bewegen, daß er die Hand von Luther abziehen solle, und schickte deswegen Carln von Miltiz, seinen Kammerherrn, nach Sachsen, welcher dem Churfürst die geweihte Rose überbringt. Der Churfürst wird wegen der päbstlichen Drohungen wirklich zaghaft, und lässet Luthern andeuten, sich wo andershin zu begeben. Da sich dieser bereits zur Abreise anschicket: so kommen andere Briefe an, in welchen ihm zu bleiben befohlen wird.

19. Leipziger Disputation. 1519.

20. Reichstag zu Worms. Luther erscheint daselbst, verantwortet sich, und wird nach seiner Abreise in die Acht erkläret; da 1521.

ihn denn sein besorgter Churfürst unterwegs aufheben, und auf die Wartburg in Sicherheit bringen lässet.

1521. 21. Der Kaiser Carl V belehnt das Haus Sachsen mit Jülich, Clev und Berg.
> Dipl. in Lünigs corp. iur. feud. Germ. l. p. 607.

1521. 22. Der König Emanuel in Portugal ermahnt den Churfürst, von Luthern abzustehen, und sich ferner zur römischen Kirche zu halten.
> Litt. Eman. regis in FABRICII centifol. Luther. p. 85.

1522. 23. Ein gleiches thut Pabst Hadrian VI; aber vergeblich.
> Bulla Hadriani in CHERVBINI Bullar. T. 1 p 626.

1522. 24. Carlstädtische Unruhe. Luther verläßt die Wartburg, und verfügt sich nach Wittenberg.

1525. 25. Bauernaufruhr in Thüringen.

1525. 26. Der Churfürst stirbt ohnvermählt.
> CONR. SAM. SCHRZFLEISCHII Fridericus Illi sapiens. Viteb. 1674.
>
> Churf. Friedrichs III doppeltes Testament in Schöttgens und Kreyßigs Nachlese zur Historie von Obersachsen, P. XI. p. 50.

Johann, der beständige.

1. Tritt nach seines Bruders Tode die 1525. churfürstliche Regierung an, und macht dem Bauerkriege vollends ein Ende.

2. Graf Albrecht von Mannsfeld, des Churfürstens von Sachsen Rath, erkauft die Abtey Saalfeld von dem Abt Georg von Thünau; welche er nachmahls 1525. im Jahr 1537 Chursachsen käuflich überläßet.

> Schamelii hist. Beschreibung von dem benedictiner Kloster auf den Petersberge bey Saalfeld. Naumburg, 1729. 4. (in Thuringia sacra p. 696.)

3. Der Churfürst verbindet sich mit dem Landgraf von Hessen bey den damahligen für die Evangelischen gefährlichen Umständen genauer zu Torgau. 1526.

> Formula foederis in Lünigs Reichsarchive, Part. spec. S. IV. von Sachsen p. 36.

4. Dieses Bündniß wird zu Magdeburg wiederhohlet; da dann noch verschiedene andere ansehnliche Stände dazu treten.

> Erneuerung und Weiterung des torgauischen Bündnisses in Lünigs Reichsarchive, Part. spec. S. IV. von Sachsen p. 38.

5. Der Churfürst reiset auf den Reichstag nach Speyer, woselbst von den kaiserlichen Bevollmächtigten zu einer Kirchenversammlung Hofnung gemacht wird. Allein 1526.

das Bündniß des Pabsts Clemens VII mit dem König Franz I in Frankreich, den Venetianern, und dem Herzog von Mayland wider den Kaiser, macht, daß diese Hofnung wider verschwindet.

1526. 6. Des Churfürstens ältester Sohn, Johann Friedrich, wird mit der clevischen Prinzeßin Sibylla verlobt, und die Vermählung das Jahr darauf vollzogen.

Eheberedung in Lünigs Reichsarchive, Part spec. S. IV. von Sachsen p. 31.

Annales SPALATINI a mense Augusto MDXIII vsque ad finem anni MDXXVI in MENCKENII script. rer. Germ. T. II. p. 590.

1527. 7. Packische Händel.

1528. 8. Grosse Kirchenvisitation in den chursächsischen Landen.

1529. 9. Abermahliger Reichstag zu Speyer, dessen Schluß in Ansehung der Religionssachen dahin ausfällt, daß, wo bis dahin das wormsen Edict in Obacht genommen worden, auch künftig niemand freystehen soll, Luthers Lehren anzunehmen; in denen Orten aber, wo sie bereits eingeführet worden, sie bis auf eine anzustellende Kirchenversammlung ferner sollen gedultet werden; doch also, daß der catholische Gottesdienst dabey ungehindert bleibe. Der Churfürst von Sachsen, und andere Reichsfürsten, legen eine Protestatiou dagegen ein, von welcher die
Evan-

Evangelischen im folgenden den Namen der Protestanten erhalten.

Des Churfürstens Declaration in puncto religionis in Lünigs Reichsarchive, part. spec. II. cont. IV. Abth. II Abs. p. 235.

10. Vergleich mit Maynz wegen des Directorii auf dem Reichstage.

Vertrag in Lünigs Reichsarchive, Part. spec. S. III. p. 395.

11. Convent zu Rotach, woselbst wegen eines Bündnisses der Protestanten Unterredungen gehalten werden. Zu völliger Schliesung desselben wird eine andere Zusammenkunft auf den Bartholomäi Tag zu Schwabach angesetzt.

12. Noch vor derselben kommt der Churfürst von Sachsen mit dem Markgraf Georg von Ansbach zu Schlaiz zusammen, und vergleicht sich mit ihm, wegen einer Instruction, zu dem schwabachischen Convente, welcher bis auf Galli Tag verschoben wird.

13. Schwabachische Artickel. Erste Zusammenkunft zu Schmalkalden.

14. Zusammenkunft der Protestanten zu Nürnberg. 1530.

15. Reichstag zu Augsburg Der 1530. Churfürst findet sich, wider seiner Feinde Vermuthen, in einer ansehnlichen Begleitung daselbst ein, und zeiget sich bey aller Gelegenheit als einen standhaften Bekenner der evangelischen Wahrheit.

16. Die

16. Die augsburgische Confeßion wird den 1530. 25. Junii übergeben.

> CHR. FR. HERTELII Diatribe historica de Ioannis constantis meritis singularibus in augustanam confessionem. Ienae. 1730.

17. Der Kaiser sucht, theils durch allerhand Drohungen, theils durch die zwischen den catholischen und evangelischen Fürsten angestellte Unterredung die dem übergebenen Bekänntniß zugethanenen Fürsten auf andere Gedanken zu bringen, und weil dieses alles nichts fruchtet, so erfolgt, doch ohne Unterschrift der protestantischen Stände, ein Abschied, in welchem den Evangelischen zwar erlaubt wird, bis auf den 15. April des folgenden Jahrs bey ihren angenommenen Sätzen zu verbleiben; nach welcher Zeit Verlauf aber sie sich erklären sollen, ob sie gesonnen, sich bis auf eine anzustellende Kirchenversammlung in allem mit der römischen Kirche zu vereinigen, oder nicht? mit welchem Schlusse die Protestanten, wie leicht zu erachten, schlecht zu frieden sind.

18. Sie verlassen Augsburg, und halten zu Schmalkalden ihre andere Zusammenkunft. Daselbst wird ein Bündniß errichtet, um Gewalt mit Gewalt zu vertreiben.

1531. 19. Der Churfürst von Sachsen protestirt gegen die Wahl des römischen Königs Ferdinands I; welche dem ohngeachtet vor sich geht.

20.

Siebende Abtheilung. 149

20. Abermahlige Zusammenkünfte der 1531.
Protestanten zu Schmalkalden und zu
Frankfurth, welcher letztern der Churfürst
von Sachsen persönlich beywohnet.

21. Erster Religionsfriede. 1532.

IO. DAV. KOELERI diff. de prima pace
religiosa Norimbergensi. Altorf. 1732.

22. Der Churfürst Johann kan bis ans
Ende die Belehnung vom Kaiser nicht erhalten; woran der Haß der Religion schuld
ist.

23. Er stirbt zu Schweinitz. 1532.

ABR. CALOVII discussio mendacissimae
relationis de litteris D. Io. Frid. El. Sax. ad
Duces Bauariae de morte ac testamento et
vltimae voluntatis eius declaratione, de ex-
terminandis Lutheranis et ad Romanam reli-
gionem et ecclesiam reducenda Saxonia con-
fictis. Viteb. 1683. 4.

MART. SCHMEIZELII diff. an Ioannes
Constans Elect. Sax. ante obitum relicto Lu-
theranorum coetu in castra pontificiorum
transiuerit? Ienae 1718. 4.

Johann Friedrich, letzter Churfürst von Sachsen ernestinischer Linie.

1. Folgt seinem Vater in der Regierung,
und führet sie in seinem und seines unmündigen Bruders, Johann Ernsts, Namen.

2. Er

1533. 2. Er lässet im ganzen Lande durch Georg Spalatin, Justus Jonas, und Nic. Amsdorf eine Kirchenvisitation halten.

1534. 3. Er erkennet in dem cadanischen Vergleiche Ferdinand I für einen römischen König, und hilft, daß der Herzog Ulrich von Würtemberg mit dem Kaiser ausgesöhnet wird

1535. 4. Johann Friedrich wird von Ferdinanden 1 in Wien belehnt.

Christian Gottlieb Buders Nachricht von dieser Belehnung, nebst Georg Spalatins Berichte. Jena, 1755. 4.

5. Zu Eisenach soll eine Zusammenkunft verschiedener Gottesgelehrten gehalten werden, um den Streit vom Abendmahl beyzulegen.

1536. Sie wird nach Wittenberg verlegt, und daselbst der so genannte Wittenbergische Vertrag gemacht.

1537. 6. Die Erbeinigung zwischen Sachsen, Brandenburg und Hessen wird zu Zeiz erneuert.

Erbeinigung in Kreyßigs Beyträgen zur sächsif. Hist. P. III. p. 353.

7. Verschiedene Zusammenkünfte der Protestanten zu Schmalkalden, Eisenach, Braunschweig und Frankfurth.

1539. 8. Der Churfürst löset das bis dahin verpfändet gewesene Burggrafthum Magdeburg, nebst der dazu gehörigen Stadt Gommern, und den Aemtern Ranis, El-
be-

benau und Gottern wieder ein; worauf der Titel eines Burggrafens von Magdeburg den übrigen Titeln des Churfürstens wiederum beygefügt wird.

9. Fruchtlose Unterredung zu Regensburg, auf welcher churfächsische Gottesgelehrte zugegen sind. 1540.

10. Der Churfürst tritt seinem Bruder Johann Ernst die Pflege Coburg, mit allem Zugehör, ab, und verwilliget ihm über dieses noch 14000 Gulden jährliches Einkommens. 1542.

> Dipl. in Lünigs Reichsarchive, part. spec. II, Cont. IV. Abth. II. Abs. p. 274.
>
> GE. SPALATINI vitae aliquot electorum Saxoniae, in MENCKENII script. rer. Germ. T. II. p. 1067.

11. Die schmalkaldischen Bundsgenossen vertreiben ihren Todfeind, den Herzog Heinrich von Braunschweig, von Land und Leuten.

12. Das Capitel zu Naumburg erwehlt ohne des Churfürstens Vorwissen Julium Pflug zum Bischof. Dem Churfürst, als Schutzherrn, steht dieser nicht an. Er setzt Amsdorfen zum Bischof; worauf im ganzen Stifte in Ansehung der Religion eine Aenderung vorgenommen wird. 1542.

13. Hingegen der Herzog Mauritius, des kurz zuvor verstorbenen Herzogs Hein-

richs von Sachsen albertinischer Linie Sohn, welcher sich gleich nach angetretener Regierung von dem schmalkaldischen Bunde getrennet, ist Pflugen gewogen.

14. Welches, nebst dem Streite über die Ausschreibung der Türkensteuer in der Stadt Wurzen, Anlaß giebt, daß er mit dem Churfürst Johann Friedrich in grosse Uneinigkeit geräth; welche durch übelgesinnte Räthe mehr und mehr gestärkt wird.

15. Die churfürstlichen und herzoglichen Völker ziehen schon gegen einander zu Felde. Doch kommt es zu keinen Thätlichkeiten, sondern durch Vermittelung des Landgrafs von Hessen wird wieder Friede.

Vertrag zwischen dem Churfürst und dem Herz. Moritz in Lünigs Reichsarchive, Part. spec. S IV. von Sachsen p. 52.

1543. 16. Abermahlige Kirchenvisitation im Vogtlande.

1544. 17. Nachdem Carl V mit Frankreich zu Crespy Friede geschlossen: so nimmt er sich vor, die schmalkaldischen Bundsgenossen endlich einmahl über den Haufen zu werfen. Er schließt ins geheim mit Moritzen unter Versprechung der Churwürde ein Bündniß.

Tab. foed. in HEVTERI rer. Belg. L. XII. p. 570.

18. Er verlangt vom Churfürst, dem Bischof Julius von Naumburg nicht länger ent-

entgegen zu seyn, und Amsdorfen nicht ferner zu unterstützen. 1545.

<small>Mandatum Caroli V. in Lünigs Reichsarchive, part. spec. Cont. l. p. 606.
Anderweitiges Mandat ibid. ll. cont. IV. Abth. ll. Abs. p. 283.</small>

19. Lutherus stirbt. 1546.

20. Die von allen Orten her gewarnten schmalkaldischen Bundsgenossen tragen Bedenken, zu warten, bis die Völker des Kaisers und des Pabsts sich von allen Orten und Enden her zusammen ziehen. Sie beschliesen, dem kaiserlichen Angrif zuvor zu kommen, und die Häupter des Bundes, der Churfürst und der Landgraf, treffen zu Jchtershausen einen Vergleich, wie es im Felde zwischen ihnen solle gehalten werden.

<small>Jchtershäusischer Abschied d. d. 15. Iul. 1546. in Lünigs Reichsarchive, part. spec. S. IV. von Sachsen p. 266.</small>

21. Der Krieg bricht in Schwaben aus. Sebastian Schärtel erobert die ehrenberger Klause, um die päbstlichen Völker abzuhalten. Dillingen und Donawerth werden von den Protestanten eingenommen, und das zahlreiche und muthige Heer der schmalkaldischen Bundsgenossen eilet dem noch nicht sonderlich wohl versehenen Kaiser bis an die Donau entgegen.

22. Der

1546. 22. Der Kaiſer läſſet die Achtserklärung gegen den Churfürſt und den Landgraf ergehen.

>Achtserklärung beym Hortleder von Urſachen und Handlungen des teutſchen Kriegs T. II. L. 3. c. 16.

23. Welche ihm aber einen Fehdebrief zuſchicken, und ihn Carln, der ſich Kaiſer nennt, tituliren.

>Fehdebrief ibid. c. 28.

1546. 24. Mauritius erkläret ſich nun öffentlich gegen ſeinen Vetter.

25. Die verſchiedenen Meynungen der Häupter des ſchmalkaldiſchen Bundes machen, daß die ſchönſten Gelegenheiten aus den Händen gehen, und unterlaſſen wird, den Kaiſer zur bequemſten Zeit anzugreifen.

26. Der König Ferdinand nähert ſich den ſächſiſchen Grenzen durch Böhmen.

27. Mauritins erobert das ganze Land des Churfürſtens, auſſer Wittenberg, Gotha und Eiſenach.

1547. 28. Dieſe widrige Zeitung veranlaſſet den Churfürſt, ſchleunig in ſeine Erblande zurück zu kehren. Er erobert nicht nur das verlohrne wieder, ſondern auch die Länder Morizens, auſſer Leipzig und Dresden.

29. Der Kaiſer ſchickt Morizen den Markgraf von Brandenburg-Culmbach, Alb-

Albrecht, zu Hülfe; welcher aber bey Roch⸗
litz nach einer tapfern Gegenwehr gefangen,
und nach Gotha gebracht wird.

30 Der Kaiser verbietet allen Ständen
in Thüringen und Meisen, ihrem bisherigen
Herrn, dem Churfürst Johann Friedrich
Hülfe gegen ihn, den Kaiser, zu leisten, und
erlässet sie ihrer Pflicht, womit sie dem
Churfürst zeithero verwand gewesen.

Kaiserl. Befehl beym Hortleder T. II. L. III.
c. 67.

31. Er eilet dem Churfürst auf dem Fuse
nach, und trift ihn sehr geschwächt bey Mühl⸗
berg an. Woselbst es den 24 April zu ei⸗ 1547.
nem Treffen kommt, in welchem der Chur⸗
fürst gefangen wird.

D. CHR. FRID. BOERNERI progr. de
proelio apud Mühlbergam, Lipſ. 1747. 4.

32. Der Kaiser belagert Wittenberg.

33. Der Churfürst höret das den 10. May
über ihn gesprochene Todesurtheil gelassen
an.

Todesurtheil beym Hortleder T. II. L. III. c. 70.

34. Es wird den 18. May in einen Ver⸗
gleich verwandelt, des Inhalts; Johann
Friedrich soll, für sich, und seine Kinder,
auf die Churwürde Verzicht thun; sich ge⸗
fallen lassen, was die Kirchenversammlung
zu Trident in Glaubenssachen beschliesen
wird; Wittenberg und Gotha dem Kai⸗

ser einräumen; den bey Rochlitz gefangenen Markgraf Albrecht von Culmbach ohne Lösegeld wieder auf freyen Fus stellen; allen Bündnissen mit den Feinden des Kaisers, und seines Bruders des römischen Königs, entsagen; und in des Kaisers Verwahrung bleiben. Seine Kinder sollen 50000 Gulden jährliches Einkommen haben, und ihnen dazu gewisse Aemter, Schlösser, Städte, Flecken und Güther eingeräumet werden, nämlich 1) das Amt Gerstungen, 2) das Amt Breitenbach, 3) des gefangenen Antheil an Berka, 4) Eisenach, 5) Schloß und Amt Wartburg, 6) der sechste Theil an Trefurt, 7) des Gefangenen Theil und Gerechtigkeit an Salzungen, 8) das Amt und Schloß Kreutzburg, 9) Amt, Schloß und Stadt Weimar, 10) Amt und Schloß Tenneberg, 11) Stadt Waltershausen, 12) Stadt Kahle samt dem Schloß und Amt Leuchtenburg, 13) Schloß und Amt Roda, 14) Stadt Orlamünda, 15) Amt, Schloß und Stadt Jena, 16) Schloß, Amt und Flecken Kapellndorf, 17) Schloß, Amt und Dorf Rosla, 18) Schloß und Amt Wachsenburg, 19) das Geleit zu Wiegendorf, 20) Amt, Schloß und Flecken Dornburg, 21) das Amt Camburg, (welche beyde Stücke bis dahin Moritzen gehöret) 22) die Stadt Buttstädt, 23) die Stadt Buttelstädt,

Siebende Abtheilung.   157

stădt, und das Amt daselbst, 24) der Theil am Schutzgelde zu Erfurt, wie es bisher zum Haus Sachsen gehöret, 25) die Dörfer und Jagdhäuser Friedebach, 26) Hummelshain, 27) Trukkenborn, 28) die Aemter Arnshaug, 29) Weyda und 30) Ziegenrück. Die Kinder des gefangenen Churfürstens sollen dieses überlassene von neuem zu Lehn empfangen. Der Churfürst lässet sich alles gefallen, bis auf den Punct wegen der tridentinischen Kirchenversammlung welchen der Kaiser selbst wieder wegstreichet.

Wittenbergische Capitulation in Lün gs Reichsarchive, part. spec. li. Cont. IV. Abth. II. Abs.
   p. 289.

35. Hierauf ergiebt sich Wittenberg an den Kaiser, welcher seinen Einzug daselbst hält.

36. Die churfürstlichen Lande, nebst der Churwürde, werden Moritzen übergeben.

Diploma translati in Mauritium electoratus in
   GOLDASTI tract. de maioratu L. li c. 32.
   p. 237.

37. Der Kaiser tritt seinen Rückmarsch an, und bekommt zu Halle den Landgraf von Hessen Philipp in seine Hände.

LAMBERTI HORTENSII de bello Ger-
   manico libri VII. Basil. 1560. 4. (apud
   SCHARD. T. II. p. 441. sqq.)

Friedr. Hortleders Handlungen von den Ursachen des teutschen Kriegs. 2. Theile. Frankfurth 1617. und Gotha 1645. fol.

L 4   38. Dem

38. Dem Bruder des gefangenen Churfürstens, dem Herzog Johann Ernst, wird, weil er unter demselben wider den Kaiser gedienet, das Amt Königsberg abgenommen, und dem Markgraf Albrecht von Brandenburg eingeräumet.

39. Der Churfürst muß den Kaiser als ein Gefangener begleiten, und zu Augs-
1548. burg mit ansehen, wie Moriz mit dem ansehnlichsten Theile seiner Länder, und der Churwürde, (welche auch der Herzog Wilhelm von Baiern gesuchet) belehnt wird.

40. Das Interim kommt zum Vorschein; ist aber weder den Protestanten, noch den Catholicken recht.

41. Das kaiserliche Verbot, dagegen zu schreiben, wird nicht beobachtet.

42. Man sucht den gefangenen Churfürsten dahin zu bereden, daß er es annehme. Er schlägt es großmüthiger Weise aus; wodurch seine Gefangenschaft härter wird.

Churf. Johann Friedrichs Bekenntniß auf das Interim, ex Manuscripto in den unschuldigen Nachrichten aufs Jahr 1701, p. 577.

43. Seine Söhne beschreiben wegen des Interims ihre Theologen nach Weimar; welche ein standhaftes Bekenntniß ablegen.

44. Der Markgraf Albrecht von Culm-
1549. bach wird mit dem gedachten Amte Königsberg zu Brüssel vom Kaiser belehnt.

45. Acht-

Siebende Abtheilung.

45. Achtserklärung der Städte Magdeburg und Costnitz. Dem neuen Churfürst von Sachsen wird, als Kraisobristen, die Vollstreckung der Achtserklärung der Stadt Magdeburg aufgetragen. Welcher auch davor rückt; aber die Belagerung mit Fleiß verzögert, um Zeit zu gewinnen, und sich zur Ausführung eines unerwarteten und grossen Vorhabens mehr und mehr zu verstärken.

46. Denn weil weder seine, noch des Churfürstens von Brandenburg, noch des Königs von Dänemark Fürbitte vermögend ist, die Loßlassung der zwey gefangenen Reichsfürsten zu bewerkstelligen: so schließt er in der Stille mit dem König Heinrich II in Frankreich ein Bündniß; bringt den Markgraf von Culmbach Albrecht, und den Landgraf von Hessen Wilhelm auf seine Seite; und nachdem er der Stadt Magdeburg einen leidlichen Accord gegeben, so legt er sein Vorhaben gegen den Kaiser durch eine öffentliche Schrift an den Tag.

47. Fällt mit 25000 Mann in Schwaben ein, erobert Augsburg und die ehrenberger Klause. 1552.

48. Worauf der bestürzte Kaiser, nebst seinem Bruder, von Inspruck flüchtet; zuvor aber den gefangenen Johann Friedrich loß lässet.

Carl V Restitutionsbrief, so er Johann Friedchen ertheilt in Lünigs Reichsarchive, Part. spec. S. V. von Sachsen, p. 64.

49. Welcher im September nach Thüringen zurück kommt, und mit unbeschreiblicher Freude empfangen wird.

50. Sein Halbbruder, Johann Ernst, stirbt zu Coburg, dessen Länder an Johann Friedrichen fallen.

51. Welcher bemühet ist, dem Osiandrismo Einhalt zu thun, und deswegen einige Theologen und Rechtsgelehrten nach Preussen abfertiget.

52. Er sorgt dafür, daß die Werke Luthers in verschiedenen Theilen gedruckt werden.

1553. 53. Nachdem der Churfürst Moritz im Treffen bey Sivershausen tödlich verwundet worden, und darauf den Geist aufgegeben, ohne männliche Erben zu hinterlassen: so sucht Johann Friedrich die Churwürde wieder zu erlangen.

1554. 55. Diese Bemühung ist fruchtlos, und in dem Vertrage zu Naumburg wird ausgemacht, daß Johann Friedrich Zeit Lebens den Titel eines gebohrnen Churfürstens von Sachsen führen, und die Aemter Altenburg, Sachsenburg, Herbisleben und Eisenberg, nebst der Gerechtigkeit zu Ablösung der Aemter Königsberg und Altstädt, stadt, über dieses 100000 Gulden bekommen soll.

Naumburger Vertrag in Lünigs Reichsarchive, Part. spec S. IV. von Sachsen p. 267.

Naumburger Beyvertrag ibid. p. 267.

55. Der Churfürst Johann Friedrich 1554. geht mit Tode ab.

CASP. SAGITTARII vita facta et fata IO. FRID. electoris Saxoniae. Ienae, 1678. 4. Halae 1739. 4.

Joh. Mich. Weichselfelders Leben des Churfürstens Johann Friedrichs des großmüthigen. Frankf. am Mayn, 1754. 8.

56. Von seinen drey Söhnen, Johann Friedrich II, Johann Wilhelm und Johann Friedrich III, stirbt der letzte im Jahr 1565 ohnbeerbt. Mit den beyden erstern theilt sich die ernestinische Linie in die gothaische und weimarische.

I. Von der ältern gothaischen Linie.

Johann Friedrich II.

1. Stellet nach Absterben seines Vaters, 1554. nebst seinen Brüdern, eine Kirchenvisitation an.

2. Errichtet, nebst seinen zwey Brüdern, an 1554. einem Theile wegen des Fürstenthums Coburg, und zwischen den Grafen Wilhelm, Georg Ernst und Poppo am andern

Thei-

Theile, wegen der gefürsteten Grafschaft Henneberg, eine Erbverbrüderung, Kraft welcher nach Abgang dieses, oder ienen Hauses, entweder Coburg an die gefürsteten Grafen von Henneberg, oder Henneberg an die erneſtiniſche Linie des Hauſes Sachſen fallen ſoll.

 Dipl. in Lünigs Reichsarchive, Part. ſpec. II. Cont. IV. Abth II. Abſ. p. 296.

1555. 3. Der Kaiſer Carl V beſtätiget dieſe Erbverbrüderung.

 Dipl. in Lünigs Reichsarchive, l. c. p. 303.

1555. 4. Die Erbverbrüderung zwiſchen Sachſen, Brandenburg und Heſſen wird erneuert.

1555. 5. Er und ſeine Brüder empfangen vom Kaiſer Carl V die Lehn über die nach Abſterben ihres Vaters auf ſie verfallene Fürſtenthümer und Lande durch die nach Brüſſel geſchickten Räthe, D. Chriſtian Brücken und Petern von Königs, Amtmann zu Tenneberg.

 Lehnbrief in Deductione iuris et facti, Beylagen D. 5.

 BVDERI Obſeruatio ad has litteras inueſtiturae, Symmict. P. II. p. 78.

6. Wegen der maioriſtiſchen Streitigkeiten veranſtalten die Herzoge eine Synode zu Eiſenach, und wohnen ihr perſönlich bey.

 Concluſio et decretum ſynodi Iſenacenſis in PAVLLINI hiſtoria Iſenacenſi pag. 159.

          7. In-

Siebende Abhandlung.

7. Inauguration der Universität Jena. 1558.

8. Dieser neue Musensitz wird durch die Zwistigkeiten, welche sich unter den angesehenen Männern, Flacius und Strigelius, äussern, gar bald beunruhiget. Es wird zwischen beyden zu Weimar auf fürstlichen Befehl eine Unterredung angestellet, welche fruchtlos abläuft. 1558.

9. Strigelius wird auf die Leuchtenburg gesetzt. 1560.

10. Zweyte Unterredung zu Weimar, da denn Flacius in den Irrthum fället, welcher ihn unglücklich macht. Er behauptet nämlich, daß die Erbsünde die Substanz des Menschen selbst sey.

Acta colloquii Vinariensis, edente SIMONE MVSAEO, 1563. 4.

11. Flacius und Wigandus werden ihrer Aemter entsetzt, und eine Kirchenvisitation in Thüringen angestellt. Dieienigen Geistlichen, welche eine von Striegeln aufgesetzte synergistische Declaration nicht unterschreiben wollen, werden ins Elend gejagt.

12. Strigelius verläßet Jena ebenfalls heimlich, und wendet sich anfänglich nach Leipzig, nachmahls nach Heidelberg.

13. Der Herzog Johann Friedrich bringt unterdessen das von seinem Vater im Jahr 1553 dem Rath zu Erfurt abgetre-

tene Dorf Grossenrudstädt wieder an sich.

14. Johann Friedrich II und sein Bruder Johann Wilhelm reisen zu ihrem Schwiegervater, dem Churfürst von der Pfalz Friedrich III, nach Heidelberg, um zu verhindern, daß er sich nicht zur reformirten Religion wende; welches sie gleichwohl nicht hintertreiben können.

1561. 15. Convent zu Naumburg auf welchem auch Johann Friedrich II erscheint, und die ungeänderte augsburgische Confeßion nochmahls mit unterschreibt.

Höns Historie des von den evangelischen Ständen 1561 zu Naumburg gehaltenen Convents. Franckf. 1704. 8.

16. Er und seine Brüder kaufen dem Graf Philipp von Schwarzburg die Herrschaft
1563. Leutenberg ab, und ergreifen nach dessen erfolgten Ableben den Besitz davon; woraus
1564. mit den Vettern des Verstorbenen, welche diese Herrschaft ebenfalls behaupten wollen, Streitigkeiten entstehen.

1566. 17. Die beyden Brüder Johann Friedrich und Johann Wilhelm treffen durch Vermittelung ihres beyderseitigen Schwiegervaters, des Churfürstens von der Pfalz einen dergestaltigen Mutschierungsvergleich, daß die Länder auf sechs Jahr lang in zwey gleiche Theile, den weimarischen und coburgischen, getheilet werden, davon iener dem Aeltern,

Siebende Abtheilung.

tern, dieser aber dem jüngern Bruder, und zwar jedem auf drey Jahr lang, nebst aller landesfürstlichen Hoheit eingeräumet: nach Verfliesung sothaner dreyjährigen Frist aber mit den Landestheilen, Regierung und Hofhaltung umgewechselt, auch der Kanzleystylus in ieder Portion in beyder Namen, als für sich und seinen freundlich geliebten Bruder, geführet werden soll. Zu dem weimarischen Antheile werden geschlagen die Aemter Weimar, Jena, Dornburg, Camburg, Leuchtenberg, Roda, Kapellendorf, Roßla, Rinkleben, Volkenroda, Kreuzburg, Trefurt, Gerstungen, Breitenbach, Salzungen, Eisenach, Tenneberg, Reinhardsbrunn, Gotha, Georgenthal, Ichtershausen, samt den Gleits- und Schutzverwandten Nutzungen zu Erfurt, und den Städten Weimar, Buttstädt, Buttelstädt, Kastenberg, Magdela, Jena, Lobda, Kahle, Orlamünda, Roda, Gotha, Waltershausen, Salzungen, Eisenach, Kreuzburg und Trefurt. Zu dem coburgischen Antheile aber die Aemter: Coburg, Heldburg, Sonnefeld, Römhild, Lichtenberg, Brückenau, Schildeck, Eisfeld, Veilsdorf, Sonnenberg, Münchröten, samt der Gleitsnutzung zu Coburg und Laurra, Saalfeld, Arnshaug, Ziegenrück, Weyda, Altenburg, Eisenberg, Bürgel, Stift Lausniz, Sachsenburg, und nachfolgende Städte: Coburg, Eisfeld, Heldburg, Hildburghaseu, Neustadt an der Heida, Römhild, Brückenau, Sonnenberg, Ummerstadt, Schalkau, Rotach, Saalfeld, Neustadt an der Orla, Auma, Tripris, Pöseneck, Ziegenrück, Weyda, Altenburg, Schmölln, Lukka, Eisenberg und Bürgel.

18. Unterdessen läßt Wilhelm von Grumbach den Bischof von Würzburg, 1558. Melchior von Zobel, den 15. April durch Meichelmörder erschiesen. Er ziehet ferner verschiedene von der fränkischen Ritterschaft auf seine Seite, und sieht sich nach dem Schutze eines oder des andern Reichsfürstens um. Seine Wahl fället auf den unglücklichen Johann Friedrich, welcher sich gänzlich von ihm durch ungeheure Versprechungen, besonders von Wiedererlangung der sächsischen Chur durch Hülfe des grumbachischen Anhanges, einnehmen lässet.

19. Der Kanzler, D. Christian Brück, unterstüzt ihn hauptsächlich.

20. Weil man dem Herzog von dem Beystande der englischen und französischen Reformirten ein Haufen Chimären in den Kopf setzt: so bekommen dadurch die heimlichen Calvinisten an seinen Hofe die Oberhand.

21. Grum-

Siebende Abtheilung.

21. Grumbach überfällt Würzburg 1563. mit seinen Rottgesellen, und plündert es. Die Domherren werden gezwungen, einen Vergleich einzugehen, und zu schwören, des an dem vorigen Bischof begangenen Mordes nicht mehr zu gedenken; keine Nachfrage deswegen weiter anzustellen; vielweniger aber sich deswegen an iemand zu rächen. Er bemachtiget sich darauf seiner Güther, welche ihm, wegen begangener Felonie, von dem ermordeten Bischof eingezogen worden, und lässet sich eine Schuldverschreibung zustellen, daß ihm eine grosse Summe Geldes, in gewissen Terminen, soll ausgezahlt werden. Hierauf begiebt er sich zu dem unglücklichen Johann Friedrich zurück, und wird mit seinen Helfershelfern in die Acht erkläret.

22. Reichstag zu Worms, auf welchem 1564. sowohl von andern Reichsgeschäften, als auch absonderlich von fernerer Erhaltung des Landfriedens, im Falle die grumbachische Rotte denselben stöhren sollte, gerathschlaget wird.

Copia des Schreibens, so Grumbach an die zu Worms versammlete Reichsstände geschickt. 1564: 4.

23. Ferdinand I stirbt. Sein Sohn und Nachfolger, Maximilian II, wiederhohlt auf einem Reichstage zu Augsburg die Achtserklärung gegen Grumbachen, und seinen Anhang. 1566.

Grumbachs Achtserklärung in **Lünigs** Cod. Germ. diplom. 1. p. 634.

D. **Johann Meichsners** Relation von dem Reichstage zu Augsburg 1566. (in Senkenbergs Sammlung ungedruckter und rarer Schriften, im ersten Theile p. 211.)

24. Grumbach schmiedet so gar gegen den Churfürst August von Sachsen gefährliche Anschläge.

Copeyen derer Schriften, so zwischen dem Churfürsten und Herzog Johann Friedrichen dem mittlern zu Sachsen ꝛc. Graf Günthers von Schwarzburg und Wilhelm von Grumbachs ꝛc. halben ergangen. 1566. 4.

25. Es werden vom Kaiser dem unglücklichen Johann Friedrich zu wiederhohlten mahlen geschärfte Pönalbefehle wegen der grumbachischen Händel und Achtserklärung zugeschickt; aber vergeblich. Der Churfürst August, der Herzog Johann Wilhelm, der Churfürst von der Pfalz Friedrich, der Landgraf von Hessen Philipp, der Herzog von Jülich, und andere Reichsfürsten, wie auch einige wohlgesinnte Räthe, bemühen sich vergeblich, Johann Friedrichen auf andere Gedanken zu bringen, und die Reichsächter von sich zu thun.

Copey der Antwort, so Herzog Johanns Friedrich zu Sachsen der mittlere ꝛc. des Reichsabgesandten Bothschaften auf ihr Andringen und Wer=

Siebende Abtheilung.

Werbung, Wilh. von Grumbachen ꝛc. halben gegeben. 1566, 4.

26. Dahero er endlich selbst in die Acht erkläret, und deren Vollstreckung dem Churfürst August aufgetragen wird. 1566.

Achtserklärung in Lünigs Reichsarchive, Part. spec. Cont. I. p. 628.

Auftrag der Execution in RVDOLPHI Gotha dipl. II. p. 108.

27. Den Tag vor Weyhnachten wird Gotha, und der zeithero gewaltig bevestigte Grimmenstein belagert.

28. Der Kaiser Maximilian II giebt den Grafen von Schwarzburg vollkommene Macht und Gewalt, sich der Herrschaft Leutenberg wieder zu bemächtigen.

Dipl. in der in iure et facto gegründeten Gegendeduction, Beyl. n. 153.

29. Den 3ten Jan. des folgenden Jahres werden auf einem zu Saalfeld gehaltenem Landtage die sämtlichen dahin beschiedenen thüringischen Landstände und Unterthanen ihrer Pflicht und Huldigungseides, womit sie bishero dem Herzog Joh. Friedrich II verwand gewesen, durch einen kaiserlichen Herold erlassen, und an den jüngern Bruder, Johann Wilhelm, gewiesen. 1567.

30. Der Churfürst langt selbst im Lager an. Der Unwille der Bürgerschaft so wohl als

als der Besatzung im Grimmenstein vermehrt sich täglich. Den 4 April vereinigen sich beyde, und nehmen Grumbachen und seinen Anhang gefangen.

31. Die Belagerten treffen den 14 April eine Capitulation, und übergeben Schloß und Stadt.

> Gothaische Capitulation in RVDOLPHI Gotha diplomatica V. p. 280.

32. Den 18 April werden die Aechter hingerichtet. Grumbach und Brück werden lebendig geviertheilt. Stein erstlich enthauptet, und hernach geviertheilet, Baumgärtner enthauptet, und Hans Beier gehangen. Den 26 wird der Obrist Brandenstein enthauptet, und Hänsel Tausendschön gehangen.

33. Der Grimmenstein wird demoliret, ohngeachtet der Herzog Johann Wilhelm Fürbitte einlegt. Für die Unkosten, welche auf die Belagerung und gedachte Demolition gegangen, werden vier Aemter, Sachsenburg, Arnshaug, Weyda und Ziegenrück assecuriret.

> Ge. Arnolds Anfang der grumbachischen Zwietracht mit dem Bischof von Würzburg, wann und woher sie entstanden, und was sie hernach für einen Ausgang und Ende genommen (in PISTORII amoenit. historico-iuridicis T. III, p. 743. sqq.)

HVB.

Siebende Abtheil,

HVB. LANGVETI hist. be[
4. (et ap. SCHARD. V.[

34. Der unglückliche Joha[nn]
wird nach Wien, und von dar [
stadt zu ewiger Gefängniß gebrac[ht.]

35. Nachdem seine beyden Prinze[n]
erwachsen: so besucht ihn seine Gemahlin,
und bleibt gar bey ihm; ein ungemeines Beyspiel eines beständigen Ehegattens der Nach-
welt hinterlassend.

36. Der Kaiser Rudolph II lässet ihn 1595.
endlich nach Steier bringen; woselbst er
gleich bey seiner Ankunft einen schweren Fall
thut, und bald darauf stirbt. Er wird zu
Coburg neben seiner das Jahr zuvor in seiner Custodie verstorbenen Gemahlin beerdiget.

Verzeichniß der Schriften Johann Friedrichs des
jüngern, in den unschuldigen Nachrichten aufs
Jahr 1717. p. 403.

37. Ohnerachtet anfänglich seine sämtlichen Länder dem Herzog Joh. Wilhelm zu-
gesprochen gewesen: so werden doch hernach
auf dem Reichstage zu Speier im Jahr
1570 seine Söhne, Johann Casimir und
Johann Ernst, restituirt, und im Jahr
1572 kommt zwischen ihnen und dem Herzog Johann Wilhelm zu Erfurt folgende
Landestheilung zu Stande. Der Herzog
Johann Wilhelm behält für seinen Antheil
die Aemter: Weimar, Jena, Roßla,

M 3　　　　　　Leuch-

Siebende Abtheilung.

Leuchtenburg, Altenburg, Eisenberg, Bürgel, Dornburg, Camburg, Roda, Saalfeld, Kapellendorf, Ringleben, Ichtershausen, Wachsenburg, Georgenthal, Schwarzwald, Reinhardsbrunn, Georgenthalerhof zu Erfurt allein, und das Gleit und Schutzgeld zu Nordhausen zur Helfte, nebst folgenden Städten: Weimar, Buttstädt, Buttelstädt, Magdela, Rastenburg, Jena, Kahle, Orlamünde, Roda, Lobda, Dornburg, Camburg, Bürgel, Eisenberg, Altenburg, Ronneburg, Lukka, Schmölln, und Neumark. Hingegen die Prinzen Johann Friedrichs bekommen zu ihrem Antheil die Aemter: Volkeroda, Coburg, Münchröden, Heldburg, Eisfeld, Römhild, Lichtenberg, Veilsdorf, Sonnefeld, Sonneberg, Salzungen, Allendorf, Krainberg, Gerstungen, Breitenbach, Trefurt, Kreutzburg, Eisenach, Tenneberg, Gotha, und Collectur zu Salze allein, ausserdem das Gleit und Schutzgeld zu Erfurt, wie auch das Schutzgeld zu Nordhausen zur Helfte, nebst der Gerechtigkeit zu Wiedereinlösung der vier assecurirten Aemter: Weyda, Arnshaug, Ziegenrück und Sachsenburg, darzu die Städte: Weyda, Neustadt an der Orla, Pöseneck, Triptis,

Au

Auma, Ziegenruck, Coburg, Hildburghausen, Rodach, Eisfeld, Römhild, Sonneberg, Neustadt an der Heide, Ummerstadt, Schalkau, Salzungen, Crefurt, Kreutzburg, Eisenach, Waltershausen und Gotha.

Der kaiserlichen Commißion Ausspruch wegen Johann Friedrichs des mittlern Lande, in Sabers Staatskanzley, LXVIII. p. 148.

Johann Casimir, zu Coburg.

1. Stehet nebst seinem Bruder, Johann Ernst, unter der Vormundschaft Churfürst Augusts, und des Hertzog Johann Wilhelms, bis ins Jahr 1586.

2. Zwischen ihm und seinem Bruder wird 1590. eine Mutschierung vor die Hand genommen, und ein dergestaltiger Receß getroffen, daß der ältere Bruder die Regierung 5 Jahr lang in beyderseitiger Namen führen, und dem jüngern einige Aemter, als Kreutzburg, Marksuhl, Gerstungen, Breitenbach, Volkenroda, und Collectur zu Salze, zu seinem fürstlichen Auskommen eingeräumet werden soll.

3. Er lässet sich von seiner Gemahlin Anna aus sattsam erheblichen Ursachen scheiden, und sie in ewiges Gefängniß bringen.

4. Er trift auf seines Bruders Johann Ernsts inständiges Anhalten mit ihm eine erb-

erbliche Landestheilung. Johann Ernst bekommt, über vorige bereits inne gehabte Aemter, noch: Amt, Kloster, Stift und Stadt Eisenach, Amt Krainberg, Amt und Stadt Salzungen, Kloster Allendorf, Amt Lichtenberg, mit der Stadt Ostheim, nebst dem halben Amt und Stadt Alstedt, mit aller landesfürstlichen Hoheit; welchen Erbtheilungsvertrag der Kaiser Rudolph II bestätiget.

5. Die beyden Brüder, Johann Casimir und Johann Ernst, ordnen zu Coburg einen Schöppenstuhl.

1598.

6. Joh. Casimir stiftet das nach seinem Namen genannte academische Gymnasium zu Coburg.

1605.

Gottfried Ludwigs Ehre des Gymnasii Casimiriani. Coburg, 1724. 8.

7. Nach Ableben seines Vetters, Herzog Johanns zu Weimar, sucht Joh. Casimir, als nächster Agnat, die Vormundschaft über dessen nachgelassene unmündige Prinzen zu erlangen. Er erreicht aber seinen Zweck nicht, indem der Churfürst Christian II von Sachsen, Kraft des vom Kaiser Maximilian II seinem Großvater, dem Churfürst August, im Jahr 1573 ertheilten Begnadigungsbriefes, und darinne vor der

1605.

frän-

Siebende Abhandlung. 175.

fränkischen Linie erhaltenen Vorgangs, und Prärogativs, sich der Vormundschaft, als civiliter und in effectu nächster Agnat, sogleich anmaſſet, auch von der fürstlichen Wittwe darum ersucht wird; da denn Johann Caſimir zurück treten muß.

8. Johann Caſimir verfügt sich in Perſon nach Cölln, als daselbst eine kaiserliche Commißion wegen der jülichschen Erbschaftssache angeordnet wird; so wie er auch die übrigen Zusammenkünfte, welche damahls dieser Erbschaftssache wegen zu Dresden, Jüterbock und Erfurt angestellet werden, theils beschickt, theils ihnen persönlich beywohnet. 1610.

9. Er besucht den Convent zu Naumburg, welcher zur Erneuerung der Erbverbrüderung zwischen Sachsen, Brandenburg und Heſſen, angestellet wird. 1614.

Erneuerte Erbverbrüderung in Lünigs Reichsarchive, part. ſpec. II. Cont. IV. Abth. II. Abſ. p. 392.

10. Das von Sachſen-Coburg und Eiſenach aufgerichtete Appellationsgericht zu Coburg nimmt seinen Anfang. 1616.

11. Der Herzog Johann Caſimir wohnet dem Convente der Proteſtanten zu Leipzig bey.

12. Der Herzog Joh. Caſimir stirbt ohne Leibeserben. Worauf seine Länder, wel- 1631.
che

che im dreyßigjährigen Kriege viel ausgestanden, an seinen Bruder, Johann Ernst, fallen.

Johann Ernst, der ältere, zu Eisenach, hernach auch zu Coburg.

1638. Stirbt bald nach seinem Bruder ohne Leibeserben; da denn seine Länder an die weimarische Linie fallen.

II. Von der weimarischen Linie.

Johann Wilhelm.

1. Churfürst Johann Friedrichs anderer Sohn, regieret anfänglich mit seinen Brüdern gemeinschaftlich.

1558. 2. Er bekommt vom König in Frankreich Heinrich II die Stadt und Herrschaft Chatillon an der Seyne verehret.

1558. 3. Geht mit 3000 Mann in französische Kriegsdienste.

Herzog Johann Wilhelms Schreiben, daß er sich in französische Dienste begeben. 1558. 4. (in Buders Sammlung p. 43. sqq.)

M. Valentin Langti Beschreibung des Zugs Herzog Joh. Wilhelms zu Sachsen in Frankreich.

4. Sucht die Königin Elisabeth in Engelland zur Gemahlin zu bekommen; aber vergeblich.

Siebende Abtheilung.

Nachricht von Herzog Joh. Wilhelms zu Sachsen Heyrathwerbung an die Königin Elisabeth in Engelland (in den teutschen actis erud. P. 17. p. 169. sq.)

5. Nachdem sein Bruder in die Acht erklärt worden: so bekommt er die gesammten ernestinischen Lande allein. 1567.

6. Zu Abthuung verschiedener bis dahin obgewalteten Streitigkeiten zwischen beyden Linien des Hauses Sachsen wird zwischen dem Churfürst August, und dem Herzog Johann Wilhelm der zeitzische Vertrag geschlossen. 1567.

Zeitzischer Vertrag in Lünigs Reichsarchive, part. spec. II. Cont. IV. Abth. II. Abs. p 321.

7. Der Herzog hebt die vor einigen Jahren von Striegeln verfertigte Declaration, um deren willen viele Geistliche ihres Amtes entsetzt worden, auf, und die Actien der philippistischen Parthey fallen in den ernestinischen Landen für dieses mahl. 1568.

Fürstlicher Befehl in Tenzels supplement. hist. Goth. p. 851.

8. Der Herzog geht abermahls nach Frankreich mit 2000 Pferden, und 100 Wagen, um dem König Carl IX beyzustehen; kommt aber noch in eben dem Jahre wieder zurück. 1568.

9. Wegen derer Streitigkeiten, die zwischen den herzoglichen Gottesgelehrten auf der einen, und den chursächsischen (welche Philippisten sind, und heimlich auf die Seite der

der Reformirten hängen) auf der andern
1568. Seite, vorwalten, wird zu Altenburg eine Unterredung angestellet; bey welcher der Herzog Johann Wilhelm den Vorsitz selbst führt. Sie ist fruchtlos, und die Verbitterung zwischen den churfürstlichen und herzoglichen Gottesgelehrten wird von der Zeit an immer grösser.

Acta colloquii Altenburgensis. Ienae, 1570. Lipsiae, 1571.

1569. 10 Der Herzog löset Königsberg vom Bischof von Würzburg wieder ein für 46000 Gulden.

1570. 11. Verfügt sich auf den Reichstag nach Speier, auf welchem des gefangenen Johann Friedrichs II Söhne restituiret werden; denen er einen ansehnlichen Theil der ernestinischen Lande wieder abtritt.

12. Dagegen giebt ihm der Kaiser Maximilian II einen Begnadigungsbrief, Kraft dessen er und seine Nachkommenschaft in der Primogenitur und Succeßion im
1572. Erzmarschallamte und Churfürstenthume zu Sachsen u. s. w seines ältern Bruders Söhnen und ihrer Nachkommenschaft vorgehen, und die Erstgeburthsgerechtigkeit vor ihnen haben soll.

Dipl. in Lünigs Reichsarchive, part. spec. S. IV. von Sachsen p. 272.

13. Auch

13. Auch reservirt Maximilian II die Anwartschaft aufs Hennebergische, und belehnt den Herzog Johann Wilhelm damit.

    Dipl. in Lünigs Reichsarchive, part. spec. II. Cont. IV. Abth. II. Abs. p. 365.

14. Johann Wilhelm stirbt.   1573.

    Johann Wilhelms Testament in Lün gs Reichsarchive, part. spec. S IV von Sachsen p. 92.

15. Von seinen Söhnen ist Friedrich Wilhelm der Stammvater der von seinen Söhnen constituirten altenburgischen, und Johannes der Stifter der weimarischen Linie.

A. Von der ausgestorbenen altenburgischen Linie.

Friedrich Wilhelm I.

1. Steht, wie sein Bruder, anfänglich unter der Vormundschaft Churfürst Augusts.

2. Die chursächsischen Hofleute bedienen sich dieser Gelegenheit in den ernestinischen Ländern das philippistische Lehrgebäude einzuführen.

3. Die zu Weimar angeordnete churfürstliche Commißion entsetzt verschiedene ansehnliche Theologen ihrer Aemter, weil sie keine Philippisten sind.

    Correspondenz, so in diesen Religionssachen die Wittwe Johann Wilhelms mit dem Churfürst

August geführet, in den unschuldigen Nachrichten aufs Jahr 1734. p. 534.

4. Der Cryptocalvinismus wird in Chursachsen unterdrückt, und darauf geschiehet in den ernestinischen Landen ein gleiches.

1583. 5. Die gefürsteten Grafen von Henneberg sterben ab mit Georg Ernsten; da denn ihre gesammte Lande, kraft des obgedachten Erbvertrags, an das chur- und fürstliche Haus Sachsen fallen, welches sie bis ins Jahr 1660 in Gemeinschaft behält.

6. Der Herzog kauft Wilhelm Curt Mülichen sein Rittergut Hardisleben, samt den Dorfschaften Hardisleben, Teutleben und Oesleben ab.

1586. 7. Nach dem Tode Churfürst Augusts, als gewesenen Vormunds, übernimmt der Herzog die Regierung selbst, und zugleich die Vormundschaft über seinen Bruder Johann.

1587. 8. Beyde Brüder richten, mit Genehmhaltung ihrer Mutter, Dorotheen Susannen, einen brüderlichen Vergleich mit einander auf, kraft dessen der ältere Bruder die Landesregierung so lange allein führen soll, bis der jüngere zu dem zwanzigsten Jahre seines Alters vollkömmlich gelanget. Doch sollen die Bedienten, (ausser die, so der ältere Bruder zu seiner Hofhaltung brauchet) in unzertheilter Verpflichtung stehen; die Briefe und Befehle in des ältern Herzogs Na-

Siebende Abtheilung. 181

Namen allein ausgehen; das Begehren
aber auf beyderseits Personen gerichtet; wie
denn auch die Urkunden von Lehn- und Leib-
gedingsbriefen gleichfalls in gesammten Namen ausgefertiget werden sollen.

9. Convent zu Naumburg, auf wel- 1587.
chen die Erbverbrüderung und Erbvereinigung zwischen Sachsen, Brandenburg und
Hessen erneuert wird. Der Herzog Friedrich Wilhelm und sein Bruder Johannes
wohnen demselben bey.

10. Friedrich Wilhelm errichtet einen 1590.
besondern Orden wider das damahls üb-
liche Fluchen.

Inhalt des Stiftungsbriefes in Tenzels mo-
natlichen Unterredungen aufs Jahr 1697, p. 991.

11. Errichtet mit seinem Bruder Johann 1590.
abermahls einen Vertrag, in welchem ihm
noch auf sechs Jahr die Regierung in beyderseits Namen zu führen überlassen wird.

12. Kauft das Dorf Manstädt, und
schlägt es zum Amte Sardisleben.

13. Kauft, nebst seinem Bruder Johann, 1591.
Graf Carl von Gleichen den tanneröder
Wald ab für 20000 Gulden.

14. Uebernimmt nach des Churfürstens 1592.
von Sachsen, Christians I, Tode die Vormundschaft über dessen minderjährigen Prinzen, Christian II.

15. Er

182 Siebende Abtheilung.

1592. 15. Er vereiniget sich mit seinem Bruder Johann dahin, daß sie bey der bisherigen gemeinschaftlichen Regierung noch sechs Jahr lang bleiben wollen. Weil aber der jüngere Bruder sich zu vermählen gesonnen: so werden ihm zu seinem Unterhalte die Aemter Altenburg, Eisenberg und Ronneburg eingeräumet.

1592. 16. Zwischen dem Churfürst von Maynz Wolfgang, und dem Herzog Friedrich Wilhelm, wird eine dergestaltige Verschreibung aufgerichtet, daß dieser nicht nur das von jenes Vorfahren, dem Churfürst Gerlach, dem Rath zu Erfurt wiederkäuflich überlassene und vor zwey Jahren bereits aufgekündigte Amt Tonndorf, nebst dem halben Theile an Mühlberg, sondern auch die zwey andern zu gleichmäßiger Aufkündigung beschlossene Viertheile an nur besagtem Mühlberg, an sich zu kaufen, und abzulösen; auch die nächsten 40 Jahre, von der Zeit der wirklichen Innhabung, unabgelöst zu gebrauchen, berechtiget seyn solle.

17. Der Rath zu Erfurt will den von Friedrich Wilhelmen angebothenen und aufgezehlten Pfandschilling unser allerhand kahlen Entschuldigungen nicht annehmen; weswegen sich der Herzog mit Gewalt in Besitz setzet.

18. Er

Siebende Abtheilung. 183

18. Er kauft von Graf Carln von Gleichen den tonndorfer See, nebst dem Gehölze für 25000 Gulden.

19. Wegen der hennebergischen Lande wird zwischen dem churfürstlichen Hause, und den zwey Gebrüdern, weimarischer Linie, ein Interimsvergleich getroffen. 1593.

20. Der Herzog Friedrich Wilhelm verrichtet, als chursächsischer Administrator, auf dem Reichstage zu Regensburg, als der Kaiser den Churfürst Ernst von Cölln belehnt, das Amt eines Erzmarschalls. 1594.

21. Der Kaiser Rudolph II giebt dem Herzog Friedrich Wilhelm, und seinem Bruder Johann, für sie und ihre männliche eheliche Leibeserben, die Anwartschaft auf die Grafschaft Isenburg und Büdingen. 1596.

Dipl. in Lünigs Reichsarchive, part. spec. II, Cont. IV. Abth. II. Abf. p. 386.

22. Carl, Graf von Gleichen, tritt Friedrich Wilhelmen und Johann die am Dorfe Manstädt gehabte Lehnsgerechtigkeit, gegen Uebernehmung eines Capitals erblich ab. 1596.

23. Die Dörfer, Pußfart und Vollersroda, werden von der fürstlichen Kammer zu Weimar von dem Kanzler D. Marx Gerstenberger, samt den Zinsen und Frohndiensten erkauft, und zu dem Amte Weimar geschlagen. 1597.

24. Der

1598. 24. Der Herzog bekommt die Mitbelehnschaft für sich und seinem Bruder an den vier vogtländischen Aemtern Plauen, Vogtsberg, Schönberg und Pausa.

1601. 25. Er legt die Vormundschaft und Administration der Chur nieder, und stirbt das Jahr darauf.

Johann Philipp.

1. Es kommt ein Erbtheilungsvertrag zwischen dem Herzog Johann, und seines verstorbenen Bruders Friedrich Wilhelms Söhnen, zu Stande. Die Letztern bekommen den altenburgischen, iener aber den weimarischen Antheil. Dieser besteht in folgenden Schlössern, Aemtern, und Städten: 1) Schloß, Stadt und Amt Weimar, mit seinen Vogteyen, 2) Schloß, Stadt und Amt Jena, 3) Amt Burgau, 4) Amt Kapellendorf, 5) Amt Ringleben, 6) Amt Ichtershausen, 7) Amt Wachsenburg, 8) Amt Reinhardsbrunn, 9) Amt Georgenthal, 10) Amt Schwarzwald, 11) Stadt und Amt Königsberg, 12) Amt Oldisleben mit allen in dieser Portion gelegenen Städten. Der altenburgische Antheil besteht in folgenden Schlössern, Aemtern und Städten: 1) Schloß, Stadt und Amt Altenburg, mit dem Stift und Commenthurhofe daselbst, 2) Amt

2) Amt Ronneburg, 3) Amt Eisenberg, samt dem Stifte Lausnitz, 4) Amt Dornburg, 5) Amt Camburg, 6) Kloster Seusdorf, 7) Amt Roßla, 8) Stift Bürgel, 9) Amt Roda, 10) Amt Leuchtenburg und Orlamünde, 11) Amt und Stift Saalfeld, 12) Amt Zelle, 13) Amt und Stadt Alstädt zur Helfte, nebst allen in dieser Portion gelegenen Städten. In Gemeinschaft bleiben 1) die Grafschaft Senneberg, 2) die Universität Jena, 3) das Consistorium, 4) Hofgericht, 5) Schöppenstuhl, 6) und Bibliotheck zu Jena, 7) Appellationsgericht, 8) Reichs- und Kraiscontributiones, 9) Kammergerichtshaltung, 10) anhängige Kammergerichtsprocesse, 11) Reichs-, Krais- und Probationstäge, 12) Präsentation der Consistorialen, Hofgerichtspersonen und Professoren, 13) Das Gleit zu Erfurt, 14) samt dem Georgenthälerhof daselbst, 15) Verspruch- und Schutzgeld zu Erfurt und Nordhausen, 16) Weinwachs im Amt Jena, 17) Münze zu Saalfeld, 18) Gold- und Silberbergwerke, wie auch 19) der Zehende auf dem Schneeberge und 20) die maynzischen Pfandhäuser, Tonndorf und Mühlberg.

2. Es thut sich ein Präcedenzstreit zwischen Altenburg und Weimar hervor, welchen der Kaiser Rudolph II zum Vortheile des altenburgischen Hauses entscheidet.

1607.

Dipl.

Dipl. in Lünigs Reichsarchive, Part. spec.
S. IV. von Sachsen p. 129.

1614. 3. Johann Philipp besucht den Convent zu Naumburg, welcher zu Erneuerung der Erbverbrüderung zwischen Sachsen, Brandenburg und Hessen angestellet wird, nebst seinem Bruder Friedrich.

1601. 4. Er kauft von dem Graf Maximilian von Pappenheim die seit dem Jahr 1438 bey dessen Hause gewesene Herrschaft Gräfenthal.

BVRC. GOTHELF STRVVII prodromus hiftoriae Graefenthalenfis. Icnae, 1715. 4. Gräfenthalische Nachrichten in Struvens hist. und pol. Archive P. II. p. 140.

5. Zwischen dem Herzog und dem weimarischen Hause werden einige von der Landestheilung annoch übrige Differentien durch einen Vergleich gehoben.
1634

Dipl. in Lünigs Reichsarchive, part. spec. II. Cont. IV. Abth. II. Abs. p. 426.

6. Die zeithero in Gemeinschaft gebliebene Aemter Mühlberg und Tonndorf werden zwischen dem altenburgischen und weimarischen Hause durchs Loos getheilt. Altenburg bekommt Mühlberg; Weimar aber Tonndorf.
1635.

1638. 7. Nach dem Tode Herzog Johann Ernsts des ältern von Eisenach und Coburg, fallen dessen Länder an das altenburgische und weimarische Haus.

8. Der

8. Der Herzog Johann Philipp stirbt 1639. ohne männliche Erben.

Friedrich Wilhelm II.

1. Folgt seinem Bruder in der Regierung, und theilt die durch den Tod Johann Ernsts des ältern heimgefallenen coburgischen und eisenachischen Lande mit dem Hause Weimar, 1640.

2. Christian, der letzte Schenk und 1640. Freyherr von Tautenburg, geht mit Tode ab; worauf Tonna an Waldeck, Tautenburg aber, und was dazu gehört, an Chursachsen fällt.

> Barthol. Clamorini kurzes Verzeichniß vom Alter, Ankunft, und ritterlichen Thaten der Freyherrn von Tautenburg. 1590. 4.
>
> BVRC. GOTTHELF STRVVII historia pincernarum Varila-Tautenburgicorum. Ienae, 1723. 4.

3. Das Haus Schwarzburg sucht 1641. Sitz und Stimme unter den wetterauischen Grafen; worwider sich sonderlich Sachsen-Altenburg setzt.

4. Auf eben demselben Reichstage geht der Präcedenzstreit der Häuser Sachsen-Weimar und Eisenach mit Sachsen-Altenburg, aufs neue an.

5. Streitigkeiten des Hauses Altenburg 1660. mit den Grafen von Waldeck, welche, als

Vasallen in Ansehung der Herrschaft Tonna, vor dem Hofgericht zu Jena stehen sollen.

 Gründliche assertio, daß die Grafen von Waldeck von dem Hause Altenburg die Herrschaft Tonna zu Lehn tragen, und deswegen vor dero Hofgericht zu stehen schuldig seyn. Altenburg, 1665. 4.

1660. 6. Theilung der hennebergischen Lande, da denn der Herzog von Altenburg zu seinem Antheile bekommt: 1) Amt und Stadt Themar, 2) Amt Maßfeld, 3) Amt und Stadt Meinungen, 4) Kellerey Behringen, 5) Kammerguth Henneberg, und 6) Hof Milz,

 7. Er begiebt sich der Lehnsherrlichkeit
1666. über einige der Stadt Erfurt zugehörige Dörfer.

 Dipl. in Lünigs Reichsarchive, part. spec. II. Cont. IV. Abth. II. Abs. p. 570.

1669. 8. Der Herzog stirbt.

 Herzog Friedrich Wilhelms II. Testament und Codicill in Lünigs Reichsarchive, part. spec. II. Cont. IV. Abth. II. Abs. p. 579. und p. 593.

Friedrich Wilhelm III.

 1. Steht nach Ableben seines Vaters unter der Vormundschaft des Churfürstens von Sach-

Sachsen Joh. Georgs II, und Herzogs Morizens von Sachsen-Zeiz.

2. Stirbt an den Blattern. 1672.

3. Worauf seine Länder an seine Vettern, die Herzoge von Weimar und von Gotha, fallen, und der berührte Präcedenzstreit auch ein Ende nimmt.

B. Von der weimarischen Linie.

Johann,

1. Des Herzogs Johann Wilhelms Sohn, und des Churfürst Johann Friedrichs Enkel, steht, nebst seinem ältern Bruder, Friedrich Wilhelm, anfänglich unter der Vormundschaft des Churfürst Augusts von Sachsen; nach dessen Tode aber unter der Vormundschaft seines nur gedachten ältern Bruders, Friedrich Wilhelms.

2. Er wohnet persönlich dem Convente zu Naumburg bey, auf welchem die Erbverbrüderung und Erbvereinigung zwischen Sachsen, Brandenburg, und Hessen erneuert wird. 1587.

3. Trift den obgedachten Erbtheilungsvertrag mit seinem Vetter Joh. Philipp, Herzogen von Sachsen-Altenburg. 1603.

4. Kauft, mit Bewilligung des Lehnsherrn, Graf Wolrabens von Gleichen, 1605.

das wizlebische Gut-Berka; woraus man ein hochfürstl. weimarisches Amt macht.

1605. 5. Der Herzog Johann stirbt zu Weimar.

6. Mit seiner Gemahlin Dorothea Maria, aus dem Hause Anhalt, erzeugt er zehen Söhne; wovon bey seinem Tode noch acht am Leben sind. Unter diesen sind sechs, als Johann Ernst der jüngere, Friedrich Albrecht, Johann Friedrich, Friedrich Wilhelm, und Bernhard, ohne Erben gestorben. Die andern zwey, Wilhelm und Ernst haben das hochfürstliche Haus fortgepflanzt. Wilhelm ist der Stammvater des weimarischen, und Ernst des jüngern gothaischen Hauses.

Johann Ernst der jüngere,

und seine nur genannten Brüder gemeinschaftlich.

1. Johann Ernst der jüngere, und seine Brüder stehen nach ihres Vaters Tode unter der Vormundschaft des Churfürstens von Sachsen Christians II.

1612. 2. Das gemeinschaftliche Consistorium zu Jena wird aufgehoben, und so wohl die weimarische, als altenburgische Linie legt ihr eigenes an. Wie denn auch die bis dahin gemeinschaftlich gewesenen Pfarrlehn zwischen

schen Weimar und Altenburg getheilt werden, und darüber ein Receß aufgerichtet; welchen der Churfürst von Sachsen, Johann Georg I, als Vormund, bestätiget.

3. **Thüringische Sündfluth.** 1613.

D. Abraham Langens hist. Relation von der ausserordentlichen Wasserfluth, so 1613 den 29. May die Stadt Weimar, und benachbarte Orte überfallen.

GEORGII HENR. CELII cataclysmus Thuringiacus. Ienae, 1670. 4. rec. ibid. 1690.

4. **Johann Ernst kommt von seinen** 1614. **Reisen zurück.**

Herzog Johann Ernsts von Sachsen-Weimar des jüngern Reise nach Frankreich, Engelland und Niederland, durch Joh. Wilh. Neumayr von Ramßla. Leipzig, 1620. 4, mit M. Joh. Gerh. Pagendarms historischen Anmerkungen. Jena, 1734. 8.

THO. SAGITTARII Vlysses Saxonicus s. iter per Europam Io. Ernesti, Duc. Sax. a. 1623. factum. Vratisl. 1621. 4.

5. **Er besucht, nebst seinen Brüdern Fried-** 1614. **rich Wilhelmen und Ernsten, die Zusammenkunft zu Naumburg, auf welcher die Erbverbrüderung zwischen Sachsen, Brandenburg und Hessen erneuert wird.**

6. **Die Herrschaft Oberkranichfeld** 1615. **kommt von Heinrichen dem jüngern und ältesten Reussen wiederkäuflich an das Haus Weimar.**

1615. 7. Der Churfürst von Sachsen Johann Georg I legt die Vormundschaft und Adminstration der weimarischen Lande nieder, und überläſſet ſie Johann Ernſten, nebſt der Vormundſchaft über ſeine ſieben jüngern Brüder.

1617. 8. Stiftung der fruchtbringenden Geſellſchaft.

Neumarks neuſproſſender teutſcher Palmbaum, Nürnberg, 1668. 8.

9. Oberkranichfeld wird dem Hauſe Schwarzburg-Rudolſtadt, wiederkäuflich 1620. überlaſſen.

10. Anfang der böhmiſchen Unruhen. Der Herzog Joh. Ernſt, beſucht nebſt ſeinen zwey älteſten Brüdern, Friedrichen und Wil-
1619. helmen, welche eben von einer Reiſe nach Frankreich wieder nach Hauſe gekommen, den von den evangeliſchen Ständen zu Nürnberg veranlaßten Vereinigungs- und Correſpondenztag. Sie treten auf die Seite des Churfürſtens von der Pfalz, Friedrichs V, von welchem ſie auch Beſtallung annehmen, und darauf zu ſeinem Dienſt Völker anwerben.

1620. 11. Der Herzog Wilhelm wohnt dem Treffen auf dem weiſſen Berge bey, und kommt darinne in nicht geringe Lebensgefahr.

12. Weil

Siebende Abtheilung.

12. Weil Joh. Ernst, und seine zwey Brüder, Friedrich und Wilhelm, wegen angenommener Kriegsdienste der Regierung nicht beywohnen können; auch Albrecht und Joh. Friedrich auf Reisen sind: so wird beschlossen, daß der Herzog Ernst einsweilen dieselbe über sich nehmen soll.

13. Der Herzog Wilhelm wohnet der 1622. Schlacht bey Wimpfen bey.

14. Und sein Bruder Friedrich der 1622. Schlacht bey Fleury, in welcher er verwundet wird, und stirbt.

15. Wie denn auch Wilhelm bald darauf im Treffen bey Statloe hart verwundet, über dieses gefangen und nach Neustadt in Steiermark gebracht wird. 1623.

Des Cardinal Klesels Sendschreiben, Herzog Wilhelms zu Sachsen Gefängniß anrührend, (in Horns sächsischen Handbibliothek p. 666. sqq.)

16. Der Kaiser giebt ihm noch in eben dem Jahre seine Freyheit wieder; worauf er in seine Erblande zurück kehret.

17. Der Herzog Joh. Friedrich wird ohnweit Lippstadt von den Kaiserlichen gefangen; aber seinen Brüdern ausgeliefert, welche ihn nach Weimar bringen lassen; woselbst er in seiner Gefangenschaft, im Jahr 1628, stirbt. 1626.

18.

1615. 7. Der Churfürst von Sachsen Johann Georg I legt die Vormundschaft und Administration der weimarischen Lande nieder, und überläſſet ſie Johann Ernſten, nebſt der Vormundſchaft über ſeine ſieben jüngern Brüder.

1617. 8. Stiftung der fruchtbringenden Geſellſchaft.

Neumarks neuſproſſender teutſcher Palmbaum, Nürnberg, 1668. 8.

9. Oberkranichfeld wird dem Hauſe Schwarzburg-Rudolſtadt, wiederkäuflich
1620. überlaſſen.

10. Anfang der böhmiſchen Unruhen. Der Herzog Joh. Ernſt, beſucht nebſt ſeinen zwey älteſten Brüdern, Friedrichen und Wil-
1619. helmen, welche eben von einer Reiſe nach Frankreich wieder nach Hauſe gekommen, den von den evangeliſchen Ständen zu Nürnberg veranlaßten Vereinigungs- und Correſpondenztag. Sie treten auf die Seite des Churfürſtens von der Pfalz, Friedrichs V, von welchem ſie auch Beſtallung annehmen, und darauf zu ſeinem Dienſt Völker anwerben.

1620. 11. Der Herzog Wilhelm wohnt dem Treffen auf dem weiſſen Berge bey, und kommt darinne in nicht geringe Lebensgefahr.

12. Weil

Siebende Abtheilung.

12. Weil Joh. Ernst, und seine zwey Brüder, Friedrich und Wilhelm, wegen angenommener Kriegsdienste der Regierung nicht beywohnen können; auch Albrecht und Joh. Friedrich auf Reisen sind: so wird beschlossen, daß der Herzog Ernst einsweilen dieselbe über sich nehmen soll.

13. Der Herzog Wilhelm wohnet der 1622. Schlacht bey Wimpfen bey.

14. Und sein Bruder Friedrich der 1622. Schlacht bey Fleury, in welcher er verwundet wird, und stirbt.

15. Wie denn auch Wilhelm bald darauf im Treffen bey Stadtloe hart verwundet, über dieses gefangen und nach Neustadt in Steiermark gebracht wird. 1623.

> Des Cardinal Klesels Sendschreiben, Herzog Wilhelms zu Sachsen Gefängniß anrührend, (in Horns sächsischen Handbibliotheck p. 666. sqq.)

16. Der Kaiser giebt ihm noch in eben dem Jahre seine Freyheit wieder; worauf er in seine Erblande zurück kehret.

17. Der Herzog Joh. Friedrich wird ohnweit Lippstadt von den Kaiserlichen gefangen; aber seinen Brüdern ausgeliefert, welche ihn nach Weimar bringen lassen; woselbst er in seiner Gefangenschaft, im Jahr 1628, stirbt. 1626.

1626. 18. Wilhelm und Albrecht richten einen Vertrag auf, Kraft dessen dieser die bishero in Gemeinschaft geführte Regierung an ienen, als ältern Bruder, überläſſet, unter verhofter Genehmhaltung ihres älteſten Bruders Johann Ernſts, welcher ſich auſſerhalb Landes befindet.

1628. 19. Dieſer ſtirbt in Ungarn ohnbeerbt.

Wilhelm.

1629. 1. Zwiſchen den damahls noch lebenden vier fürſtlichen Gebrüdern weimariſcher Linie, Wilhelm, Albert, Ernſt und Bernhard, wird ein Hauptvertrag errichtet, und darinne eine Generalſatzung und unveränderliche Norm, der fürſtlichen Poſterität zum Beſten, beliebet; auch zugleich eine umſtändliche Verſehung gethan, wie es bey künftigen Succeßionsfällen mit dem Principat und Führung der Landesregierung bey ungetheilten Landen über kurz, oder lang zu halten, und daß zu jeder Zeit dem älteſten Bruder, oder Vetter, ohne Unterſchied der Linie, der Maiorat, oder Rang, gelaſſen werden ſolle.

Dipl. in Lünigs Reichsarchive, part: ſpec. II. Cont. IV. Abth. II. Abſ. p. 413.

1631. 2. Der letzte Graf von Gleichen, Hans Ludwig, geht mit Tode ab. Seine Länder werden ſehr getheilt. Die Herrſchaft Rem-

Remda, wie auch die Dörfer Böseleben und Trommlitz, fallen an das fürstliche Haus Sachsen; das Schloß Gleichen aber an Maynz, welches die Grafen von Hatzfeld damit belehnt, welche auch die Herrschaften Blankenhayn und Niederkranichfeld bekommen.

3. Vermöge der im Jahr 1621 errichteten Erbverbrüderung fällt die obere Grafschaft Gleichen, nämlich Ordruf und was dazu gehört, an die Grafen von Hohenlohe, neuensteinischer und langenburgischer Linie.

4. Vermöge der im Jahr 1623 errichteten Erbverbrüderung fällt die untere Grafschaft Gleichen an Schwarzburg.

5. Tonna hat die Witwe des letzten Grafens von Gleichen, Erdmuth Juliana, zum Leibgedinge, und als dieselbe im Jahr 1633 stirbt, so fällt diese Herrschaft, an Christian, den letzten Schenken und Freyherrn von Tautenburg, Kraft des im Jahr 1621 gemachten Erbvertrags. Nach Absterben desselben fällt nachmahls im Jahr 1640 die Herrschaft Tonna, vermöge eines Erbvertrags, an das Haus Waldeck.

CASP. SAGITTARII Historie der Grafschaft Gleichen, ans Licht gestellt von Ernst Salom. Cyprian. Frankf. 1732. 4.

6. Nach der ersten leipziger Schlacht, und 1631. darauf erfolgten Wiedereroberung der Stadt Leip-

Leipzig, nimmt der Herzog Wilhelm, nach zu Halle gehaltener vertraulicher Unterredung mit dem König in Schweden, Erfurt ein; wohin sich bald darauf der König verfügt, und dem Herzog Wilhelm die Direction über das Kriegswesen in Thüringen aufträgt. Goßlar ergiebt sich dem Herzog in der Güte. Göttingen wird von ihm mit Sturm erobert. Duderstadt, samt dem ganzen Eißfelde, ergiebt sich ihm.

7. Unterdessen ist sein Bruder der Herzog Bernhard auch nicht müßig. Er erobert Mannheim mit List, und erlangt das Generalat über die schwedische Infanterie; Gleichwie Wilhelmen, welcher den König Gustaph Adolphen nach München begleitet, die Generallieutenantschaft über alle schwedische Völker aufgetragen wird.

8. Er vereiniget sich bey Fürth mit dem König, und hilft das kaiserliche und baierische Lager stürmen.

1630. 9. Zweyte leipziger Schlacht, in welcher zwar der König Gustav Adolph bleibt; der Sieg aber dennoch, hauptsächlich durch den tapfern Herzog Bernhard, von dem schwedischen Heere erfochten wird.

10. Der Herzog Bernhard erobert Eichstädt und die St. Wilibaldsburg.

1633. 11. Ihm werden von den confüderirten evangelischen Ständen die Stifter Bamberg

Siebende Abtheilung.

berg und Würzburg, im Namen der Krone Schweden, in Ansehung seines tapfern Beystandes, eingeräumet.

12. Schweden schenkt dem Herzog Wilhelm das Eißfeld. 1633.

13. Der Herzog Bernhard erobert Regensburg, und das Jahr darauf Landshut. 1633.

14. Schlacht bey Nördlingen, welche die Kaiserlichen gewinnen, und in welcher der Herzog Bernhard selbst bey nahe gefangen wird. 1634.

15. Evangelischer Conventstag zu Worms, auf welchem von der Krone Schweden, und den mit ihr verbundenen Ständen der vier obern Kraise, dem Herzog Bernhard das Obercommando über ihr Kriegsheer anvertrauet wird. 1635.

16. Er erobert darauf Speier.

17. Seine drey Brüder, Wilhelm, Albrecht und Ernst, nehmen den Prager Frieden an. Da hingegen Bernhard mit Frankreich einen Tractat schliest, daß er von dieser Krone bis auf Wiederherstellung des Friedens zu Erhaltung eines Kriegsheers von 18000 Mann Subsidien bekommen soll. 1635.

Tractat in Lünigs Reichsarchive, part. spec. II. Cont. IV. Abth. II. Abs. p. 430.

18. Er erobert Elsaß-Zabern. 1636.

1638. 19. Schlacht bey Rheinfelden, welche Bernhard gewinnet, und die kaiserlichen Generals, Johann de Werth, Savelli, Enkefort und Sperreuter, gefangen, bekommt. Worauf Rheinfelden von ihm erobert wird.

20. Freyburg ergiebt sich an ihn nach zehntägiger Belagerung.

21. Er belagert Brisach, und schlägt den baierischen General Götzen, als er den Ort entsetzen will. Welches auch dem Herzog von Lothringen wiederfähret, als er Brisach zu Hülfe kommen will.

22. Brisach ergiebt sich ihm mit Accord. Und gleich darauf die Vestung Landskron. Womit er aber auch seine Heldenthaten beschliesset, indem er bald darauf Todes verfährt.

1639.

Georg Engelsüß weimarischer Feldzug oder Herzog Bernhards zu Sachsen Zug in Franken nach der Lützner Schlacht bis zu dero Absterben. 1648. 8.

10. CHR. LINKII Bernhardus magnus. 1672. 4.

D. ERNESTI SAL. CYPRIANI Aduersaria historica, quibus Bernhardi magni, Duc. Sax. Vin. vita et Germanici Suecorum belli funestissima periodus illustrantur. Gothae, 1729. fol.

Nachricht von Herz. Bernhards des grossen Tode in Struvens hist. und polit. Archive, P. II. p. 215.

23. Wor-

23. Worauf dessen auserlesene Völker, und die von ihm eroberten Pläze in französische Hände kommen.

Tractat Ludwigs XIII mit den Officieren des weimarischen Kriegsheeres in Lünigs Reichsarchive, part. spec. II. Cont. IV. Abth. II. Abs. p. 435.

24. Auch stirbt der Herzog von Eisenach und Coburg, Johann Ernst der ältere. Seine Länder fallen an das weimarische und altenburgische Haus.

25. Die drey fürstlichen Gebrüder zu Weimar, Herzog Wilhelm, Albrecht und Ernst, theilen so wohl die väterlichen, als ausgefallenen vetterlichen Lande, erblich. Der Herzog Wilhelm bekommt: das Fürstenthum Weimar mit der Residenz, Stadt und Amt Weimar, nebst denen darein gehörigen Vogteyen Brembach, Schwansee, Gebstädt und Magdela, Schloß, Stadt und Amt Jena, die Aemter Burgau, Kapellendorf, Ringleben, Berka, die Städte Buttstädt, Buttelstädt, Rastenberg, Lobda, Neumark und Magdela.

1640.

26. Der Herzog Albrecht bekommt: das Fürstenthum Eisenach, mit der Residenz, Stadt und Amt Eisenach, samt der Collectur daselbst und der Wartburg, das Amt Volkersroda mit dem Kloster und Stift daselbst, das Amt und die Stadt

O Kreuz-

Kreutzburg mit dem Kloster daselbst, und den Gerichten Marksuhl und Burkersroda, die Aemter Krainberg, Gerstungen, Breitenbach, Salzungen, das Kloster Allendorf, das Amt Lichtenberg, samt der Stadt Ostheim, Schloß, Amt und Stadt Heldburg, samt der Stadt Ummerstadt, Stadt und Amt Eisfeld, das Amt Veilsdorf, drey Theile am erfurtischen Hauptgleite, und dem georgenthäler Hof weimarischen Theils.

27. Der Herzog Ernst bekommt: Amt und Stadt Gotha, mit dem reinhardsbrunner Hofe und Stift, wie auch dem Vorsteheramte und Collectur allda, Schloß und Amt Tenneberg, samt der Stadt Waltershausen, das Amt Georgenthal und Schwarzwald, das Amt Reinhardsbrunn, das Amt Wachsenburg und Ichtershausen, Schloß, Amt und Stadt Königsberg, Stadt und Amt Tonndorf, und das sequestrirte Amt Salzungen.

28. Das Amt Oldisleben, welches im Jahr 1591 der Herzog Friedrich Wilhelm vom Graf Bruno von Mannsfeld erkaufet, und wieder an das Haus Sachsen ernestinischer Linie gebracht, wird zum Vortheil für das Directorium dergestalt ausgesetzt, daß es dem ältesten Herrn, der iedesmahl dirigiren wird, auf Zeitlebens, angewiesen; nach seinem Tode aber auf den andern

dern nachfolgenden Herrn fallen, auch demselben von des Verstorbenen Erben, binnen einem halben Jahre abgetreten werden soll. Die Steuren aber in diesem Amte werden dem weimarischen Theile erblich zugetheilt.

Erbvertrag und Kaiserl. Confirmation desselben in Lünigs Reichsarchive, part. spec. II. Cont. IV. Abth. II. Abs. p. 438.

29. Der mittelste von diesen drey Brüdern stirbt bald darauf ohne Erben, und also stammt das gesammte durchlauchtigste ernestinische Haus Sachsen von den andern Brüdern ab.

a) Das Haus Weimar insonderheit, nach getroffener Erbtheilung.

Wilhelm.

1. Wilhelm und Ernst theilen sich nach ihres Bruders, Albrechts Tode ins Eisenachische dergestalt durch Loos, daß Wilhelm Eisenach, Kreuzburg, Gerstungen, Breitenbach, Lichtenberg, Ostheim, und drey Viertheil des erfurtischen Hauptgleites, wie auch die Helfte am georgenthäler Hofe, weimarischen Theils; Ernst aber Heldburg, Ummerstadt, Veilsdorf, Eisfeld, Salzungen, Allendorf, Krainberg und Volkenroda bekommt.

2. Das ernestinische Haus Sachsen beschickt den westphälischen Friedenscongreß, auf welchem, unter andern, das gesammte chur- und fürstliche Haus Sachsen seine hohen Gerechtsame, in Ansehung der Stadt Erfurt, gegen Churmaynz verwahret.

> Churmaynzische Protestation und Reformation wegen der Stadt Erfurt beym westphälischen Frieden, in Lünigs Reichsarchive, part. spec. Cont. I. dritte Fortseß. p. 35.
>
> Reprotestation der evangelischen Stände, insonderheit des Hauses Sachsen, ibid. p. 36.

1657. 3. Der Herzog von Gotha Ernst überlässet seinem Bruder Wilhelm das Kammerguth Lützendorf gegen den hohenfelder See.

1657. 4. Zwischen beyden durchlauchtigsten Gebrüdern wird 1) wegen erblicher Theilung der bis dahin in Ansehung der Lehn und landesfürstlichen hohen Obrigkeit in Gemeinschaft gebliebenen Grafen und Herrn, als, den Grafen von Schwarzburg wegen Arnstadt, Plauen, Kefernburg und Ilmen, die Grafen von Hohenlohe wegen Ordruf, u. s. w. 2) Wegen Führung des Directorii, 3) Einlösung der an das Haus Schwarzburg-Rudelstadt verpfändeten Herrschaft Oberkranichfeld, 4) der Austräge und anderer Puncte ein Receß aufgerichtet, welcher insgemein der Grafen- und Herrentheilungsreceß genennt wird. Vermöge dessel-

desselben soll das Haus Gotha gedachte Herrschaft Oberkranichfeld für sich allein einlösen; das Haus Weimar aber die Helfte von selbiger Land- und Tranksteuer geniesen.

Grafen- und Herrentheilungsreceß in der weimarischen deductione iuris et facti, Beyl. F. 5.

5. Die Herzoge von Sachsen albertinischer Linie, August und Mauritius, nehmen die Erblandeshuldigung in den vier assecurirten Aemtern ein; wogegen das ernestinische Haus, als welches das ius reluitionis annoch hat, protestiret. 1657.

6. Der Rath zu Erfurt empfängt von dem Kaiser Leopold über das Amt und Schloß Kapellendorf, welches das Haus Sachsen seit 1508 wiederkäuflich besessen, die Lehn, und erhält deshalben einen besondern Lehnbrief; welcher aber nachgehends im Jahr 1667, Kraft eines zwischen Churmaynz und dem gesammten hochfürstlichen Hause Sachsen ernestinischer Linie aufgerichteten Recesses von gedachtem Rathe extradiret, und dadurch gedachtes Amt und Schloß erblich abgetreten wird. 1659.

Des Raths zu Erfurt Verzicht auf die Wiedereinlösung des Amtes Kapellendorf in Lünigs Corp. iur. feud, Germ. II. p. 767.

7 Denen beyden Herzogen von Weimar und Gotha wird die Anwartschaft auf die 1660.

Grafschaft Isenburg und Büdingen bestätiget.

1660. 8. Die hennebergischen Lande werden getheilet. Die Herzoge Wilhelm und Ernst bekommen die Aemter Ilmenau, Sand, Wasungen, Frauenbreitungen und Kaltennordheim; worein sich beyde Herren Brüder sogleich ferner theilen.

 Hennebergischer Haupttheilungsreceß in Lünigs Reichsarchive, part. spec. von Sachsen p. 179.

1660. 9. Zwischen den sämtlichen Herzogen von Sachsen ernestinischer, und dem Herzog Moritz von Sachsen albertinischer Linie, wird wegen der obgedachten vier assecurirten Aemter ein Receß aufgerichtet, und dieselben dem albertinischen Hause Sachsen erblich überlassen.

 Receß in Lünigs Reichsarchive, part. spec. II. Cont. II. Abth. II. Abs. p. 519.

 Nachricht von den vier assecurirten Aemtern in Struvens histor. und polit. Archive, P. III. p. 291.

1662. 10. Der Herzog Wilhelm stirbt. Anfänglich hat es das Ansehen, als wenn durch die vier Prinzen, Johann Ernst, Adolph Wilhelm, Joh. Georg, und Bernhard, vier unterschiedene Linien aus dem einzigen weimarischen Hause entspringen wollten. Johann Ernst residirt zu Weimar; Adolph Wilhelm zu Eisenach; Johann Georg zu Marksuhl, und Bernhard zu Jena. Aber im Jahr 1671 stirbt mit dem jun-

iungen Prinz Wilhelm August die eisenachische Linie schon wieder ab, und seines Vaters
Bruder, Johann Georg, von Marksuhl
kommt an seine Stelle. Also werden im
Jahr 1672 drey verschiedene Regierun-
gen angelegt, zu Weimar, Eisenach und
Jena, da sie zuvor, nach dem Tode Wilhelms, sich nur in Ansehung der Einkünfte
getheilet.

1) **Das Haus Weimar abermahls insonderheit.**

Johann Ernst.

1. Theilt mit seinen Brüdern, und bekommt zu seinem Antheile das Amt Weimar, nebst dem rothen Schlosse. (Denn
die Wilhelmsburg, nebst dem welschen
Garten, und der Stadt Weimar bleiben
gemeinschaftlich) ferner Amt und Stadt
Jlmenau, das Amt Berka, nebst dem
tanneröder Holze, die Stadt Buttstädt,
die Stadt Rastenberg, die Vorwerke
München und Röttendorf, das grosse
Vorwerk zu Weimar, die Vogtey Magdela, das Stiedenvorwerk zu Weimar,
und das Gleit zu Weimar.

Fürstbrüderlicher Vertrag in Lünigs Reichsarchive, II. cont. IV. Abth. II. Abs. p. 540.

2. Ist bemühet die damahls zwischen Maynz
und Erfurt vorwaltenden Irrungen beyzulegen,

legen, und schickt einige Räthe deswegen nach Erfurt, woselbst auch die kaiserlichen Commissarien, Schmiedeburg und Goppold, zugegen sind; wie denn auch von Chursachsen Wolf von Werther deswegen nach Erfurt geschickt wird.

3. Die Bemühungen sind fruchtlos. Die Stadt wird endlich wegen ihres Ungehorsams in die Acht erkläret, und die Execution dem Churfürst von Maynz aufgetragen; welcher sie auch mit französischen Völkern vollstreckt

1664.

> Unumgängliche Nothdurft der hochbedrängten Stadt Erfurt ꝛc. Erfurt, 1663. 4.

4. Es wird deswegen eine Conferenz zwischen den Räthen des gesammten chur- und fürstlichen Hauses Sachsen angestellet, und darauf beschlossen, eine Gesandschaft an den Churfürst von Brandenburg Friedrich Wilhelm zu schicken, und ihn um sein Interposition zu ersuchen. Allein die Stadt ergiebt sich, ehe die Gesandten wieder von Berlin zurück kommen.

> Accordspuncten und Versicherung von Churmaynz der Stadt Erfurt und deren Angehörigen auf dem Lande ertheilet, in puncto, der Freyheit der Religion Aug. Conf. in Lünigs Reichsarchive, part. spec. S. III. p. 401.
>
> Confirmationsbrief wegen eben dieser Religionsfreyheit, ibid. p. 404.

5. Leipziger Receß, durch welchen die Irrungen, die zwischen Churmaynz und dem Hau-

Hause Sachsen, so wohl über dessen bey der Stadt Erfurt, und in derselben Districte, hergebrachte Rechte, als auch in andern Dingen, zeithero hervorgethan, beygelegt werden.

Leipziger Receß in Lünigs Reichsarchive, part. spec. S. III, p. 410. und im Spicil. ecclef. T. I. p. 165.

6. Wegen einiger Puncte wird nochmahls zwischen Mayntz und dem fürstlichen Hause Sachsen ein besonderer Vergleich getroffen. 1667.

Vergleich in Lünigs Reichsarchive, part. spec. S. III. p. 418.

7. Zwischen Weimar und Gotha wird wegen des Amtes Oldisleben ein neuer Vertrag, dieses Inhalts aufgerichtet, daß nach Absterben des iedesmahligen fürstlichen Directors dessen Erben besagtes Amt Oldisleben anstatt des hiebevor gesetzten halben Jahrs, ein ganzes Jahr inne haben sollen.

Dipl. in Lünigs Reichsarchive, part. spec. II. Cont. IV. Abth. II. Abs. p. 577.

8. Die hennebergischen Lehnschaften werden zwischen Weimar und Gotha getheilet, und darüber ein Receß errichtet. 1669.

Lehnstheilungsreceß zwischen Gotha und Weimar in meinen Beyträgen zur Hist. Frankenlandes, P. II, p. 192. sqq.

9. Der Herzog nimmt, nebst dem ganzen ernestinischen Hause, die Stadt Nordhausen

sen auf ihr unterthänigstes Ersuchen nach Verlauf der im vorigen Schutzbriefe gesetzten Zeit aufs neue in Schutz und Schirm.

1672. 10. Der Herzog vergleicht sich mit dem Herzog von Gotha wegen der altenburgischen Erbschaft. Dem Hause Weimar fallen heim: 1) Schloß, Amt und Stadt Dornburg, samt den Schrift- und Amtsassen, 2) Schloß, Stadt und Amt Alstädt gleichfalls nebst den Schrift- und Amtsassen, 3) Amt Roßla, mit der Stadt Sulze, 4) Amt und Stadt Bürgel, samt dem Vorwerke Knibsdorf, 5) das Amt Heusdorf, 6) der altenburgische vierte Theil an dem Gleit zu Erfurt, und die Helfte des georgenthäler Hofes daselbst, 7) die Hoheit und Steuern bey der Herrschaft Remda und dem Guthe Apolda, (welche beyde, Kraft der Stiftung vom Jahr 1633, der Universität Jena gehören,) 8) die Hoheit und Steuern, samt dem iure reluendi über das Amt Hardisleben und Vorwerk Schwabsdorf, und einige andere Stücke, wie auch das dem fürstlichen Hause Gotha zeithero wegen des Fürstenthums Eisenach (dessen Aemter Sachsen-Gotha in hiebevoriger Landestheilung zur Helfte erlanget) zugestandene halbe Reichs- und Krais-Votum, wie auch der altenburgische Antheil an der Universität, dem Hofgerichte und Schöppenstuhle zu Jena.

Receß zwischen Gotha und Wejmar die alten=
burgische Succeßion betreffend in Lünigs
Reichsarchive, Part. spec. S. IV. von Sach=
sen p. 201.

11. Die drey durchlauchtigsten Gebrüder
weimarischer Linie, Johann Ernst, Johann Georg und Bernhard, theilen sich,
nachdem nicht nur durch ihres unmündigen
Vetters zu Eisenach, Wilhelm Augusts,
im vorigem Jahre erfolgten tödlichen Hintritt dessen Landsportion auf sie zurückge-
fallen, sondern auch aus der altenburgischen
Erbschaft nur gedachter massen einige Aemter
an sie gekommen, in diese, und ihre vorhin 1672.
gehabte väterliche Lande erblich. Johann
Ernst bekommt: das Residenzschloß, Stadt
und Amt Weimar, die Aemter Ober-
weimar, Roßla, Berka mit dem tanneröder Holze, das Forstamt, die Voigtey
Brembach, samt dem See, das hennebergische Amt mit der Stadt Ilmenau, das
Forstamt in der Zilbach, $\frac{7}{18}$ Theile an dem
Gleite zu Erfurt, die Städte Butrstädt
und Rastenberg, das Einlösungsrecht an
dem Amte Sardisleben, die Vorwerke Lützendorf, München, Köttendorf, Tie-
furt, Ettersburg, das Stieden- und gröf-
se Vorwerk zu Weimar, und die Ilmen-
flöse. Johann Georg bekommt die Aemter und Oerter Eisenach, Lichrenberg,
Ostheim, Kreuzburg, Marksuhla,

Bur-

Burkartsroda, Gerstungen, Breitenbach, Ringleben, Schwansee, Krainberg, Kaltennordheim, Markvippach, Bachstädt, $\frac{2}{3}$ Theile am Gleite zu Erfurt, den halben georgenthäler Hof daselbst und die halbe Saalenflöse. Der Herzog Bernhard bekommt die Oerter Jena, Burgau, Lobda, Kapellendorf, Alstädt, Dornburg, Bürgel, Heusdorf, Magdela, Gebstädt, Buttelstädt, Döbritschen, Wiegendorf, ein Viertheil an dem Obergleitsamte zu Erfurt, den halben georgenthäler Hof daselbst, und die halbe Saalenflöse. In Gemeinschaft bleiben: Die beyden Reichsvota, Weimar und Eisenach, die Anwartschaften, Reichs- und Kraishülfen, die Universität, das Hofgericht und der Schöppenstuhl zu Jena, das Gymnasium zu Schleusingen, die Bergwerke, die Wartburg samt dem Zeughause, die Rüstkammer zu Weimar, und die Flöse auf der Werra.

1673. 12. Worauf das von Christian Hermann von Uffeln bishero wiederkäuflich innen gehabte Amt Hardisleben für 29000 Thaler wieder eingelöset wird.

1674. 13. Die beyden hochfürstlichen Häuser, Weimar und Gotha, vergleichen sich wegen eines Repartitionsdocuments über die Reichs- und Kraismatricul in Ansehung der
heim-

heimgefallenen Fürstenthümer Altenburg und Coburg.

14. Unterdessen werden in der lutherischen Kirche die syncretistischen Streitigkeiten mit grosser Heftigkeit geführet, und ietzo wird den ienaischen Gottesgelehrten anbefohlen, ihre Gedanken über den consensum repetitum zu eröfnen; welches geschiehet. 1676.

15. Nach Absterben des Herzogs Bernhards führet Johann Ernst die Vormundschaft über dessen minderjährigen Prinzen Johann Wilhelm. 1678.

16. Er kauft dem ienaischen Hofmarschall 1678. Bernhard Pflugen die im Jahr 1672 von gesammter weimarischen Herrschaft ihm aus Gnaden verehrte Anwartschaft auf das damahls auf der Apertur stehende Bünauische Rittergut Tanneroda, samt den dazu gehörigen Dorfschaften, Eichelborn und Nauendorf, für 5000 Thaler ab, und lässet es, als zwey Jahr darauf Günther von Bünau mit Tode abgeht, in Besitz 1680. nehmen.

17. Wegen der Zwistigkeiten, die sich zwischen den ienaischen und wittenbergischen Gottesgelehrten äussern, wird zu Orlamünda eine Conferenz gehalten. 1680.

18. Zwischen Churmaynz und den hochfürstlichen Häusern Weimar und Gotha wird durch allerseits nach Tonndorf geschickte Ministers und Räthe wegen geschehener
Ab-

Abtretung des Amts Tonndorf von Sachsen-Gotha an Churmaynz, wie auch der Gränzen und Jagden halber, ein Receß aufgerichtet.

1683. 19. Johann Ernst stirbt.

20. Hierauf fällt nicht allein das senium, und mit demselben das directorium und der Vorgang, nebst dem Directorialamte Oldisleben, auf den Herzog Johann Georg zu Eisenach, sondern es wird auch das eisenachische Reichsvotum dem weimarischen auf dem Reichstage vorgerufen. Wie denn auch die Vormundschaft über den iungen Herzog von Jena an Eisenach gelangt.

Wilhelm Ernst, und Johann Ernst.

1. Lassen nach Absterben ihres Herrn Vaters dessen Testament eröfnen, und errichten unter sich wegen der darinne gemachten
1683. Verordnung der Regierung den 4 Septemb. einen Vertrag auf drey Jahre; durch welchen aber nicht verhindert wird, daß bald zwischen beyden Gebrüdern Irrungen und Zwistigkeiten entstehen.

1686. 2. Nach dem Tode des Herzogs von Eisenach, Johann Georgs, kommt das senium und mit demselben das Hauptdirectorium und der Vorgang, nebst dem gemeinschaftlichen Amte Oldisleben an dem Herzog Friedrich

rich I von Gotha; das Specialdirectorium aber in dem hochfürstlichen Samthause Weimar an Wilhelm Ernsten; welcher sich auch zugleich der Vormundschaft des unmündigen Herzogs von Jena unterziehet.

3. Es setzet darüber mit dem eisenachischen Hause Zwistigkeiten. Der Kaiser trägt dem 1687. Herzog von Gotha und Coburg die Commission auf, dieselben zu heben. Eisenach steht endlich ab von seiner Forderung auf 1688. die Mitvormundschaft.

4. Absterben des letzten Herzogs von 1689. Sachsen-Lauenburg. Diejenigen, welche auf seine Länder Ansprüche machen, sind Churfachsen, das Herzogliche Haus Sachsen ernestinischer Linie, das Haus Anhalt, der Herzog von Zelle, und der Herzog von Mecklenburg. Auch nimmt Schweden das Hadlerland in Anspruch; wie nicht weniger die beyden hinterlassenen Prinzessinnen Ansprüche machen.

LEVINI von AMBER sächsisch lauenburgischer Stammfall. Hamb. 1690. 4.

5. So wohl das albertinische, als ernestinische Haus Sachsen nimmt den Titel von Engern und Westphalen an.

6. Wilhelm Ernst lässet sich von seiner 1690. Gemahlin, der jenaischen Prinzessin Charlotta Maria, aus sattsam erheblichen Ursachen, scheiden.

7. Der

7. Der junge Herzog von Jena, Joh.
1690. Wilhelm, geht mit Tode ab, und mit ihm
erstirbt die fürstliche jenaische Linie. Wegen der Erbtheilung gerathen Weimar und
1691. Eisenach in einen Streit, welcher endlich
so beygeleget wird, daß Weimar Dornburg, Bürgel, Kapellendorf, Heusdorf, Buttelstädt, Döbritschen, Wiegendorf und Apolda, Eisenach aber Jena, Alstädt, Zilbach und Remda bekommt.

Theilungsreceß in Lünigs Reichsarchive, part.
spec. II. Cont. IV. Abth. II. Abs. p. 680.

8. In Ansehung der Intraden bekommt
Johann Ernst von dieser Erbschaft die
Aemter Kapellendorf und Heusdorf, die
Voatey Magdela, einen Theil des döbri-
tzischen Gehölzes, und einen Theil an dem er-
furtischen Gleite.

9. Auch werden die zwischen beyden
Gebrüdern zeithero vorgewalteten Zwi-
1694. stigkeiten durch einen Vergleich gehoben.

Vergleich in Lünigs Reichsarchive, part. spec.
II. Cont. IV. Abth. II. Abs. p. 700.

1700. 10. Wilhelm Ernst legt zu Weimar
ein trefliches Münzcabinet, und hernach die
Kunstkammer und Bibliotheck an.

1702. 11. In denen zwischen beyden Herzogen seit geraumer Zeit entstandenen Irrungen erfolgt ein kaiserliches Re-
script,

script, nach welchem die gesuchte Theilung abgeschlagen wird, und die erheblichen Beschwerden von den gesammten Räthen, oder den im Hause Sachsen hergebrachten Austrägen, sollen gehoben werden.

13. Der Präcedenzstreit, welcher im er- 1704. nestinischen Hause Sachsen, und zwar zwischen Weimar und Gotha, von neuem angegangen, wird beygelegt.

Alternationsreceß in Lünigs Reichsarchive, part. spec. Cont. II. p. 728.

14. Die Herrschaft Oberkranichfeld, welche der Herzog Ernst von Gotha, Kraft des obgedachten im Jahr 1657 errichteten Vertrags, vom Hause Schwarzburg-Rudelstadt im Jahr 1663 eingelöset, wird 1704. dem Hause Weimar wiederkäuflich überlassen.

15. Der Herzog Johann Ernst stirbt. 1707.

Wilhelm Ernst, und Ernst August, gemeinschaftlich.

1. Nach Johann Ernsts Tode wird sein Sohn, Ernst August, mitregierender Herr.

2. Anton Günther, Graf von Schwarzburg-Arnstadt, fängt an, die erlangte reichsfürstliche Würde zu gebrauchen; mit

grossem Widerspruch des durchlauchtigsten chur- und fürstlichen Hauses Sachsen.

1711. 3. **Fortgang der Zwistigkeiten zwischen Weimar und Arnstadt.** Die weimarischen Völker besetzen Arnstadt; welches auch der Churfürst von Sachsen, als Reichsvicarius, geneßm hält.

 Vorläufige Facti species in Sachen Sachsen-Weimar contra Schwarzburg-Arnstadt. 1711. fol.

 Gründliche Beantwortung der so titulirten vorläufigen facti species in Sachen Sachsen-Weimar contra Schwarzburg-Arnstadt ꝛc. ꝛc.

 Deductio iuris et facti in Sachen Sachsen-Weimar contra Schwarzburg-Arnstadt rel. 1712. fol.

 Unverfängliche Gegenanmerkungen, über die in Sachen Sachsen-Weimar contra Schwarzburg-Arnstadt vor einiger Zeit an Tag gegebene vorläufige facti speciem, von schwarzburgischer Seiten anmaßliche so genannte gründliche Beantwortung. 1715. fol.

 In iure et facto gegründete Gegen-Deduction in Sachen Schwarzburg-Arnstadt contra Sachsen-Weimar rel. 1716. fol.

4. **Neuer Streit mit Schwarzburg quoad homagium et titulaturam.**

 Quaestio homagii in caussa Schwarzburg-Arnstadt contra Sachsen-Weimar, actenmäßig vorgestellet ꝛc. 1712. fol.

5. Stif-

5. Stiftung des Gymnasii illustris zu 1714. Weimar.

6. Der Herzog Wilhelm Ernst geht 1728. mit Tode ab.

Ernst August.

1. Er endiget die Streitigkeiten mit Schwarzburg wegen Arnstadt durch einen 1731. Vergleich.

   Receß in Heydenreichs H**e des Hauses
     Schwarzburg. p. 329.

2. Wird kaiserlicher General Feldmar- 1732. schall-Lieutenant.

3. Bald darauf commandirender General der sämtlichen kaiserl. Cavallerie, und Obrister über ein Regiment Curaßirer, und stellet dem Kaiser einige Regimenter, welche theils am Rheine, theils in Italien gebraucht werden.

4. Stiftet den Orden der Wachsam- 1732. keit.

   CAR. ERN. CASIM. HAGENII diss. de
     Saxo-Vinariensi Vigilantiae ordine. Ienae,
     1734.

5. Erbt Eisenach nach dem Tode des Her- 1741. zogs Wilhelm Heinrichs. Den altenkirchischen Antheil aber von der Grafschaft Sayn nimmt der Markgraf von Ansbach, vermöge seiner Gerechtsame, in Besitz.

6.

**6. Streitigkeit mit Fulda wegen Fisch-
berg.**

Sachsen-Weimarische ausführliche Vorstellung an eine hochpreißliche Reichsversammlung ꝛc. die erbhennebergischen iura im Amte Fischberg betreffend. 1743. fol.

7. Ingleichen Hessen-Philippsthal wegen des Kammerguths Burgau.

Deductio iuris et facti in Sachen weiland Frauen Carolinen Christianen, vermählter Landgräfin zu Hessen-Philippsthal modo deren fürstlichen Erben entgegen des Herzogs von Weimar hochfürstl. Durchl. Weimar, 1746. fol.

1748.   **8. Der Herzog stirbt.**

Geschichte des Herzogs von Sachsen-Weimar und Eisenach, Ernst Augusts. Erf. 1749. 8.

Ernst August Constantin.

1. Ist bey Absterben seines Herrn Vaters annoch minderjährig; da denn wegen der Vormundschaft zwischen den Häusern Gotha, Meinungen und Coburg-Saalfeld, Irrungen entstehen. Welche endlich also beygelegt werden, daß der Herzog von Gotha die alleinige Besorgung der Erziehung des hochfürstlichen Pupillens, und die vormundschaftliche Regierung im Fürstenthum Eisenach; der Herzog von Coburg-Saalfeld aber die alleinige Besorgung der Erziehung der hinterlassenen unmündigen Prinzeßin,

mit

mit der Freyheit sie zu Coburg, oder zu
Bareuth, auferziehen zu lassen, nebst der
vormundschaftlichen Regierung im Fürstenthum Weimar, bekommt.

2. Der Herzog Ernst August Constan-
tin tritt die Regierung selbsten an, und ver- 1755.
mählt sich mit der braunschweigischen Prinzeßin Anna Amalia. 1756.

3. Stirbt in seinen schönsten Jahren. 1758.

Carl August,

Ist bey dem frühen Absterben seines Herrn
Vaters annoch minderjährig; weswegen seine
Frau Mutter die vormundschaftliche Re-
gierung, zu ihrem unsterblichen Ruhme, führet.

2) Das abgestorbene Haus Sachsen-Eisenach.

Adolph Wilhelm,

1. Des Herzog Wilhelms anderer Sohn, 1662.
bekommt nach des Vaters Tode zu seinem
Antheile: Schloß, Amt und Stadt Eisenach, das Amt Gerstungen und Haus
Breitenbach, das Amt Lichtenberg, samt
der Stadt Ostheim, und beziehet seine Residenz zu Eisenach.

2. Stirbt, nachdem ihm drey Söhne in die 1668.
Ewigkeit vorausgegangen.

P 3   3. Er

3. Er hinterläſſet eine ſchwangere Gemahlin, welche Wilhelm Auguſten zur Welt
1671. bringt; dieſer aber ſtirbt als ein Kind.
Worauf das eiſenachiſche an Johann Georgen zu Markſuhl, den dritten Sohn des
Herzogs Wilhelms, gelangt.

Johann Georg I.

1. Dieſer hat zuvor in brandenburgiſchen
Kriegsdienſten ſeine Tapferkeit gezeiget, und
in der nach ſeines Vaters Tode getroffenen
Theilung bekommen: Markſuhl, Kaltennordheim, Kreuzburg, das Haupt-
gleit zu Erfurt, weimariſchen Antheils,
den halben georgenthäler Hof zu Erfurt,
das Vorwerk Bachſtädt, und die Vogtey Schwanſee.

1672. 2. Trift mit ſeinen beyden Brüdern, Johann Ernſten und Bernharden, die obgedachte Erbtheilung.

3. Seine Gemahlin Johannetta,
Graf Ernſts von Sayn Tochter, erbt
nach Abſterben ihres Bruders, Ludwigs,
den altenkirchiſchen Antheil der Grafſchaft
Sayn.

4. Der Herzog läſſet, als der Krieg mit
Frankreich angeht, ſeine Tapferkeit ſehen.
Er wird als Generalmajor auf dem Reichs-
1674. tage zu Regensburg verpflichtet, und be-
fehliget nachmahls, als kaiſerlicher Feld-
mar-

marschall ein besonderes Kriegsheer bey Straßburg.

5. Der Herzog führet das Recht der Erstgeburth bey seiner Nachkommenschaft ein. 1685.

6. Geht mit Tode ab, 1688.

Herzog Johann Georgs Testament in Lünigs Reichsarchive, part. spec. S. IV. von Sachsen p. 211.

Johann Georg II,

1. Johann Georgs I. Sohn, vergleicht 1688. sich mit Weimar, wegen der streitigen jenaischen Vormundschaft.

2. Theilet mit Weimar, nachdem die 1690. jenaische Linie abgegangen, dergestalt, daß Jena, Altstädt und Burgau auf ihn kommen.

3. Tritt seinem jüngern Bruder Johann 1690. Wilhelm Stadt und Amt Jena ab.

4. Stirbt, ohne von seiner Gemahlin Sophia Charlotte Erben zu hinterlassen. 1698.

Johann Wilhelm,

1. Johann Georgs II Bruder, folgt ihm in der Regierung.

2. Welcher er mit ungemeinem Ruhm vorstehet.

3. Stirbt. 1729.

P 4   4. Von

4. Von seinem erbaulichen Buche: Christfürstliche Andachten und Betrachtungen etlicher biblischen Sprüche, u. s. w. Leipzig, 1710. 8.

Wilhelm Heinrich.

1729. 1. Gelangt nach Absterben seines Vaters zur Regierung, welche er in guter Ruhe und Frieden führet.

1741. 2. Mit ihm stirbt das eisenachische Haus aus.

3) Das abgestorbene Haus Jena.

Bernhard.

1662. 1. Des Herzog Wilhelms vierter Sohn, bekommt in der mit seinen Brüdern getroffenen Theilung Jena, Burgau, Lobda, Kapellendorf, Brembach, Gebstädt, Ettersburg, Döbrizschen, Burtelstädt, und das Gleit zu Wiegendorf, und nimmt darauf seine Residenz zu Jena.

2. Bekommt noch dazu aus der altenburgischen Erbschaft der vier Aemter, Alstädt, Dornburg, Bürgel und Heusdorf.

3. Lebt in keinem guten Vernehmen mit seiner Gemahlin Maria von Tremouille, und trift eine mariage de conscience mit Amalia von Rospoth.

Pacta Herzog Bernhards mit der von Koſpoth in Lünigs Reichsarchive, part. ſpec. II. cont. IV. Abth. II. Abſ. p. 594.

Aug. Ben. Michaelis Nachricht von Herzog Bernhards von Sachſen-Jena Zwiſtigkeiten mit ſeiner Gemahlin, und deſſen Verbindung mit der Fräulein von Koſpoth (in Oetters Sammlung verſchiedener Nachrichten, im andern Bande p. 72. ſq.)

5. Er ſtirbt. 1678.

Johann Wilhelm,

1. Bernhards dritter Prinz, bleibt unter ſeinen Brüdern allein übrig, und iſt bey Ableben ſeines Vaters minderjährig. Der Herzog Johann Ernſt von Weimar führet die Vormundſchaft.

2. Welche nach deſſen Tode an den Herzog Johann Georg von Eiſenach gelangt. 1683.

3. Nach Johann Georgs Tode gelangt ſie an den Herzog Wilhelm Ernſt von Weimar; worüber zwiſchen den Häuſern Weimar und Eiſenach Zwiſtigkeiten entſtehen, welche endlich alſo beygelegt worden, daß Eiſenach von ſeiner Forderung auf die Mitvormundſchaft abſtehet. 1686.

4. Der junge Herzog ſtirbt an den Kinderblattern. Mit ihm erlöſchet die jenaiſche Linie wieder, und die von derſelben beſeſſene Aemter und Städte werden obgedachter 1690.

maſſen zwiſchen Weimar und Eiſenach vertheilet.

b) Das jüngere gothaiſche Haus,

Ernſt der fromme,

1640. 1. Des Herzogs Johanns achter Sohn, theilt gedachter maſſen mit ſeinen Brüdern, und nimmt ſeine Reſidenz zu Gotha.

2. Er macht in ſeinen Ländern die treflichſten Anſtalten, und ſorgt unter andern väterlich für Kirchen und Schulen.

1641. 3. Durch ſeine Verordnung tritt das weimariſche Bibelwerk ans Licht.

1643. 4. Er fängt an, nach ausgebrachter kaiſerlicher Erlaubniß, das demolirte Schloß Grimmenſtein wieder aufzubauen, unter dem Namen Friedenſtein.

1645. 5. Sein Bruder Albrecht ſtirbt ohne Erben; worauf er ſich, nebſt ſeinem älteſten Bruder, Wilhelm, in das eiſenachiſche theilet.

1647. 6. Ernſt vermittelt den Vergleich zwiſchen Heſſen-Caſſel und Heſſen-Darmſtadt wegen der marburgiſchen Erbſchaft.

550. 7. Die hennebergiſchen Lande werden getheilet. Ernſt, und ſein Bruder Wilhelm, bekommen die Aemter Ilmenau, Sand, Waſungen, Frauenbreitungen und Kalten-

Siebende Abtheilung.

tennordheim; worein sich beyde Herren Brüder wieder theilen.

8. Der Herzog Ernst trift mit Hessen-Cassel einen Vergleich wegen verschiedener nachbarlichen Gebrechen zwischen den Aemtern Wasungen und Frauenbreitungen, denn der heßischen Aemter Schmalkalden und Herrenbreitungen. 1665.

<small>Vergleich in meinen Beyträgen zur Hist. Frankenlandes P. II. p. 159. sqq.</small>

9. Grosse Mühe und Kosten, welche er um diese Zeit auf das so genannte collegium Hunnianum gewendet. Er beruft zu dem Ende viele angesehene Gottesgelehrte 1666. zu sich. Die Bemühungen sind fruchtlos.

10. Die altenburgische Linie des ernestinischen Hauses Sachsen stirbt ab, da er denn 1672. dieses Fürstenthum erbt; auffer was obgedachter massen an das hochfürstliche weimarische Haus abgetreten wird.

11. Ernst tritt Alters und Schwachheits wegen seinem ältesten Prinz Friedrich die Regierung ab, und stirbt bald darauf. 1675.

<small>Christfürstlicher Lebenslauf des durchl. Fürsten und Herrn, Herrn Ernstens III, Herzog zu Sachsen ꝛc. Gotha, 1675. fol.</small>

<small>Wohlverdiente Ehrensäule dem durchl. Fürsten und Herrn, Herrn Ernsten, Herzogen zu Sachsen ꝛc. aufgerichtet zum Friedensstein, Gotha, 1678. fol.</small>

Ah.

Ah. Fritschii Spiegel eines frommen und christlich weisen Regenten nach dem Beyspiel Herrn Ernstens III. Herzogs zu Sachsen. Rudelstadt, 1683. 12.

PYRINGII vita Ernesti pii, Duc. Saxon. Lipf. 1705. 1710. 8.

La vie de Ernest le pieux, Duc de Saxe, par ANT. TESSIER. Berlin, 1707. 12.

ERN. SAL. CYPRIANI consecratio Ernesti pii. Gothae, 1729. f.

Herzog Ernstens Testament in Lünigs Reichsarchive, part. spec. II. cont. IV. Abth. II. Abs. p. 464.

Eben desselben Regimentsordnung, ibid. p. 596.

12. Hierauf trift Friedrich I mit seinen Brüdern, Albrecht, Bernhard, Heinrich, Christian und Johann Ernsten, der Landesregierung halber, Vergleiche, und 1680. Erbtheilungsrecesse; worauf sich das gothaische Haus in unterschiedene Linien vertheilet, welche nachgehends nach ihren Residenzien benennet worden. Friedrich behält in dieser Theilung die Aemter: Gotha, Georgenthal, Reinhardsbrunn, Tenneberg, Waltershausen, Tonna, Wachsenburg und Ichtershausen, ferner Altenburg, Orlamünde, Camburg, Roda, Kale und Leuchtenburg mit allem Zugehör.

Punctationsreceß zwischen Herzog Friedrichen zu Sachsen-Gotha und dessen Herren Brüdern

in

in Lünigs Reichsarchive, part. spec. II. cont. IV. Abth. II. Abs. p 612.
Fürstbrüderlicher Haupterbtheilungsreceß zwischen dem Herzog Friedrich von Sachsen-Gotha und seinen Herren Brüdern ibid. p. 619.

1) **Das gothaische Haus insonderheit.**

Friedrich I.

1. Erkauft die Herrschaft Tonna; worauf der bisherige Streit mit dem Hause Waldeck, dessen oben gedacht worden, aufhört. 1677.

2. Er richtet ein Testament auf, worinnen er bey seiner Posterität das Erstgeburthsrecht einführet. 1683.

3. Stiftet den Orden der teutschen Redlichkeit. 1690.

4. Stirbt in dem von ihm gebauten Schlosse Friedrichswerth. 1691.

Friedrich II.

1. Ist bey Ableben seines Vaters annoch minderjährig, und steht nebst seinem Bruder unter der Vormundschaft der beyden Brüder seines verstorbenen Vaters, Bernhards und Heinrichs.

2. Tritt nach gethanen Reisen, und erhaltener venia aetatis, die Regierung selbst an. 1693.

Diploma Leopoldi imperatoris in Lünigs Reichsarchive, part. spec. II. Cont. IV. Abth. II. Abf. p. 696.

3. Bringt die Erblichkeit der Herrschaft Kranichfeld käuflich an sich.

4. Richtet zu Altenburg ein Stift für adeliches Frauenzimmer auf, welches bey seiner Einweihung den Namen des Magdalenenstifts bekommt.

5. Der Herzog Friedrich II trift mit den Grafen von Hohenlohe einen Vergleich
1714. wegen einiger Kirchengerechtsame in denen Ländern, welche dieselben aus der gleichischen Erbschaft bekommen.

Vergleich in Schöttgens und Kreyßigs script. rer. Germ. T. I. p. 748.

1732. 6. Stirbt.

Friedrich III.

1. Uebernimmt nach Absterben des Herzog Ernst Augusts von Weimar die Vormundschaft über dessen hinterlassenen damahls minderjährigen Erbprinz, Kaft des letzten Willens des verstorbenen Herzogs. Worüber zwischen ihm und Coburg-Saalfeld Streitigkeiten entstehen; welche durch den obgedachten Vergleich gehoben werden.

2. Der durchlauchtigste Herzog zeigt die angeerbten grossen Eigenschaften, und wahre Liebe für seine getreuen Unterthanen wäh-

rend seiner ganzen glorwürdigsten Regierung; welche der Allmächtige ferner beglücke!

2) Das Haus Coburg.

Albrecht.

1. Theilet mit seinen Brüdern, und bekommt zu seinem Antheile Coburg, Rodach, Neustadt, Sonneberg, Sonnefeld, Münchröden und Neuhaus; worauf er seine Residenz zu Coburg nimmt. 1681.

2. Lässet nebst seinem Bruder, dem Herzog Bernhard, das ihnen beyderseits abgetretene coburgische Reichsvotum auf den Reichstag zu Regensburg zum erstenmahle ablegen. 1684.

3. Der Kaiser ernennet ihn zum wirklichen General-Feldmarschall-Lieutenant, und Obristen über ein Regiment zu Fuß. 1688.

4. Er trift mit seinen Herren Brüdern einen Succeßionsreceß. 1696.

Receß in Lünigs Reichsarchive, part. spec. S. IV. von Sachsen p. 239.

5. Er stirbt ohnbeerbt, und es entstehen wegen der coburgischen Landesportion zwischen Gotha, Meinungen, Hildburghausen und Saalfeld grosse Streitigkeiten, welche viele Jahre lang dauren. 1697.

6. Meinungen, Hildburghausen und Saalfeld ergreiffen den Besitz, und treffen, als

als sich unter ihnen deswegen einige Irrungen hervorthun, einen Receß.

Possessionsreceß l. c. p. 244.

7. Das Haus Gotha setzt sich in den Mitbesitz. Meinungen bringt dagegen ein 1700. Mandatum S. C. de non turbanda Possessione wider Gotha vom Kaiser heraus; 1702. worauf zwischen beyden Häusern ein Vergleich erfolget.

Vergleich in Lünigs Reichsarchive, part. spec. II. Cont. IV. Abth. II. Abf. p. 713.
Nebenreceß eben daselbst p. 716.

8. Demselben widersprechen Hildburghausen und Saalfeld; bis endlich das erstere sich mit Sonnefeld und Behrungen 1705. abfinden lässet.

9. Von der Zeit an setzt Sachsen-Saalfeld den Proceß gegen Meinungen, allein fort, bis endlich dieser so lang gewährte 1735. Streit seine Endschaft also erreichet, daß das Haus Saalfeld in den Besitz des Amtes und der Hauptstadt Coburg, und des Amts Münchröden, mit denen dazu gehörigen Ortschaften, gesetzt wird; das Haus Meinungen aber Sonneberg und Neuhaus, mit den Ein- und Zugehörungen bekommt; das Gericht zu Neustadt aber, wegen der zwischen beyden hochfürstlichen Partheyen vorwaltenden Differentien, in der bisherigen Gemeinschaft gelassen wird.

3) Das

3) Das Haus Meinungen,

Bernhard,

1. Ernſts des frommen hinterlaſſener dritter Sohn, hält nach ſeines Herrn Vaters erfolgtem tödlichen Hintritte erſtlich in der Marienburg zu Jchtershauſen Hof.

2. Bekommt in der Theilung mit ſeinen Herren Brüdern die Aemter und Städte Meinungen, Maßfeld, Waſungen, Sand, Frauenbreitungen, Henneberg und Salzungen, mit aller landesfürſtlichen Hoheit; worauf er ſeine Reſidenz nach Meinungen leget.

3. Bekommt die Participation an dem coburgiſchen Reichsvoto. 1684.

4. Uebernimmt, nebſt dem Herzog Albrecht zu Coburg, die Vormundſchaft über ſeines Bruders, Herzog Friedrichs I von Gotha, hinterlaſſene unmündige Kinder. 1691.

5. Er ſtirbt. 1706.

Ernſt Ludwig,

1. Bernhards älteſter Prinz, folgt dem Vater in der Regierung.

2. Läſſet, als kaiſerlicher General-Feldzeugmeiſter, und des Reichs General-Feldmar-

marschall-Lieutenant, seinen Heldenmuth in verschiedenen Feldzügen sehen.

1724. 3. Stirbt.

Friedrich Wilhelm, und Anton Ulrich, gemeinschaftlich.

1. Nach Ernst Ludwigs Tode übernehmen die Regierung dessen Brüder, Friedrich Wilhelm und Anton Ulrich.

2. Anton Ulrich lässet seine erste Gemahlin, Philippina Elisabetha Césarea Schurmännin, nebst ihrer Mutter, in den Reichsfürstenstand erheben, und giebt sich viele, aber vergebliche, Mühe, daß die mit ihr erzeugten Kinder für fürstliche Erben, und succeßionsfähig, möchten erkennt werden.

3. Worwider sich das gesammte chur- und fürstliche Haus Sachsen setzt, und auch Brandenburg und Hessen, als erbverbrüderte, Theil daran zu nehmen ersuchet.

1746. 4 Der Herzog Friedrich Wilhelm stirbt.

Anton Ulrich, allein.

1. Verlangt nach Absterben des Herzogs von Weimar, Ernst Augusts, die Vormundschaft über dessen hinterlassenen Erbprinz, als damahliger Aeltester vom ernestinischen Hause Sachsen. Weswegen zwischen

schen ihm, und den durchlauchtigsten Häusern, Gotha und Coburg-Saalfeld, die schon gedachten Zwistigkeiten entstehen.

2. Der Herzog vermählt sich zum zweyten mahle mit der Prinzeßin von Hessen-Philippsthal, Charlotte Amalia. 1750.

3. Stirbt zu Frankfurth am Mayn. 1763.

August Friedrich Carl,

Ist bey seines Herrn Vaters Absterben noch minderjährig. Die durchlauchtigste Frau Mutter verlangt, nach dem letzten Willen ihres höchstseeligen Herrn Gemahls, die Vormundschaft zu führen. Die hochfürstlichen Agnaten widersprechen diesem; woraus ein wichtiger Streit entsteht.

Abdruck des von Herzog Anton Ulrich errichteten Testaments, mit nöthigen Anmerkungen. 1763. f.

Wahrhafte Nachricht von dem gesetzmäßigen, und von aller tadelhaften Absicht weit entfernten Betrag der Herren Herzoge zu Sachsen-Coburg, Gotha und Hildburghausen, in Ansehung der durch den Todesfall des Herrn Herz. Anton Ulrichs eröfneter meinungischen resp. Succeßion, Tutel, und Landesadministration. 1763. f.

4) Sachsen - Römhild.

Heinrich.

1. Des Herzogs Ernſts des frommen hinterlaſſener vierter Sohn, bekommt die Aemter und Städte Römhild, Königsberg, Themar, Behringen und Milz, nebſt dem heimgefallenen echteriſchen Lehn, und nimmt ſeine Reſidenz zu Römhild.

1697. 2. Wird kaiſerlicher General-Feldzeugmeiſter.

1710. 3. Stirbt ohne Kinder. Worauf wegen ſeiner hinterlaſſenen Erbſchaft und Landesportion zwiſchen Gotha, Meinungen und Saalfeld ein Streit entſtehet, welcher im Jahr 1714 durch ein Definitivurtheil des Reichshofraths beygelegt wird.

Des Reichshofraths Sentenz in electis iur. publ. XI. p. 977.

4. Das Amt Römhild bleibt in Gemeinſchaft zwiſchen Meinungen und Saalfeld, alſo, daß ienes zwey Drittheil, dieſes ein Drittheil zu genieſen hat.

5. Dieſes dauert ganz ruhig bis ins Jahr 1748, von welcher Zeit an Coburg-Saalfeld gegen Meinungen, wegen häufiger Thathandlungen und Turbationen in Forſt- Steuer-Dienſtbeſetzungs- und andern Angelegenheiten, beym Reichshofrath ſchwere Klagen erhebt.

6. Weil

6. Weil die darauf gegen Meinungen ergangene Mandate von keiner Wirkung sind: so wird endlich dem König in Pohlen, als Churfürsten von Sachsen, und dem Markgraf von Anspach, als mitausschreibenden Fürsten des fränkischen Kraises, die Executions-Commißion aufgetragen, und zu Römhild eröfnet. 1752.

5) Sachsen-Eisenberg.

Christian,

1. Ernsts des frommen fünfter Sohn, bekommt in der Erbtheilung mit seinen Brüdern die Aemter und Städte Eisenberg, Ronneburg, Roda und Camburg.

2. Mit ihm aber stirbt auch die eisenbergische Linie wieder aus; da denn die völlige eisenbergische Landesportion dem durchlauchtigsten Hause Gotha wieder anheim fället. 1707.

6) Sachsen-Hildburghausen.

Ernst,

1. Ernsts des frommen sechster hinterlassener Sohn, bekommt in der Theilung die Aemter und Städte Heldburg, Eisfeld, Hildburghausen, Veilsdorf und Schalkau.

2. Ver-

1680. 2. Vermählt sich mit Henriette Sophia, Georg Friedrichs, Fürsten von Waldeck, Tochter, mit welcher er die Herrschaft Cuylenburg in Geldern an sein Haus bringt.

3 Er bekommt aus der coburgischen Erbschaft die Aemter Sonnefeld und Bährungen.

1715. 4. Er stirbt.

Ernst Friedrich I.

1. Tritt nach Ableben seines Vaters die Regierung an, und stiftet ein academisches Gymnasium zu Hildburghausen; welches aber nach seinem Tode wieder eingegangen.

Nachricht von dessen Stiftung und Einweihung in des neueröfneten Büchersaals 28ten Oefnung, p. 120.

1724. 2. Führt einen prächtigen Hofstaat, und stirbt.

Ernst Friedrich II.

1. Steht wegen seiner Minderjährigkeit bey Ableben seines Vaters unter der Vormundschaft.

1728. 2. Er tritt die Regierung an, welche er rühmlich führet.

1745. 3. Er stirbt.

Ernst

Ernst Friedrich III.

1. Folgt seinem Herrn Vater in der Regierung, und nachdem sich ein ergiebiges Bergwerk in seinen Ländern hervorgethan, so nimmt er den Gebrauch des Münzregals 1757. wieder zur Hand.

Ueberzeugender Beweiß, daß von uralten Zeiten her, wie überhaupt dem hochfürstlichen Hause Sachsen ernestinischer Linie, also insonderheit auch Sachsen-Hildburghausen, das Münzregale zustehe. 1759. fol.

Vorläufige Bemerk- und Ausführung einiger rechtsgegründeten Exceptionum, welche der vom kaiserl. Reichsfiscal wider Sachsen-Hildburghausen, der Münze halben, erhobenen Klage unläugbahr im Wege stehen. 1753. fol.

Sachsen-Hildburghausische fernere Anmerkungen von dem Münzwesen, und der deshalb erhobenen fiscalischen Klage. 1759. fol.

2. Regiert zum Vergnügen seiner getreuen Unterthanen, deren Wohl er unaufhörlich befördert.

7) Sachsen-Saalfeld.

Johann Ernst,

1. Der siebende hinterlassene Sohn Ernsts des frommen, bekommt in der Erbtheilung die Aemter und Städte Saalfeld,

feld, Gräfenthal, Zelle und Lehsten, und nimmt seine Residenz zu Saalfeld.

1695. 2. Vergleicht sich mit Gotha wegen einiger Irrungen, so aus der Erbsonderung herrühren.

Vergleich in Lünigs Reichsarchive, part. spec. U. Cont. IV. Abth. II. Abs. p. 703.

1729. 3. Nach Absterben des Herzog Albrechts von Coburg, geht der obgedachte Erbschaftsstreit an, in welchem der Herzog stirbt.

Christian Ernst, und Franz Josias,

1. Johann Ernsts Söhne, führen anfänglich die Regierung gemeinschaftlich.

2. Franz Josias nimmt seine Residenz zu Coburg.

1757. 3. Christian Ernst stirbt ohne Kinder.

Franz Josias, allein.

1. Nach Absterben des Herzogs von Weimar, Ernsts Augustens, entstehen, wegen der Vormundschaft über dessen hinterlassenen Erbprinzen, zwischen ihm und den durchlauchtigsten Häusern Gotha und Meinungen die schon oft erwehnten Streitigkeiten. Der Herzog beziehet sich auf den bey Gelegenheit der Sachsen-Jenaischen Succeßion, am 16ten May 1688,

Siebende Abtheilung.

förmlich errichteten Receß, in welchem vest-
gesetzet worden, daß in Ermanglung einer
den Rechten gemäßen fürstväterlichen Wil-
lensverordnung die Vormundschaft nieman-
den, als dem nächsten und ältesten Anver-
wanden, gebühren soll. Da nun der Herzog von Sachsen-Meinungen zwar der älteste des ernestinischen Hauses, aber der damahligen Umstände wegen unfähig wäre,
die Vormundschaft zu führen: so müsse nothwendig Coburg-Saalfeld, als der älteste
regierende Herr nach Meinungen, seine
Stelle so lang vertreten, bis die Hindernis-
se wegfielen.

2. Zwischen den beyden durchlauchtigsten
Häusern, Gotha und Coburg-Saalfeld,
kommt es zu obgedachtem Vergleich.

3. Streitigkeiten mit Nürnberg, wegen der reciprocirlichen Nachsteuerfreyheit.

Extrahirter actenmäßiger Ursprung und Fortsetzung derer zwischen dem hochfürstl. Hause
Sachsen-Coburg und der Reichsstadt Nürnberg, wegen der reciprocirlichen Nachsteuerfreyheit, vorgegangener Compacten ꝛc. Coburg,
1762. fol.

4. Der durchlauchtigste Herzog zeigt während seiner ganzen glorwürdigsten Regierung,
daß er ein wahrhaftiger Vater seines Landes sey; dem Ihn der Höchste noch lange erhalte!

Q 5   Achte

Achte Abtheilung,

in welcher die Geschichte des albertinischen Hauses Sachsen enthalten sind.

Albrecht.

1. Regiert nach seines Vaters Tode eine Zeit land mit seinem Bruder, Ernst, gemeinschaftlich.

1468. 2. Leistet seinem Schwiegervater, dem König Georg in Böhmen, wider den ungarischen König Matthias, Hülfe.

1471. 3. Nach Georgs Tode hat er anfänglich Hofnung und Lust, die böhmische Krone zu behaupten; steht aber hernach selbst wieder davon ab.

1474. 4. Leistet dem Kaiser Friedrich III Hülfe gegen den Hertzg Carln den kühnen von Burgund, und führet in demselben Feldzuge das Reichspannier.

1476. 5. Thut eine Reise nach Rom und Jerusalem.

MEN.

Achte Abtheilung.

MENCII itinera sex. ducum et elect. Sax. p. 1. sqq.

Gründliche und wahrhafte Beschreibung der löblichen und ritterlichen Reise und Meerfarth Herzog Albrechts durch Hansen von Mergenthal; so selbsten persönlich mit, und dabey gewesen. Leipzig, 1586. 4.

Alberti Peregrinatio, seu passagium ad terram sanctam in MENCKENII script. rer. Germ. T. II. p. 2104.

6. Die Erneuigung mit Böhmen wird 1482. erneuert, welches im folgenden 1546, 1559, 1579 und 1587 wiederhohlet worden.

Diplom. in Lünigs Reichsarchive, part. spec. S. IV. von Sachsen p. 7. sqq.

7. Der Kaiser Friedrich III giebt ihm 1483. eine Anwartschaft auf Jülich und Bergen.

Dipl. l. c. p. 14.

8. Albrecht theilet mit seinem Bruder 1485. Ernst, und wählet sich Meißen.

Haupttheilungsvergleich zwischen Churf. Ernsten und Herzog Albrechten zu Sachsen, 1485. in Lünigs Reichsarchive, part. spec. II. Cont. p. 237.

9. Weil man bey der Theilung nicht in allem einig werden kan: so werden das Jahr darauf Schiedsrichter darüber zu 1486. Naumburg niedergesetzt.

Naumburgischer Schied in Lünigs Reichsarchive, part. spec. II. Cont. IV. Abth. II. Abs. p. 347.

10. Al

10. Albrecht leistet dem Kaiser Friedrich
1487. auch gegen den König in Ungarn Matthias
Hülfe; welches ihm wenig Vortheil bringt.

1488. 11. Dem ohngeachtet steht er Friedrichs Sohne, Maximilianen, bey, als derselbe von den rebellischen Bürgern zu Brügge gefangen genommen wird, und hilft die Rebellen unterdrücken,

12. Der Kaiser macht ihn zum Statthalter in den Niederlanden; welche Würde er fünf Jahr lang mit grossem Ansehen, bekleidet.

13. Das aufrührische Brabant wird
1489. von ihm zum Gehorsam gebracht; ferner Seeland, Holland und Friesland.

1492. 14. Friedrich III stirbt. Kaiser Ma-
1493. ximilian beehret Albrechten mit dem güldenen Vlies, und bestätiget die Anwartschaft auf Jülich und Bergen nochmahls.

Diplom. in Lünigs Reichsarchive, part. spec. S. IV. von Sachsen p. 14.

15. Giebt ihm auch die Erbstatthalterschaft über Friesland; welche ihm aber mehr Schaden, als Nutzen bringt.

Diplom. in Lünigs Reichsarchive, part. spec. S. IV. von Sachsen p. 21.

1500. 16. Wie er denn währenden Unruhen in ein hitziges Fieber fällt, und zu Emden seinen heldenmüthigen Geist aufgiebet.

I'O. RATHALTER de meritis Alberti ducis Saxoniae, locum tenentis generalis per Braban-

bantiam in domum Burgundicam (in MEN-
CKENII script. rer. Germ T. II. p. 2113.)

CONRADI WIMPINAE commentarius
Poeticus de Alberti Animosi expeditionibus
bellicis, luci publicae ex bibliotheca Annae-
burgensi restituit CHRISTIANVS GOTT-
HNLD WILLISCH. Altenburgi, 1725. 8.

MICH. BOIEMI vita Alberti Animosi. Lipf.
1586. 4. rec. Vit. 1676. 1698 4.

IO. ZACH. HARTMANNI diss. de Alberto Animoso. Kilon. 1726. 4.

Albrechts Testament in Lünigs Reichsarchive,
part. spec. S. IV. von Sachsen p. 24.

GE. SPALATINI diss. de liberis Alberti Animosi in MENCKENII script. rer. Germ.
T. II. p. 2124.

17. Noch einige Merkwürdigkeiten von
seiner Regierung.

a) Seit 1486 ist ein beständiges Regie-
rungscollegium in Dresden gewesen.

b) 1488 ist das leipziger Oberhofge-
richt angelegt worden.

c) Als 1496 im Schreckenberge bey
Annaberg ein ergiebiges Bergwerk
angieng: so wurden die ersten Schre-
ckenberger, oder Engelgroschen, ge-
münzt.

Georg

Georg der bärtigte, ingleichen der reiche.

1. Erhält nach angetretener Regierung durch sonderbare Vorsicht die unruhigen
1504. Friesen im Gehorsam, und geht selbst nach Friesland, nachdem er zuvor mit seinen Vettern die dem Hause Sachsen zugebrachten Herrschaften und Städte Sagan, Prebus und Numburg, wie auch Sorau, Storkau und Peskau, getheilet.

2. Er bändiget die Friesen, und nachdem er alles in gute Verfassung gesetzet, so gehet er nach Meisen zurück.

1505. 3. Vergleicht sich mit seinem Bruder Heinrich wegen seiner Appanage.

1514. 4. Geht abermahls in das unruhige Friesland, welches er endlich dem Hause Oesterreich, gegen Auszahlung 200000 Gulden Rheinisch, wieder abtritt.

1517. 5. Anfang der Reformation, welcher der Herzog Georg sehr abgeneigt ist; da hingegen sein Bruder Heinrich die evangelische Lehre annimmt.

1519. 6. Leipziger Disputation, welcher der Herzog beywohnet.

7. Der Graf Adam von Beichlingen verkauft seine Grafschaft an Johann vom Werthern, welcher das Jahr darauf von
1520. Herzog Georg damit belehnt wird.

8. Hin-

Achte Abhandlung.

8. Hingegen erkauft einige Zeit hernach
gedachter Graf Adam vom Herzog Georg
Schloß und Flecken Gebesee, samt dem Hause Krayenburg.   Seine Nachkommen- 1522.
schaft erstirbt mit seinem Sohne Bartholo-
mäus Friedrich 1567.

9. Der Herzog hilft den Bauernaufruhr 1525.
stillen.

   Nachricht vom Bauernaufruhr in meisnischen
   Obererzgebürge in Kreyßigs Beyträgen zur
   Hist. von Obersachsen P. III. p. 403.

10. Packische Händel.   1527.

   10. STRAVCHII diff. de tumultu Packia-
   no. (in eiusd. diff. exoter. n. 9. p. 240. sq.)
   Acta von D. Ottens von Pack Abhörung zu Cassel. (in Hofmanns Sammlung der Documenten T. I. p. 66. sqq.)

11. Der Herzog druckt die Evangelischen
heftig.

   HECHTII diff. de statu religionis sub Geor-
   gio barbato.

12. Wohnt dem merkwürdigen Reichsta- 1530.
ge zu Augsburg bey.

13. Bekommt den Orden des güldenen 1531.
Vlieses.

14. Grimmischer Machtspruch, durch 1531.
welchen einige Streitigkeiten, so aus der
Theilung zwischen Ernsten und Albrechten noch übrig, gehoben werden.

   Machtspruch in Lünigs Reichsarchive, part.
   spec. II. Cont. IV. Abth. II. Abs. p. 256.

15. Grim,

1533. 15. Grimmischer Vertrag zwischen dem Churfürst Johann Friedrich, und dem Herzog Georg, verschiedener Irrungen halber.

Vertrag in Lünigs Reichsarchive, part. spec. S. IV. von Sachsen p. 44.

16. Die abermahligen Irrungen, so aus dem grimmischen Machtspruche und Vertrage entstanden, werden durch Vermittelung des Landgraf Philipps von Hessen zu **1536.** Naumburg gehoben.

Diplom. in Lünigs Reichsarchive, part. spec. II. Cont. IV. Abth. II. Abs. p. 269.

1538. 17. Nach Absterben des letzten Burggrafs von Leisnigk, Hugens, fället besagte Grafschaft, nebst der Herrschaft Penigk, als sächsische Lehn, an den Herzog Georg.

CHRIST. GOTTL. SCHWARZII memoria priscorum comitum et Burggrauiorum Leisnicensium. Lips. 1730. fol.

Nachricht von den Burggrafen von Leisnigk in Struvens hist. und polit. Archive, Tom. I. p. 125.

CHRIST. SCHOETTGENII historia Burggrauiorum de Leisnig. (in EIVSD. scriptoribus rer. Germ. T. II. p. 325.)

18. Der Herzog will, nachdem er seine Prinzen durch den Tod verlohren, seinem Bruder Heinrich noch bey seinem Lebzeiten die Regierung abtreten, wenn er sich wieder zur römischcatholischen Kirche wenden wollte; welches dieser rund abschlägt.

19. Georg

19. **Georg stirbt.** 1539.

Herzog Georgens Testament in Lünigs Reichsarchive, part. spec. II. Cont. IV. Abth. II. Abs.
p. 270.

GE. FABRICII originum Saxonicarum libri
VII, Ienae, 1598. f.

Heinrich der fromme,

1. Herzog Georgs Bruder, welcher in seiner Jugend seine Tapferkeit im friesländischen Kriege sehen lassen, und grosse Gefährlichkeiten ausgestanden, kommt nunmehro zur Regierung.

Nachricht von der franckerischen Kette, an wel=
che man Herzog Heinrichen von Sachsen auf=
hengen wollen, in Schöttgens Nachlese zur
Hist. von Obersachsen P. IX. p. 110.

2. Er schaft sogleich das Pabsthum in Meisen ab.

3. Grosse Kirchenvisitation in Meisen.

L. Der Herzog überträgt die Regierung, Alters und Schwachheit wegen, seinem ältesten Prinz, Morizen. 1541.

5. Er stirbt, und der schmalkaldische Bund verliehrt an ihm ein ansehnliches Mitglied. 1541.

Moritz,

erster Churfürst von Sachsen albertinischer Linie.

1. Nachdem er die Regierung angetreten: so entstehen zwischen ihm und dem Churfürst Johann Friedrich von Sachsen die obgedachten Mißhelligkeiten.

1542. 2. Moritz geht als ein Freywilliger nach Ungarn, und legt ungemeine Proben der Tapferkeit ab.

1543. 3. Steht Kaiser Carln V gegen Frankreich bey, und verlässet auch ihm zu gefallen den schmalkaldischen Bund.

1543. 4. Stiftung der drey Fürstenschulen, Pforte, Meisen und Merseburg, welche letzte nach Grimme verlegt wird.

IVSTINI PERTVCH Chronicon Portense. Lipf. 1612. 4. (in Thuringia sacra p. 825.)

1543. 5. Moritz publiciret eine Kirchenordnung, und stiftet das Consistorium zu Leipzig.

1543. 6. Er trift mit dem Herrn von Schönburg einen Tausch, und bekommt für die Stadt und Herrschaft Penick, das Schloß Hohnstein, und andere bey der Elbe dem böhmischen Gebirge nahe gelegene Oerter.

7. August, Moritzens Bruder, wird
1544. zum Administrator des Stifts Merseburg

erwehlt, welcher die lutherische Lehre in dem=
selben einführt.

8. Verschiedene Irrungen zwischen dem
Churfürst Johann Friedrich, und dem
Herzog Moritz, werden zu Grimme
durch die dazu verordneten beyderseitigen Rä= 1545.
the gehoben.

Diplom. in Lünigs Reichsarchive, part. spec.
II. Cont. IV. Abth. II. Abs. p. 283.

9. Moritz nimmt grossen Antheil an dem 1545.
braunschweigischen Kriege gegen den Herzog
Heinrich.

10 Er verbindet sich heimlich mit dem
Kaiser, und dessen Bruder, unter Verspre=
chung der Churwürde; und nachdem der
Churfürst, nebst seinen Bundsgenossen, an
die Donau dem Kaiser entgegen gerücket, so
fängt er in den churfürstlichen Ländern mit
der Belagerung Zwickau die Feindseligkei= 1546.
ten an. Das ganze Land des Churfür=
stens kommt in seine Hände, ausgenommen
Wittenberg, Eisenach und Gotha.

11. Der Churfürst gehet auf diese Zeitung
nach Hause, und erobert nicht nur seine
Länder wieder, sondern auch die Länder sei=
nes Vetters, ausser Leipzig und Dresden.

12. Der Kaiser eilet dem Churfürst auf 1547.
dem Fusse nach, schlägt ihn bey Mühlberg
und bekommt ihn gefangen.

13. Hierauf werden die churfürstlichen
Lande, und die Churwürde, Moritzen über=
geben;

geben; welcher zu Augsburg auf dem Weinmarkte damit belehnt wird.

NIC. MAMERANI inueſtitura regalium Mauritii in SCHARDII ſcript. rer. Germ. T. II. p. 508. ſqq.

14. Auch die Schutzgerechtigkeit des Stifts Naumburg wird von der erneſtiniſchen auf die albertiniſche Linie des Hauſes Sachſen transferiret, und Julius Pflug wieder in das Bisthum eingeſetzt.

Nachricht von Julio Pflug, aus einem alten geſchriebenen Chronico in Struvens hiſt. und pol. Archive, T. II. p. 321. ſqq.

15. Auguſtus reſigniret die Adminiſtration des Stiftes Merſeburg, welches Michael Sidonius bekommt.

16. Moritz weigert ſich, das augsburgiſche Interim anzunehmen.

17. Er hält wegen des Interims einen Ausſchußtag zu Meiſen, auf welchem nichts ausgemacht wird.

18. Zu Pegau, Torgau, im Kloſter Zelle, und zu Jüterbock werden deswegen Zuſammenkünfte angeſtellet.

Churfürſt Moritzens mit dem Churfürſt Joachim II. zu Brandenburg wegen des Interims zu Jüterbock getroffene Vereinigung in Lünigs Reichsarchive, part. ſpec. S. IV. p. 61.

19. Leipziger Interim, welches die adiaphoriſtiſchen Streitigkeiten veranlaſſet

Achte Abtheilung.

Beschluß des Landtags zu Leipzig, den 22. Dec. 1548

Ex actis synodicis, et aliis diligenter et fideliter collecta expositio eorum, quae Theologi academiae Witt:bergensis et harum regionum alii, qui his a iuncti fuerunt etc. monuerint, suaserint, docuerint, responderint, concesserint illo tempore, quo de libro Augustano, qui nominatur *Interim*, qualis esset, quaesitum fuit et tractatum. Wittebergae, 1559.

Acta des 1548 zu Leipzig gehaltenen Landtages so weit solche das so genannte Leipziger Interim angehen. In dem Alten, aus allen Theilen der Geschichte, I Stück, p. 24. II. Stück, p. 150 III. Stück, p. 299 IV. Stück, p. 460. V. Stück, p. 592. VI. Stück, p. 711. und 723.

20. Magdeburg wird in die Acht erkläret, und Moritzen die Vollstreckung der Achtserklärung aufgetragen, welcher auch den Ort belagert. 1550.

Achtserklärung beym Hortleder von Ursachen und Handlungen des teutschen Kriegs, P. II. p. 1039.

21. Er verzögert die Belagerung mit Fleis, um sich desto mehr zur Ausführung einer grossen und unerwarteten Unternehmung zu verstärken. Denn weil weder seine eigene, noch anderer, Fürbitten im Stande sind, den zwey höchstansehnlichen Reichsfürsten, Johann Friedrichen und Philipp dem groß=

großmüthigen die Freyheit wieder zu schaffen: so schliesset er in aller Stille mit dem König Heinrich II in Frankreich ein Bündniß, und bringt auch den Markgraf Albrecht von Brandenburg-Culmbach, nebst dem Landgraf von Hessen Wilhelm, auf seine Seite.

 Churfürst Moritzens Bündniß mit Frankreich in Lünigs Reichsarchive, Part. spec. Cont. L. andere Fortsetzung p. 228. und II. Cont. IV. Abth. II. Abs. p. 293.

1551. 22. Er giebt der Stadt Magdeburg einen leidlichen Accord.

 Accordspuncte beym Hortleder P. II. p. 1261. SEB. KESSELMAYERI descriptio obsidionis Magdeburg. a Caesareanis factae. Basil. 1533. 8. (ap. SCHARD. T. II. p. 518. sqq.)

 23. Beschickt auch die tridentinische Kirchenversammlung.

 24. Nunmehro bricht Moritz öffentlich mit dem Kaiser, und legt seine Ursachen der Welt vor Augen. Er übergiebet seinem Bruder August die Interimsregierung in Sachsen, und geht in gröster Eil auf den Kaiser los. Er erobert Augsburg; ferner die ehrenberger Klause; und zwinget den Kaiser, bey später Nachtzeit von Inspruck nach Villach zu flüchten.

 Manifest beym Hortleder l. c. p. 1013.
 IO. CHRISTOPH. BARTENSTEINII diss.

diss. de bello, imperatori Carolo V. a Mauritio illato. Argent. 1709.

25. Durch Ferdinands Vermittelung 1552. **kommt es zu einem Stillstande.**

Vergleich zwischen dem Röm. König Ferdinand und Churfürst Moritz von Sachsen, in Lünigs Reichsarchive, part. spec. S. l. p. 41.

26. Und bald darauf zum passauer Vertrage.

Abhandlung von den Verdiensten Mauritii um die evangelische Kirche bey dem 200 jährigen Andenken des passauischen Vertrags, in den Arbeiten einer vereinigten Gesellschaft in der Oberlaußitz Vol. III. P. III. p. 249.

27. Der Churfürst, und sein alter Bundsgenosse, der Markgraf Albrecht von Culmbach, gerathen selbst hinter einander.

28. In dem Treffen bey Sievershausen den 9. Julii wird Moritz tödtlich verwundet, und stirbt den dritten Tag darauf. 1553

Tho. Wynzers Historia von der unglücklichen Schlacht zwischen Herzog Albrechten, Marggrafen zu Brandenb. und Churf. Moritzen, samt seinem Tode und Begräbniß. 1553. 4. (et ap. SCHARD, Script. T. II. p. 559. sqq.)

Churf. Moritzens letzter Wille, aufgerichtet nach der Schlacht bey Sievershausen in Lünigs Reichsarchive, Part. spec. S. IV. von Sachsen p. 66.

29. Noch

29. Noch einige Merkwürdigkeiten von seiner Regierung.

    a) Sagan wird an Ferdinand I durch einen Tausch überlassen 1548.

    b) Das vom Churfürst Johann, zu Wittenberg, angelegte Hofgericht wird von Moritzen 1550 bestätiget.

    c) Moritz erkauft 1551 von Markgraf Albrecht von Brandenburg-Culmbach das Amt Königsberg für 6000 Gulden; wodurch es wieder an das Haus Sachsen kommt. Bald darauf wird es an Würzburg wiederkäuflich überlassen. Von welchem Hochstifte es aufs neue an die ernestinische Linie des Hauses Sachsen kommt.

GEORGII ARNOLDI vita Mauritii elect. (in MENCKENII script. rer. Germ. T. II. p. 1151.)

JOACHIMI CAMERARII orationes funebres in Mauritium habitae (ibid p. 1257. sq.)

August.

1553. 7. Tritt nach seines Bruders Tode die Regierung an, und schließet einen Vertrag mit dem Markgraf Albrecht zu Verhütung fernerer Kriegsunruhen.

Vertrag in Lünigs Reichsarchive, Part. spec. S. IV. p. 67.

2. Naum-

2. Naumburger Vertrag. 1554.

3. Die Erbverbrüderung zwischen Sach-1555.
sen, Brandenburg und Hessen wird zu
Naumburg erneuert.

4 Der Churfürst macht einen Vergleich 1556.
mit Heinrich dem ältern, Burggrafen zu
Meisen, wegen des Vogtlandes und der
Herrschaft Gera, daß solche niemand, als
dem Churfürst verkauft werden sollte, wenn
es anders dazu kommen sollte.

Vertrag in Lünigs Reichsarchive, part. spec.
II. Cont. IV. Abth. II. Abs. p. 308.

5. Erbeinigung zwischen dem Hause Sach-1557.
sen und Böhmen.

Diplom. in Lünigs Reichsarchive, part. spec.
Abth. IV. p. 87.

6. Das Privilegium de non appellan-1559.
do wird von dem gesammten Hause Sachsen erneuert; worauf der Churfürst ein besonderes Appellationsgericht zu Dresden
anordnet.

Priuileg. in Lünigs Reichsarchive, part. spec.
cont. IV. Abth. II. Abs. p. 209.

7. Der Churfürst geht nach Frankfurt 1562.
auf den königlichen Wahltag, und hilft Maximilian II erwählen.

8. Ferdinand I giebt Augusten eine
Anwartschaft auf die anhaltischen Lande.

Diplom. in Lünigs Reichsarchive, l. c. p. 319.

9. Ver-

1562. 9. Vertrag mit Churmaynz wegen der Ansage auf Reichs- und andern Versammlungen.

Lünig part. spec. S. III. p. 396.

10. Alexander, Augusts Sohn, welcher nach Michael Sidonii Tode 1561 Administrator des Stifts Merseburg, und nach Julii Pflugens Absterben 1564 Ad-

1565. ministrator von Naumburg worden, stirbt, nachdem er zuvor mit Genehmhaltung der Capitel, seinem Vater die Stiftsregierung übergeben.

11. Grumbachische Händel. Nachdem der unglückliche Herzog Johann Friedrich von Gotha in die Acht erkläret worden: so vollstreckt der Churfürst obgedachter massen die Achtserklärung.

12. Weil die Grafen von Mansfeld in grosse Schuldenlast verfallen, und die Gläubiger eine Herrschaft und Amt nach dem andern an sich reissen: so nehmen die Lehnsherren, Chursachsen, Magdeburg und Halberstadt, das Mannsfeldische in Sequestration.

1570. 13. Die Erbeinigung zwischen Sachsen und Böhmen wird erneuert.

Diplom. in Lünigs Reichsarchive, part. spec. II. Cont. IV. Abth. II. Abs. p. 772.

1571. 14. Der letzte Burggraf in Meissen, Heinrich, geht mit Tode ab; nachdem der Churfürst August nach und nach fast alle burggräfliche Güther käuflich an sich gebracht.

15. Au-

Achte Abtheilung. 257

15. August verwechselt, als Lehnsherr der Herrschaft Lohra selbige, samt denen dazu gehörigen Städten Elrich und Bleichenroda, und allem Zugehör, dem Domcapitel zu Halberstadt gegen andere mannsfeldische Güter erblich; daß also von dieser Zeit an nur Churfachsen und Magdeburg die Lehnsherrn der Grafschaft Mannsfeld sind. 1573.

Halberstädtischer Permutationsreceß in Glafeys Hist. von Sachsen, Beylagen n. 6.

16. Der Kaiser Maximilian II besuchet den Churfürst zum anderumahle in Dresden, woselbst sich auch der Churfürst Johann Georg von Brandenburg einfindet.

17. Der Kaiser Maximilian II verordnet, daß fünf Zwölftheile der hennebergischen Erbschaft an Churfachsen fallen sollen. 1573.

Diplom. in Lünigs Reichsarchive, part. spec. II. Cont. IV. Abth. II. Abs. p. 370.

18. Die zwischen Churfachsen und dem Stifte Quedlinburg wegen der Wahl der dasigen Aebtißin, und anderer Puncte, vorgewalteten Streitigkeiten werden durch einen Receß gehoben. 1574.

Receß in Lünigs Reichsarchive, part. spec. S. III. p. 402, und cont. II. Abth. IV. Abs. II. p. 572.

19. Indem dieses alles vorgehet: so suchen die heimlichen Liebhaber des calvinischen Lehrgebäudes dasselbe in Sachsen nach und nach in die Höhe zu bringen. Die vornehm-

sten

sten unter ihnen sind: Cruciger, der jüngere, Moller, Pezelius, und Peucer.

20. Vom corpore doctrinae Philippico.

CHRISTIANI·AVGVSTI FREYBERGII anecdota Augustea ad corporis doctrinae historiam spectantia. Dresdae, 1729. 4.

1568. 21. Religionsgespräch zu Altenburg.
1571. 22. Convent zu Dresden.
23. Da der Lermen immer grösser wird: so lässet der Churfürst eine scharfe Untersuch-
1574. chung anstellen. Peucer wird in Verhaft genommen.
1574. 24. Convent zu Torgau, wohin die wittenbergischen Gottesgelehrten beschieden werden. Diejenigen, welche die vorgelegten Artickel nicht unterschreiben wollen, kommen in Verhaft.
1576. 25. Convent zu Lichtenburg.
1580. 26. Formula Concordiae.
1576. 27. Maximilian II begnadiget auf einem Reichstage zu Regensburg die Grafen von Schwarzburg mit einem besondern Sitz und Stimme in dem Reichsfürstenrathe, gleich den Reichsfürsten; worwider aber das gesammte Haus Sachsen protestiret, und es auch dahin bringt, daß diese Begnadigung den Effect nicht erreicht.

28. Augustus vergleicht sich mit dem Markgraf von Brandenburg, Joachim Fried-

Achte Abhandlung. 259

Friedrich, Administratorn von Magdeburg, wegen des Burggrafthums Magdeburg dergestalt, daß er für sich und seine Nachkommen auf die Rechte, die er als Burggraf zu Magdeburg und Halle, gehabt, Verzicht thut; hingegen Titel und Wappen, samt den Aemtern Gonnern, Ranis, Elbenau und Gottau behält. 1579.

> Eislebischer Vertrag, oder magdeburgischer Permutationsreceß in Lünigs Reichsarchive, part. spec. S. IV. von Sachsen p. 109.
>
> Beyabschied, ibid. cont. II. Abth. IV. Abs. II. p. 276.
>
> Kaiser Rudolph II. Confirmation, ibid. p. 377.

29. Der Bischof von Meisen Johann von Haugwitz übergiebt dem Churfürst das Bisthum Meisen, nebst dem Collegiatstifte Wurtzen. 1581.

31. Der Churfürst vermittelt zwischen Würzburg und Henneberg den hammelburgischen Vergleich. 1581.

> Hammelburgischer Vertrag in meinen Beyträgen zur Geschichte Frankenlandes Tom. III. p. 165.

31. Nachdem der letzte gefürstete Graf von Henneberg, Georg Ernst, mit Tode abgegangen: so fallen seine Länder an das chur- und fürstl. Haus Sachsen, welches selbige bis 1660 in Gemeinschaft behält. 1583.

32. Der trefliche Churfürst stirbt. 1586.

33. Noch einige Merkwürdigkeiten von dieser glücklichen Regierung.

a) Erbauung des Zeughauses zu Dresden 1559.
b) Anlegung der Kunstkammer daselbst 1560.
c) Anlegung des geheimden Rathscollegii, in welchem Augustus seinen Churprinz Christian 1581 zum Präsidenten verordnet.

Des Churfürsts Augusts Verdienste um die evangelische Wahrheit und Gelehrsamkeit in den Arbeiten einer vereinigten Gesellschaft in der Oberlaußitz Vol. V. P. IV. p. 365.

Christian I.

1586. 1. Tritt nach seines Vaters Tode die Regierung an, und bauet den prächtigen Stall zu Dresden.

1587. 2. Die Erbverbrüderung zwischen Sachsen, Brandenburg und Hessen wird zu Naumburg erneuert.

3. Der Churfürst schickt dem König in Frankreich Heinrich IV einige Regimenter Curaßierer gegen die Ligisten zu Hülfe.

4. Die heimlichen Calvinisten erhohlen sich wieder. Nicolaus Krell ist ihr Haupt.

1591. 5. Die Abschaffung des Exorcismi macht viele Bewegungen.

Georg Müllers kurze, doch augenscheinliche Entwerffung der calvinischen Comödien in Meisen. Jena, 1594. 4.]

Achte Abtheilung.

Ein neu Lied von denen im Churfürstenthum Sachsen unlängst fürgelaufenen Händeln, die Religion betreffend (in Horns hist. Handbibliotheck von Sachsen P. III. p. 319.)

6. Der Churfürst stirbt in seinen schönsten 1591. Jahren.

LAVR. FAVSTI Leben Churfürst Christiani I. Leipzig 1592. 4.

DAVID. CHYTRAEI Chronicon Saxoniae. Lipsiae 1593. f.

Christian II.

1. Steht unter der Vormundschaft seines nächsten Agnaten des Herzog Friedrich Wilhelms.

2. Noch ehe Christian I beerdiget wird, ziehet man Krellen gefänglich ein. Er wird auf den Königstein gesetzet, und darauf der Proceß gegen ihn angestellet. Er wird endlich enthauptet, und der Cryptocalvinismus in Sachsen zum zweyten mahle unterdrückt.

HERM. CHRIST. ENGELKENII historia Crellii capite plexi. Rostochii 1727.

3. Zwischen dem ernestinischen und alber- 1563. tinischen Hause wird wegen der hennebergischen Lande ein Interimsvergleich getroffen.

4. Der Administrator legt sein Mißvergnügen an den Tag, als Churpfalz auf dem Reichstage zu Regensburg bey dem evangeli-

gelischen Intercessionalschreiben an den Kaiser Rudolph II, vom 16ten Jun., das gan-
1594. ze Werk zu dirigiren sich anmaſſet; wie denn der churſächſiſche Geſande deswegen vom Reichstage zurück gerufen wird.

5. Die Vogtey am peinlichen Gerichte zu Nordhauſen, ſo die Grafen von Hohnſtein (welche 1593 mit Ernſt ausgeſtorben) gehabt, wird dem Churhauſe Sachſen ver-
1600. liehen, und die Herzoge von Sachſen erneſtiniſcher Linie erhalten die Mitbelehnſchaft.

1601. 6. Der Herzog Friedrich Wilhelm legt die zehn Jahr lang verwaltete Vormundſchaft und Adminiſtration nieder, und Chriſtian II tritt die Regierung ſelbſt an. Wel-
1609. cher bald darauf die Vormundſchaft über Friedrich Wilhelms hinterlaſſene unmündige Prinzen führet.

1609. 7. Abſterben des letzten Herzogs von Jülich, Cleve und Berg, Johann Wilhelms; da denn Sachſen auch mit unter denen iſt, welche ſeine Länder in Anſpruch nehmen.

Das durchlauchtige Erbgangsrecht auf Jülich, Cleve, Berg ꝛc. 1749. 8.

8. Der Churfürſt Johann Georg mag mit der zu Hall in Schwaben errichteten Union der Proteſtanten nichts zu thun haben.

1610. 9. Er begiebt ſich, nebſt ſeinem Bruder Johann Georg, nach Prag, und hilft daſelbſt die beyden Brüder, den Kaiſer Rudolph II und

Achte Abtheilung.

und den König Matthias in Ungarn, wegen ihrer gehabten Irrungen, vergleichen.

10. Er wird zu Prag, für sich, und das gesammte Haus Sachsen, salvo tamen jure aliorum interessentium, vom Kaiser Rudolph II mit Jülich, Cleve und Berg belehnt; worauf das gesammte Haus Sachsen Titel und Wappen davon annimmt.

Kaiser Rudolphs II. Lehnbrief, in Lünigs Reichsarchive, part. spec. von Sachsen p. 131.

11. Es wird wegen dieser Erbschaftssache 1610. eine kaiserliche Commißion zu Cölln niedergesetzt, welche der Churfürst beschicket. Die Tractaten aber zerschlagen sich fruchtlos.

12. Zu Jüterbock wird wegen eben dieser Erbschaftssache eine Zusammenkunft angestellet, welcher der Churfürst in Person beywohnet, und bald darauf in eben dem Jahre stirbt. 1611.

Jüterbockischer Vertrag in Lünigs Reichsarchive, part. spec. S. IV. von Sachsen p. 135.

Johann Georg I.

1. Wird von seinem Bruder Christian 1607. aus gutem Willen, nicht aber aus Schuldigkeit, mit zur Regierung gezogen.

2. Folgt ihm nach dessen Ableben in der 1611. Churwürde, und wohnet dem Churfürstentage zu Nürnberg bey.

S   3. Ue-

3. Uebernimmt das Reichsvicariat nach Rudolphs II Tode.
Vicariatspatent in Lünigs Reichsarchive, part. spec. S. IV. von Sachsen p. 142.

4. Er erscheinet in Person auf dem Wahltage, und hilft den König Matthias zum Kaiser wählen.

1613. 5. Beschicket die wegen der jülichschen Erbschaftsache abermahls, und zwar zu Erfurt niedergesetzte kaiserliche Commißion; welche Bemühung aber fruchtlos ist.

1614. 6. Er vermittelt das Jahr darauf eine Zusammenkunft zu Dresden dieser Sache wegen. Die Handlung zerschlägt sich abermahls.

1614. 7. Die Erbvereinigung und Erbverbrüderung zwischen Sachsen, Brandenburg und Hessen wird zu Naumburg erneuert.
Diplom. in Lünigs Reichsarchive, part. spec. S. IV. von Sachsen p. 148. und 154.

1617. 8. Das erste Jubiläum der lutherischen Kirche wird in den gesammten sächsischen Ländern gefeyert.

1618. 9. Anfang der böhmischen Unruhen. Der besorgte Churfürst wohnet einer zu Nürnberg angestellten Zusammenkunft der Union, wie auch dem Chur- und Fürstentage zu Mühlhausen, persönlich bey.

1619. 10 Tod Matthiä. Der Churfürst übernimmt das Reichsvicariat zum andernmaß

Achte Abtheilung.

mahle, und hilft Ferdinand II zum Kaiser wehlen.

11. Dem Churfürst wird von einigen die böhmische Krone zugedacht.

12. Er hält es aber treulich mit Ferdinanden gegen den unglücklichen Churfurst Friedrich V von der Pfalz, welcher sich bereden läst die böhmische Krone anzunehmen.

13. Er rückt in die Laußiz ein, um sie wieder unter Ferdinands Bothmäßigkeit zu bringen. Dafür entsetzt ihn Friedrich aller böhmischen Lehne; welches ihm doch, wie leicht zu erachten, nichts schadet.

> Friedrichs V Schreiben hievon an die Herzoge von Sachsen Joh. Casimir nnd Johann Ernst in Khevenhüllers annal. Ferdinandeis T. IX. p. 1017.

14. Nachdem Friedrich durch die Schlacht auf dem weissen Berge bey Prag über den Haufen geworfen worden: so hilft Johann Georg Böhmen und Schlesien wieder unter Ferdinands Bothmäßigkeit bringen. *1620.*

15. Ferdinand tritt ihm gegen eine Schuldforderung von 70 Tonnen Goldes die Laußiz unterpfändlich ab. *1623.*

> Immißionsreceß in Lünigs Reichsarchive, part. spec. S. l. p. 97.

16. Er ist nicht damit zufrieden, daß die Churwürde von Pfalz auf Baiern transferiret wird; williget aber endlich doch darein.

17. Fer-

1625. 17. Ferdinand II giebt dem Churfürst die Anwartschaft auf die Grafschaft Hanau, und alle dazu gehörige Stücke, welche vom Reich zu Lehn getragen werden; wie auch die Anwartschaft auf die Grafschaft Schwarzburg, den halben thüringer Wald, und alles, was die Grafen vom Reich zu Lehn tragen, ingleichen auf etliche braunschweigische Lande, welche der Herzog Friedrich Ulrich zu Braunschweig und Lüneburg damahls inne hat, und nicht ausdrücklich in der gesaminten Hand mit den Herzogen zu Lüneburg, oder der dem hochfürstlichen Hause Brandenburg gegebenen Anwartschaft begriffen.

Diploma in Lünigs Reichsarchive, part. spec. cont. II. Abth. IV. Abs. II, p. 411.

1628. 18. Sein Sohn August wird zum Erzbischof von Magdeburg postuliret; da hingegen der Kaiser seinen Prinz Leopold Wilhelm dem Capitel mit Macht aufzudringen sucht.

Ferdinands II Schreiben an den Churfürst, in welchem er ihm abmahnet, dem Domcapitel zu Magdeburg zu willfahren, nebst andern hieher gehörigen Schriften, in Theatro Europaeo T. I. p. 1082.

1629. 19. Das Restitutionsedict wird publiciret. So wohl die übrigen protestantischen Fürsten, als insbesondere Johann Georg be-

Achte Abtheilung

beschweren sich höchlich darüber; welches nichts fruchtet.

Restitutionsedict in Lünigs Reichsarchive, part. spec. S. l. p. 860.

20. Wegen der vor hundert Jahren übergebenen augsburgischen Confeßion, wird in den gesammten sächsischen Ländern ein Jubiläum gefeyert. 1630.

21. Zu Leipzig wird eine Zusammenkunft beliebet wegen des Restitutionsedictes, und darauf beschlossen, auf allen Fall Gewalt mit Gewalt zu vertreiben.

Handlung des leipziger Convents (ap. Londorp. T. IV. p 130.)

22. Weil sich auch so wohl Lutheraner als Reformirte in der äussersten Gefahr sehen: so wird eben daselbst eine Unterredung angestellet, um beyde Religionen mit einander zu vereinigen; welches doch vergeblich ist.

23. Gustav Adolph landet in Pommern. Sachsen mag anfänglich nicht mit ihm in Bündniß treten; siehet sich aber bald darauf gezwungen, die schwedische Hülfe zu suchen.

24. Tilly zerstöhret Magdeburg. 1631.

EVCHARII ELEVTHERII fax Magdeburgica.

TREVERI diff. de excidio Magdeburgico.

25. Der Kaiser bemühet sich vergeblich, die durch den leipziger Schluß vereinigten Stän-

Stände zu bereden, von ihrer Kriegsverfassung und Werbung abzustehen.

Kaiserl. Monitoriale in Lünigs Reichsarchive, part. spec. cont. l. p. 379.

26. Tilly fällt in Meisen ein, in der Absicht, den Churfürst entweder vom leipziger Bunde abzuziehen, oder von Land und Leuten zu verjagen.

27. Er nimmt Leipzig ein. Bey diesen Umständen siehet der bedrängte Churfürst nichts anders für sich übrig, als sich mit dem König in Schweden zu verbinden.

Verbündniß Churf. Joh. Georg I. mit Schweden in Lünigs Reichsarchive, part. spec. s. IV, von Sachsen p. 164.

28. Erste leipziger Schlacht, an welche Tilly gar ungern gehet. Die Kaiserlichen werden geschlagen, und Tilly beynahe selbst gefangen.

29. Die Protestanten bekommen durch diesen Sieg frischen Muth, und die kaiserlichen Absichten werden auf einmahl verrückt. Die Schweden gehen unter der Anführung ihres Königes durch Thüringen ins Reich. Die Sachsen aber, nachdem sie Leipzig wieder eingenommen, nach Böhmen, und erobern Prag.

30. Ferdinand giebt bey diesen Umständen Wallensteinen, welcher zuvor seiner Dienst entlassen gewesen, wieder gute Worte.

Dieser bringt in kurzem ein zahlreiches Heer 1632. auf die Beine; erobert Prag wieder, und schlägt die Sachsen aus Böhmen heraus.

31. Er geht darauf nach Meisen, und erobert, nebst andern Städten, Leipzig.

32. Deswegen kommt auch Gustav Adolph nach Meisen zurück, und liefert den Kaiserlichen das andere Treffen bey Leipzig, oder bey Lützen, in welchem er zwar bleibt, die Seinigen aber doch den Sieg davon tragen; wodurch die Kaiserlichen zum andernmahle Meisen verlassen müssen.

33. Zwischen Sachsen und Schweden entstehet ein Mißverständniß wegen des Directorii des protestantischen Kriegswesens der vier Kraise in Oberteutschland, so Oxenstiern führet.

> Bedenken, ob die obersächsischen Kraisstände zu dem auf den 1. Martii 1633 zu Frankfurt angestellten Convente zu erscheinen haben? in Struvens hist. und polit. Archive, T. II. p. 221.

34. Der Kaiser sucht Sachsen wieder zu gewinnen, und nach der nördlinger Schlacht ist der Churfürst desto geneigter zum Frieden. Es wird zwischen ihm und dem Kaiser 1635. den 28. Febr. ein Waffenstillestand getroffen.

> Lünigs Reichsarchiv, part. spec. cont. 1. p. 391.

35. Die

35. Die Friedenstractaten werden zu Leutmeritz angefangen; aber Unsicherheit halber nach Pirna verlegt, und endlich zu 1635. Prag geschlossen; folgendes Inhalts: 1) soll es der mittelbahren Stifter und Klöster halber, welche vor dem passauischen Vertrage von den Vorfahren der augsburgischen Confeßionsverwanden, eingezogen worden, bey den klaren Buchstaben des Religionsfriedens bleiben, 2) die unmittelbahren Stifter und geistlichen Güter aber, so vor dem passauischen Vertrage eingezogen, so wohl als die Stifts- und geistliche Güter, welche nach gedachtem Vertrage in die Gewalt der augsburgischen Confeßionsverwander, gekommen, sollen so viel deren die augsburgischen Confeßionsverwanden im Jahr 1625 inne gehabt, ieglichem auf 40 Jahr, von der Zeit des Friedenschlusses an zu rechnen, geruhig bleiben. Unterdessen sollen vor Ausgang der vierzigjährigen Zeit von beyderley Religionen friedliebende Stände in gleicher Anzahl niedergesetzet, und die ausgestellten Streitigkeiten, wegen der geistlichen Güther, durch gütliche Wege erörtert; ietzo aber alsbald eine und die andere Religion, wo sie im Jahr 1627 den 2. (12.) Nov. gewesen, wieder zu üben verstattet werden. Ferner soll 3) das Ertzstift Magdeburg dem Sohne des Churfürstens August, als Postulato, verbleiben, ausgeschlossen 4) die Herrschaften, Städte und

und Aemter Querfurt, Jüterbock, Dame und Burck, welche der Churfürst erblich haben soll. 5) Soll das Stift Halberstadt dem Erzherzog Leopold Wilhelm, dem Sohne Ferdinands II, verbleiben. 6) wegen Wiedereinräumung der Uebung der augsburgischen Confeßion in Böhmen und den österreichischen Erblanden dem Kaiser freyer Wille gelassen werden. 7) Das Kammergericht mit gleicher Anzahl beyderley Religionen zugethanen bestellet werden. 8) Der Kaiser und die augsburgischen Confeßionsverwanden wollen alles, was sie einander seit der Ankunft des Königs in Schweden auf teutschen Grund und Boden, genommen, und bis anhero von einem oder dem andern besessen worden, wiedergeben. 9) Es wird ferner eine vollkommene Amnestie alles dessen, was seit 1630 vorgegangen, versprochen. 10) Der Kaiser verspricht mit Beystand der interesirten Fürsten eine Kriegsmacht zu Vollstreckung dieses allen zu halten, über welche der Churfürst das Commando führen soll. 11) Soll diese Friedenshandlung, weil sie ausser einem allgemeinen Reichs- oder zum wenigsten Deputationstage geschehen, und das diesmahls aus Noth gebrauchte Verfahren dem Reiche, und dessen Gliedern, nicht nachtheilig seyn.

Pragischer Friedensschluß in Lünigs Reichsarchive, part. spec. S. I. p. 122.

Achte Abtheilung.

36. Wegen der Laußitz werden besondere Tractaten gepflogen, und dieselbe dem Churfürst erblich, doch als ein böhmisches 1636. Lehn, abgetreten.

Laußitzischer Traditionsreceß in Lünigs Reichsarchive, Part spec. S. l. p. 127.

37. Die protestantischen Fürsten sind über den pragischen Frieden sehr mißvergnügt.

IVSTI ASTERII deploratio pacis Germanicae. Paris 1636.

38 Gleichwohl nehmen sie ihn nach und nach meistens an. Die Schweden aber beschliessen, den Krieg mit aller Macht fortzusetzen. Die Sachsen und Schweden schlagen bey Dömitz und Wittstock zweymahl hinter einander, und die letztern siegen.

39. Der Churfürst hilft Ferdinand III zum römischen König wehlen, welcher nach Ableben seines Vaters die kaiserliche Regie-
1637. rung antritt.

40. Chursachsen führet zweymahl das Directorium auf dem Reichstage bey zweymahliger Vacanz des erzbischöflichen Stuhls zu Maynz.

41. Unterdessen leiden die sächsischen Lande gewaltig, und die Schweden hausen auf eine unmenschliche Art. Es kommt endlich 1645 zu einem Stillstande.

Armistitium in Lünigs Reichsarchive, part. spec. II. cont. IV. Abth. II. Abs. p. 448.

42. Dem

Achte Abtheilung.

42. Dem ohngeachtet hat Sachsen keine Ruhe, indem es von den Durchzügen der Schweden und Kaiserlichen gewaltig leidet. Endlich macht der erwünschte westphälische Friede diesen Unruhen ein Ende. Sachsen 1648. bekommt darinne die Bestätigung der Lausitz, wie auch den Besitz der geistlichen Stifter, und der magdeburgischen Aemter Querfurth, Dame, Jüterbock und Burck. Wegen des Erzstiftes Magdeburg wird beschlossen, daß es nach des Herzogs Augusts Tode, erblich an das Haus Brandenburg, als ein Herzogthum, fallen soll.

43. Die schwedischen Besatzungen bleiben noch zwey Jahr in Leipzig und andern Orten liegen, bis ihnen die im Friedenschluße versprochenen fünf Millionen Thaler ausgezahlet worden.

44. Das chursächsische Directorium cor- 1653. poris Evangelicorum kommt wieder zur Activität.

45. Der Churfürst Johann Georg 1656. stirbt. Durch seine vier Prinzen, Johann Georg II, August, Christian und Moritz, wird die albertinische Linie in vier Häuser getheilet, in das churfürstliche, weissenfelsische, merseburgische und zeizische.

Testament Joh. Georgs I. in **Lünigs** Reichsarchive, part. spec. S. IV. von Sachsen, p. 16.

K.

K. Ferdinands III. Bestätigung dieses Testaments ibid. p. 176.

Churf. Joh. Georg I. Codicill ibid. p. 177.

10. Georgii I. vita breuiter adumbrata a GOTT-LOB. FRID. SELIGMANNO, Lipſ. 1676.

a) Das churfürstliche Haus insonderheit.

Johann Georg II.

1657. 1. Tritt nach dem Tode seines Vaters die churfürstliche Regierung an, und trift mit seinen Brüdern einen Hauptreceß.

Punctation zum Hauptvertrage in Lünigs Reichsarchive, part. spec. II. cont. IV. Abth. II. Abſ. p. 785.

Freundbrüderlicher Hauptvertrag in Lünigs Reichsarchive, part. spec. II. cont. IV. Abth. II. Abſatz p. 489.

1657. 2. Sein Bruder, der Herzog August, Administrator zu Meisen, resignirt, nach dem Innhalte des väterlichen Testamentes, mit Genehmhaltung der Canonicorum. Das Stift Meisen wird den Churlanden auf ewig einverleibt.

Vergleich in Lünigs Reichsarchive, Part. spec. II. cont. IV. Abth. II. Abſ. p. 501.

3. Der Churfürst führt nach Ferdinands III Tode das Reichsvicariat.

Achte Abtheilung.

Vicariatspatent in Lünigs Reichsarchive, part. spec. II. cont. IV. Abth. II. Abſ. p. 487.

4. Er erkennt bey den damahligen Streitigkeiten zwiſchen Baiern und Pfalz den erſtern für ſeinen Collegen im Reichsvicariat.

5. Er begiebt ſich in Perſon nach Frankfurt auf den Wahltag, und ernennet aus einem beſondern Zutrauen ſeinen jüngſten Bruder Moritz unterdeſſen zum Statthalter ſeiner Länder. 1658.

6. Die Grafen von Barby ſterben aus mit Auguſt Ludwig. Die Grafſchaft fällt zwar dem Churfürſt, als Lehnsherrn, heim; es bekommt ſie aber der Herzog Auguſt, Kraft einer von ſeinem Vater erhaltenen Anwartſchaft. 1659.

7. Die Anwartſchaft auf das lauenburgiſche, welche der Kaiſer Maximilian I. im Jahr 1507, dem Hauſe Sachſen gegeben, wird auf Anſuchen des Churfürſtens nochmahls beſtätiget, wie auch die Reichsoberjägermeiſterwürde. 1660.

8. Die hennebergiſchen Lande werden getheilet. Das churfürſtliche Haus vergleicht ſich mit dem fürſtlichen, das Votum wegen Henneberg auf den Reichstägen abwechſelnd zu führen. 1660.

9. Der Churfürſt iſt vergeblich bemühet, die Streitigkeiten zwiſchen Maynz und Erfurt beyzulegen. Nachdem die Stadt wegen ihres Ungehorſams in die Acht erklärt worden:

den: so wird die Vollstreckung derselben dem Churfürsten von Maynz aufgetragen, welcher sie auch mit französischen Völkern vollstreckt.

 Iustitia protectionis Saxonicae in caussa Erfurtnnsi 1663. fol.

 Assertio Moguntina contra affectatam iustitiam protectionis Saxonicae. Mog. 1663. fol.

 Repetita defensio iustae protectionis Saxonicae in ciuitate Erfurtensi aduersus assertionem Moguntinam 1664. 4.

1665. 10. Der friedliebende Churfürst richtet mit Maynz in Leipzig einen Vergleich dieser Sache wegen auf. Die übrigen Herzoge von Sachsen treten das Jahr darauf demselben bey.

11. Der Churfürst verbindet sich mit Schweden, einander beyzustehen, dafern einer oder der andere, wider den westphä-
1666. lischen Frieden sollte angefochten werden.

 Tab. foed. in Lünigs Reichsarchive, part. spec. S. IV. p. 198.

12. Vergleicht sich zu Zinna mit Churbrandenburg, wegen der Ausmünzung der
1667. Scheidemünzen.

 Zinnischer Vergleich l. c. p. 200.

13. Der König in Dännemark, Friedrich III, erklärt den von seiner Tochter, der Churprinzeßin Anna Sophia, gebohrnen
1668. Prinzen, nachmahligen Churfürst Johann
           Georg

Georg IV, der Succeßion in Dännemark und Norwegen fähig, und erlaubt ihm den Titel: Erbe in Dänemark und Norwegen, zu führen.

Diplom. in Lünigs Reichsarchive, part. spec. cont. IV. Abth. II. Abs. p. 593.

14. Die Streitigkeiten mit Lauenburg, wegen Führung der Churschwerder, wird durch einen Vergleich gehoben, dergestalt, daß der Herzog von Lauenburg die Erlaubniß haben soll, die Churschwerder umgekehrt zu führen; bey welcher Gelegenheit Churfachsen mit Lauenburg eine Erbverbrüderung errichtet. 1671.

15. Der Streit wegen des Directorii auf dem Reichstage geht von neuen an, indem nach Absterben des Churfürsten von Maynz das Domcapitel zu Maynz dasselbe zu führen verlanget; wie sich denn auch Churcölln dazu meldet. 1675.

16. Johann Georg II stirbt. 1680.

Johann Georg III.

1. Tritt nach Ableben seines Vaters die churfürstliche Regierung an; stehet Leopolden in dem damahligen Türkenkriege mächtig bey; und hilft Wien entsetzen. 1680.

Journal über die churfächsische Armee zu Entsetzung der Stadt Wien, in Kreyßigs Beyträgen zur Hist. von Obersachsen P. II. p. 140.

2. Er

1684. 2. Er thut eine Reise nach Italien, und schliesset mit Venedig einen Tractat, kraft dessen er der Republick eine schöne Zahl der Fußvölker überlässet, um sie wider den Türken zu brauchen.

1686. 3. Er tritt mit in die augsburgische Allianz, und stehet Leopolden auch in Ungarn mit seinen Völkern bey.

1687. 4. Die Anwartschaft aufs Lauenburgische wird nochmahls bestätiget.
Diploma in Lünigs Reichsarchive, part. spec. S. IV. von Sachsen p. 223.

1688. 5. Der Churfürst thut eine Reise nach Holland; und als Frankreich den zwanzigjährigen Stillstand bricht, so geht er mit einem treflichen Heere wieder an den Rhein, und thut den Unternehmungen der Feinde des Vaterlandes Einhalt.

1689. 6. Das Jahr darauf geht er wieder zu der Armee. Er hilft Maynz belagern, und erobern.

1689. 7. Der letzte Herzog von Sachsen-Lauenburg, Julius Franciscus, geht mit Tode ab. Der Churfürst lässet kraft seiner Gerechtsame von dem eröfneten Herzogthum Besitz nehmen.

8. Es finden sich aber auch noch andere, welche darauf Anspruch machen, nämlich Anhalt, das ernestinische Haus Sachsen, das Haus Braunschweig-Lüneburg, und
Meck-

Mecklenburg. Der Herzog Georg Wilhelm zu Zelle besetzet das Herzogthum mit seinen Völkern.

> FRID. PHIL. STRVBII vindiciae iuris Brunsuicensis et Luneburgensis in ducatum Saxo-Lauenburgicum, Goett. 1754. 4.

9. Weil das teutsche Vaterland ohnehin bedrängt genug ist: so will der patriotische Churfürst seinen Anspruch lediglich dem Ausspruche des Kaisers anheim stellen.

10. Er trift mit Churbrandenburg und Braunschweig den leipziger Receß wegen der Münze. 1690

> Receß in Lünigs Reichsarchive, part. spec. S. IV. von Sachsen p. 235.

11. Er befördert die römische Königswahl 1690. Josephs, und gehet abermahls wider die Franzosen am Oberrheinstrom zu Felde.

12. Spüret einen grossen Abgang der Kräfte, und bedient sich deßwegen des töplizer Bades. Die Aerzte rathen ihn, dem Feldzuge nicht beyzuwohnen. Er aber ziehet die Wohlfarth des bedrängten Vaterlandes seiner Gesundheit vor, weil ihm bereits vom Kaiser und Reiche das Obercommando über die Reichsarmee aufgetragen worden.

13. Er begiebt sich also wieder an den Rhein, und fängt die Kriegseperationen an. Erkrankt aber; lässet sich nach Tübingen 1691. bringen, und stirbt daselbst.

Johann Georg IV.

1691. 1. Tritt nach dessen erfolgten Absterben die Regierung an, und stiftet den Ritteror-
1692. den der guten Freundschaft.

1692. 2. Vermählt sich mit Eleonora Erd-muth Louise, einer Tochter des Herzogs Johann Georgs zu Eisenach, und des Markgrafs Johann Friedrichs zu Ans-bach Wittwe.

3. Schließt einen Tractat mit dem Kai-ser Leopold, und schickt, Kraft desselben, 12000 Mann, nebst einer schönen Artillerie, ins Reich wider die Franzosen. Er begiebt sich selbst zur Armee.

<small>Tractat mit dem Kaiser in Lünigs Reichsarchi-ve, part. spec. II. Cont. IV. Ath. II. Abs. p. 694.</small>

4. Als er sich zum Feldzuge des folgenden Jahres rüstet: so stirbt er an den Kinder-
1694 blattern ohne Leibeserben.

Friedrich August I.

1694. 1. Tritt nach erfolgtem Absterben seines Bruders, Johann Georgs IV, die churfürst-liche Regierung an, und schließet mit dem Kaiser Leopold einen Tractat, Kraft des-sen der Churfürst dem Kaiser acht tausend Mann überläßet, und das Obercommando über das kaiserliche Heer in Ungarn auf sich

sich nimmt; auf eben die Art, wie es etliche Jahre vorher der Churfürst von Baiern geführet.

2. Er ersicht den 17. Aug. bey Temes- 1696. war einen vollkommenen Sieg über die Türken.

3. Unterdessen stirbt der König in Pohlen, Johannes III Sobiesky. Es finden sich verschiedene Kroncandidaten; unter andern der Prinz von Conti, Franz Ludwig, und der Churfürst von Sachsen, Friedrich August. Der leztere gelangt, nachdem er sich zur römischcatholischen Kirche gewendet, 1697. unter dem Namen Augusts II, auf den Thron.

4. Er thut seinen getreuen Sachsen die Versicherung, daß ob er wohl für seine Person die römischcatholische Religion angenommen habe, er doch die Landstände und sämmtliche Unterthanen bey der augsburgischen Confeßion, wohlhergebrachten Gewissensfreyheit, Kirchen, Gottesdienst, Cärimonien, Universitäten, Schulen und allen andern Prärogativen, wie sie solche anieto besitzen, kräftigst handhaben, und keine Veränderung desfalls vornehmen, noch gestatten, auch niemand zu seiner angenommenen Religion zwingen wolle; welche gnädigste Erklärung hernach mehr als einmahl wiederholet und bestätiget wird.

K. Augusti II Declaration die Religion in seinen Landen in unverrükten Stande zu lassen, in Lünigs Reichsarchive, part. spec. S. IV. von Sachsen p. 239.

5. Wie denn auch das Directorium corporis Euangelicorum beym Churhause Sachsen verbleibet.

6. Der König sorgt unter den vielen Geschäften, welche ihm die erlangte Krone verursacht, väterlich für seine sächsischen Lande, und ordne: eine Generalcommißion an, welche alle im Lande eingeschlichene Mißbräuche untersuchen und abschaffen, und es immer in blühendern Zustand setzen soll.

7. Indem dieses alles vorgehet: so schliesset Friedrich August mit dem Herzog zu Zelle den Vergleich wegen Lauenburg, und lasset gegen 1100000 Gulden sein Recht darauf fahren; bedingt sich aber, nebst Führung des Titels und Wappens eines Herzogs von Engern und Westphalen, aus, daß im Fall der männliche Stamm des gesammten Hauses Braunschweig-Lüneburg abgehen würde, Lauenburg an Chursachsen fallen sollte.

8. Die Irrungen, welche sich nach dem westphälischen Frieden zwischen den beyden Häusern Sachsen und Brandenburg wegen der Aemter Lauenburg, Seveckenberg und Gersdorf, wie auch der Erbvogtey von Quedlinburg hervorgethan, werden

gestalt gehoben, daß besagte Aemter und Erbvogtey mit allem Zugehör, über dieses das Reichsschulzenamt in Nordhausen, mit allen dazugehörigen Rechten, gegen 300000 Thaler an Brandenburg überlassen wird.

9. Receß mit Schwarzburg, in welchen sich Chursachsen gegen eine Summe Geldes von aller Landeshoheit lossagt, und sich nur die Lehnsherrlichkeit vorbehält; welcher Re-1699. ceß aber, nebst dem im Jahr 1702 errichteten, nachmahls wieder über den Haufen geworfen worden.

    Gründliche Nachricht, was es mit denen zwischen Ihrer königl. Majestät in Pohlen und und Churfürstl. Durchl. zu Sachsen, und dem Hause Schwarzburg 1699 und 1702 errichteten Recessen vor eigentliche Bewandniß habe, und warum dieselben vor gültig und beständig nicht zu achten. Dresden, fol.

10. Der König errichtet den 5. Febr. mit 1700. dem Herzog Joh. Georg von Weissenfels einen Vergleich wegen des directorii beym corpore Euangelicorum, Kraft dessen dieser die evangelischen Angelegenheiten, mit Zuziehung des geheimden Rathscollegii zu Dreßden, zu besorgen bekommt.

11. Unterdessen entzündet sich das Kriegsfeuer im Norden. Der König von Pohlen ist bemühet den beschwornen pactis conuentis, sonderlich dem Artickel de auulsis recuperandis, eine Genüge zu thun. Und da

K. Augusts II Declaration die Religion in seinen
Landen in unverrückten Stande zu lassen, in
Lünigs Reichsarchive, part. spec. S. IV. von
Sachsen p. 239.

5. Wie denn auch das Directorium corporis Euangelicorum beym Churhause
Sachsen verbleibet.

6. Der König sorgt unter den vielen Geschäften, welche ihm die erlangte Krone verursacht, väterlich für seine sächsischen Lande,
und ordnet eine Generalcommißion an, welche alle im Lande eingeschliechene Mißbräuche untersuchen und abschaffen, und es immer in blühendern Zustand setzen soll.

7. Indem dieses alles vorgehet: so schliesset Friedrich August mit dem Herzog zu
Zelle den Vergleich wegen Lauenburg, und
lässet gegen 1100000 Gulden sein Recht
darauf fahren; bedingt sich aber, nebst Führung des Titels und Wappens eines Herzogs von Engern und Westphalen, aus,
daß im Fall der männliche Stamm des gesammten Hauses Braunschweig-Lüneburg
abgehen würde, Lauenburg an Chursachsen
fallen sollte.

8. Die Irrungen, welche sich nach dem
westphälischen Frieden zwischen den beyden
Häusern Sachsen und Brandenburg wegen
der Aemter Lauenburg, Seveckenberg
und Gersdorf, wie auch der Erbvogtey
von Quedlinburg hervorgethan, werden

den

gestalt gehoben, daß besagte Aemter und
Erbvogtey mit allem Zugehör, über dieses
das Reichsschulzenamt in Nordhausen, mit
allen dazugehörigen Rechten, gegen 300000
Thaler an Brandenburg überlassen wird.

9. Receß mit Schwarzburg, in welchen
sich Chursachsen gegen eine Summe Geldes
von aller Landeshoheit lossagt, und sich nur
die Lehnsherrlichkeit vorbehält: welcher Re- 1699.
ceß aber, nebst dem im Jahr 1702 errichteten, nachmahls wieder über den Haufen
geworfen worden.

> Gründliche Nachricht, was es mit denen zwi-
> schen Ihrer königl. Maiestät in Pohlen und
> und Churfürstl. Durchl. zu Sachsen, und
> dem Hause Schwarzburg 1699 und 1702 er-
> richteten Recessen vor eigentliche Bewandniß
> habe, und warum dieselben vor gültig und
> beständig nicht zu achten. Dresden, fol.

10. Der König errichtet den 5. Febr. mit 1700.
dem Herzog Joh. Georg von Weissenfels
einen Vergleich wegen des directorii beym
corpore Euangelicorum, kraft dessen dieser die evangelischen Angelegenheiten, mit
Zuziehung des geheimden Rathscollegii zu
Dreßden, zu besorgen bekommt.

11. Unterdessen entzündet sich das Kriegsfeuer im Norden. Der König von Pohlen
ist bemühet den beschwornen pactis conuentis, sonderlich dem Artickel de auulsis recuperandis, eine Gnüge zu thun. Und da

T 3   über

über dieses Schweden dem im olivischen Frieden geleisteten Versprechen, die an diese Krone abgetretene Provinz Liefland bey ihren Freyheiten und Privilegien zu lassen, und zu schützen, zeithero schnurstracks zuwider gehandelt, und den liefländischen Adel hart gedrückt; so beschliesset Augustus Liefland bey dieser Gelegenheit wieder zur Krone Pohlen zu bringen, welches der zu ihm geflohene Johann Reinhard von Patkul, als eine Sache, die sehr leicht ins Werk zu richten, vorstellet. Augustus schliest also mit Dänemark und Rußland ein Bündniß gegen Schweden; worauf die Kriegsoperationen in Liefland angehen.

12. Der König von Schweden geht, nachdem er Dänemark zum travendahler Frieden genöthiget, auf Augusten II los. Seine Waffen sind beständig glücklich in Pohlen. Ja er bringt es dahin, daß ihm von der warschauischen Conföderation der Stanislaus entgegen gesetzt wird.

1705.

13. Endlich dringt Carl XII nach der Schlacht bey Fraustadt in Sachsen ein.

1706.

Patent des Königs im Theatro Europ. T. XVII, p. 131

14. Augustus beschliesset mit Schweden Friede zu machen. Zu Altranstadt wird derselbe den 14. Sept. von dem churfürstlichen geheimen Rathe, Anton Albrecht von Imhof, und dem geheimen Referendario,

Georg

Achte Abtheilung.

Georg Ernst Pfingsten, mit den königlich schwedischen Ministern, Graf Carl Pipern, und Olao Hermelin, in aller Eil, aber auch zum Schaden Augusts, und seiner Länder, geschlossen.

Vollmacht für Pfingsten und Imhof in Theatro Europ. T. XVII. p. 130.

Altranstädter Friede ibid. p. 139.

Schwedische und Sächsische Staatskanzley. Cölln, 1708. 8.

15. Indem Augusts Bevollmächtigte in Sachsen sind: so ersicht er in Person über den General Mardefeld bey Kalisch einen vollkommenen Sieg; der ihm aber nichts hilft. Er geht nach Sachsen, in der Hofnung, seine persönliche Gegenwart werde den König Carl bewegen, sich gelinder zu erzeigen, als in dem altranstädter Frieden geschehen war; muß aber mit Gelassenheit ansehen, daß es bey dem gemachten nachtheiligen Friedensschluß sein Bewenden hat; da hingegen die Wohlgesinnten in Pohlen sich an das, was in Sachsen abgehandelt worden, nicht kehren.

16. Carl, welcher sich einmahl vorgenommen, Sachsen auszusaugen, macht immer neue Forderungen, und Augusten nichts angehenden Vorwand, warum er Sachsen nicht verlassen will; bis er endlich, nachdem er nichts mehr aufzubringen weiß, dieses reiche Land zu verlassen sich genöthiget siehet;

da denn Patkul, welcher, kraft des altranstädter Friedens an ihn ausgeliefert werden müssen, auf dem Zuge zwischen Posen
und Slupza lebendig gerädert wird.

Gründliche, jedoch bescheidentliche Deduction
der Unschuld Herrn Joh Reinholds von Patkul, Sr. Königl. Majest. in Pohlen und churfürstl. Durchl. zu Sachsen geheimden Kriegs-
rathes. Leipzig, 1701. 4.

17. Die zeithero ungemein gedrückten chursächsischen Länder erhohlen sich, nach dem
Abzuge ihrer beschwerlichen Gäste, hauptsächlich durch die väterliche Fürsorge Augusts. Denen beyden unglücklichen Frie-
densmachern aber, Imhofen und Pfingsten wird durch unpartheyische, zu Untersuchung ihrer Sache und ganzen Aufführung
niedergesetzte Staatsleute und Rechtsgelehr-
te, das Urtheil gesprochen, Kraft dessen Imhofen ewige Gefängenschaft, Pfingsten
aber die Todesstrafe zuerkannt wird; welches letzte aber Augustus gleichfalls in ein
ewiges, doch gelindes Gefängnis verwandelt.

18. Die chursächsische Kriegsmacht wird
wieder in guten Stand gesetzet, und 9000
Mann davon unter dem Commando des Generals Schulenburg in die Niederlande
geschickt.

1708. 19. Der Kaiser Joseph erneuert Augusten die Oberreichsjägermeister Würde.

Di-

Achte Abtheilung.

Diploma in Lünigs Reichsarchive, part. spec. II, cont. IV. Abth. II. Abs. p. 735.

20. Augustus thut seine Befugniß dar zu den vier alten Reichsvotis, nämlich wegen der Landgrafschaft Thüringen, Markgrafschaft Meissen, des Burggrafthums Magdeburg und Burggrafthums Meissen; welche auch durch ein kaiserliches Commißionsdecret dem Reichsprotocoll einverleibt, und nachdrücklich empfohlen wird.

Commißionsdecret in Lünigs Reichsarchive, part. spec. II. cont. IV. Abth. II, Abs. p. 735.

21. Es regt sich wider dieses Suchen nicht nur das herzogliche Haus ernestinischer Linie, sondern auch der König von Preussen wegen Magdeburg. Worauf Churfachsen eine Declaration an das Reich thun lässet, daß das thüringische Land- und magdeburgisch burggräfliche Votum ausgesetzt seyn solle; wogegen es auf die Readmission der beyden andern Votorum wegen des Mark- und Burggrafthums Meissen desto nachdrücklicher dringt.

22. Der König geht in die Niederlande, 1708. wohnet der Belagerung von Ryssel bey; spricht auch im Haag ein; und macht daselbst verschiedene Sachen von Wichtigkeit mit den Generalstaaten aus; worauf er nach Dresden zurückkehret, woselbst ihn der König Fried-

Friedrich IV von Dänemark auf seiner Rückreise aus Italien besucht.

23. Unterdessen wird Carl XII bey Pultawa geschlagen, und fliehet zu den Türken. Das Bündniß der nordischen Kronen gegen ihn wird erneuert. Der König August geht wieder nach Pohlen, und legt seine hohen Gerechtsame durch ein Manifest der Welt vor Augen. Es unterwirft sich ihm alles, als dem rechtmäßigen Könige.

1709.

Manifest in Lünigs Reichsarchive, Part. spec. S. IV. von Sachsen, p. 248.
Memoires sur les dernieres Revolutions de la Pologne, où l'on justifie le retour du Roi Auguste, par un Gentilhomme Polonois, à Rotterdam. 1710. 8.

24. Der König von Schweden will die wegen seiner teutschen Provinzen mit dem schwedischen Reichsrathe abgeredete Neutralität nicht genehm halten. Weswegen Augustus dienliche Maasregeln wider dessen Absichten, die auf einen abermahligen Einfall in Sachsen gehen, ergreift.

1710. 25. Der Kaiser Joseph stirbt. Augustus führet, nebst Churpfalz, das Reichsvicariat, und beschickt die Kaiserwahl.

Vicariatspatent in Lünigs Reichsarchive, part. spec. II. cont. IV. Abth. II. Abs. p. 754.

26. Nach dem Tode des Herzogs Johann Georg I von Weissenfels werden wegen des Directorii corporis Euangelicorum

corum dem Churhause neue Streitigkeiten 1712;
erregt; aber auch glücklich beygelegt.

27. Augustus löset das von der Grafschaft Mannsfeld zur Zeit des schwedischen 1715.
Einbruchs verpfändete Stück Landes wieder
ein.

28. Carl XII kommt nach einem gewal-
tigen Umschweife wieder in Stralsund an.
Er will das in seiner Abwesenheit mit dem
König in Preußen wegen Stettin und Pommern errichtete sequestrum conventionale
nicht genehm halten, und treibt die preußischen Völker aus Wolgast, Anklam und
Usedom. Worauf die chursächsischen, preuß-
sischen und dänischen Völker den König in
Stralsund belagern, und diesen Ort, nachdem ihn der König verlassen, erobern. Bald
darauf geht auch Wißmar über.

29. Auf dem Reichstage setzt es wegen
des directorii corporis Euangelicorum
neue Bewegungen. Es verbleibt aber dem
Churhause Sachsen.

Fasciculi septem verschiedener Schriften, welche bey Gelegenheit der Religionsänderung
ihrer Hoheit des Churprinzens von Sachsen,
über der Frage: Ob das directorium inter
Euangelicos bey Chursachsen zu lassen oder
nicht? wie auch anderer dahin einschlagender
Puncte, auf dem Reichstage zu Regenspurg
unter der Hand communiciret worden. Hall,
1718. 1729. 4.

30. Carl

1718. 30. Carl XII, Augusts Todfeind, bleibt vor Friedrichshall. Worauf es zwi-
1720. schen Pohlen und Schweden zum Frieden kommt. Auch werden einige Jahre hernach die Mißhelligkeiten, so noch zwischen Schweden und Augusten, als Churfürsten von Sachsen, vorgewaltet, gehoben.

31. Unterdessen kommt mit Schwarzburg der Hauptreceß zu Stande, in welchem Chursachsen die fürstliche Würde des
1719. Hauses Schwarzburg erkennet, und sich der Landeshoheit, was Reichs- und Böhmische Lehne betrift, vollkommen, und was die andern betrift, auf gewisse Masse und Bedingungen begiebt.

Hauptreceß in Heidenreichs Historie des Hauses Schwarzburg, p. 321.

1730. 32. Campement bey Mühlberg.
Ausführliches und richtiges Journal des Lustcampements bey Mühlberg in Sachsen 1730. Magdeburg 1730. 4.

33. Während demselben wird das Andenken der zweyhundert Jahr zuvor übergebenen augsburgischen Confeßion durch ganz Sachsen drey Tage lang, und im Campement selbst einen Tag, gefeyert.

1732. 34. Der Streit mit Maynz wegen des directorii auf dem Reichstage wird wieder rege.

35. Der

35. Der unermüdete Augustus begiebt sich des Reichstages wegen nach Warschau 1733. und stirbt daselbst.

36. Noch einige Merkwürdigkeiten von seiner Regierung.

 a) Errichtung der herrlichen Porcellanfabrick, 1709.

 b) Setzung der Wegsäulen in Chursachsen.

SCHRAMMII Saxonia monimentis viarum illustrata.

Dav. Faßmanns Leben und Thaten Friedrich Augusti des grossen. Hamb. 1733. 8. Frankf. 1734. 8.

Das glorwürdigste Leben und die unvergleichlichen Thaten Friedrich Augusts des grossen, Königs in Pohlen und Churf. zu Sachsen von Johann Christian Gotthelf Budáo. Leipzig, 1734. fol.

Friedrch August II.

1. Tritt nach erfolgtem tödlichen Hintritt seines Herrn Vaters die churfürstliche Regierung an, und erneuert die Religionsassecuration. 1733.

2. Garantiret die pragmatische Sanction, und verbindet sich noch genauer mit dem Kaiser.

       3. Er

3. Er gelangt auch auf den pohlnischen Thron.

4. Stiftet den Heinrichsorden.

5. Der letzte Graf von Hanau Johann Reinhard, geht mit Tode ab. Das Churhaus Sachsen macht Ansprüche auf seine Länder wegen der obgedachten, vom Kaiser Ferdinand II erhaltenen, und hernach einige mahl bestätigten, Anwartschaft.

6. Hingegen nimmt Hessen-Cassel die münzenbergischen Allodia, vermöge eines 1641 errichteten Erbvergleichs, in Anspruch. Auch regt sich Hessen-Darmstadt, weil der Landgraf Ludwig des letzten Grafen einzige Tochter, Charlotta Christina, zur Gemahlin gehabt.

7. Die Sache wird dahin verglichen, daß die darmstädtische Linie die lichtenbergischen Länder; Chursachsen die Aemter Frauensee und Landeck, wie auch den heßischen Antheil von Trefurt und eine Summe Geldes; das übrige Cassel bekommt.

8. Die älteste königliche Prinzeßin Maria Amalia, wird mit Carln damahligen König beyder Sicilien, vermählet.

Johann Ulrich Königs vollständige Beschreibung aller Solennitäten bey dem hohen Königl. Sicilianischen Vermählungsfest zu Dresden 1738 im Maymonat. Dresden 1739. fol.

1740. 9. Nach Carls VI Tode tritt Augustus, als Churfürst von Sachsen, das
Reichs-

Reichsvicariat an, und thut die Erklärung, daß er gesonnen sey, sich der wegen der österreichischen Erbfolge regulirten Verfassung, so wie dieselbe in der von den meisten europäischen Mächten angenommenen und garantirten pragmatischen Sanction enthalten, ferner zu conformiren. Fügt aber auch dieser Declaration die Clausel an, wie er sie unter der ausdrücklichen Bedingung gethan haben wolle, daß die pragmatische Sanction nach ihrem völligen Innhalt bey Kräften erhalten; derselben auch von niemand, wer es auch seyn möchte, der geringste Abbruch zugefüget würde; widrigenfalls er versichern müsse, daß er in solchem Falle sich allein von einer Succeßion nicht würde ausschliesen lassen, die ihm und seinem königlichen Churhause, vermöge bestgegründeter, und allen andern Prätensionen weit vorzüglicher Gerechtsame ganz und gar zufallen sollte.

10. Er protestiret gegen die dem Herzog von Lothringen und Großherzog von Toscana von seiner Gemahlin übertragene Mitregentschaft und Vertretung der böhmischen Churstimme.

11. Zu Dresden wird eine Reichsvicariatscommission niedergesetzt.

12. Die Irrungen mit der Königin von Ungarn gehen fort, und endlich trägt der König, laut nur gedachter Bedingung und Re-
ser-

servation, Bedenken, länger stille zu sitzen; sondern erachtet für nöthig, solche Maasregeln zu ergreifen, dadurch seine Gerechtsame in Sicherheit gestellet werden.

13. Er tritt dem Bündniß mit dem König in Preußen, Churbaiern und Frankreich bey; worauf seine Völker in Böhmen einrücken.

14. Prag wird von den Sachsen erobert.

15. Sie vereinigen sich, nach der Ankunft des Churfürstens von Baiern in Prag, in dasiger Gegend mit den baierischen Völkern, und dringen darauf in Mähren ein.

16. Carl VII wird zum Kaiser erwehlt.

1742. 17. Nachdem zwischen dem König von Preussen, und der Königin von Ungarn, der breslauer Friede geschlossen worden: so ziehet der König seine Völker aus Böhmen zurück; macht gleichfalls Friede mit der Königin von Ungarn; und verbindet sich mit ihr genauer.

18. Zwischen Kaiser Carln VII, dem König von Preussen, dem Churfürst von der Pfalz, und dem König in Schweden, als Landgrafen von Hessen-Cassel, wird der frankfurthische Unionsreceß errichtet, und darauf rückt ein preußisches Kriegsheer von 80000 Mann durch Sachsen und in die Laußitz in Böhmen ein. Hingegen kommt eine sächsische Armee von 22000 Mann, unter dem Commando des Herzogs von

von Weissenfels, der Königin von Ungarn zu Hülfe, welche den 23. Oct. zu dem ungarischen Kriegsheere stösset.

19. Warschauer Bündniß zwischen dem König August III, der Königin von Ungarn Maria Theresia, dem König von Großbritannien Georg II, und den Holländern.

20. Der Kaiser Carl VII stirbt. Friedrich August übernimmt das Reichsvicariat zum andernmahle, und das Vicariatsgerichte zu Dresden wird eröfnet.

21. Zwischen den beyden hohen königlichen Churhäusern, Sachsen und Brandenburg, kommt es zu einem öffentlichen Bruch, und die königl. preußischen Völker rücken an zwey Orten in Chursachsen ein.

22. Die Oesterreicher vereinigen sich mit den Sachsen; worauf es den 15. Dec. zu dem blutigen Gefechte bey Kesselsdorf kommt, in welchem die preußischen Völker siegen.

23. Hierauf ergiebt sich Dresden, und damit endigen sich die kriegerischen Unternehmungen. Dann den 12. Dec. wird der Friede zwischen Sachsen und Preussen unterzeichnet. Der König von Preussen tritt alle eingenommene Oerter, so wohl in der Laußitz, als in Sachsen, wieder ab; nur den einzigen Ort Schidlo in der Niederlausitz

ausgenommen; dagegen Sachsen ein Aequivalent bekommt. Hingegen garantiret Friedrich August den breslauer Frieden.

24. **Vermählung der Prinzeßin Maria Josepha mit dem Dauphin.**

Nachricht von den Solennitäten bey dem Vermählungsfeste der Kön. Pohl. und churfächsi= Prinzeßin Maria Josepha, mit Sr. Königl. Hoheit dem Dauphin von Frankreich 1747. im Jan. 1747. 4.

25. Doppelte Vermählung, die erste zwischen dem damahligen königl. Churprinz, Friedrich Christian, und der kaiserl. Churprinzeßin, Marien Antonien; die zweyte zwischen dem Churfürsten von Baiern Carl Maximilian, und der königl. pohlnischen Prinzeßin Maria Anna Sophia.

Historische Nachricht von den Solennitäten bey der doppelten hohen Vermählung zu Dresden 1747. 4.

1755. 26. Churfachsen lässet, nachdem die fürstl. Häuser Taxis und Schwarzburg in den Reichsfürstenrath eingeführet worden, aufs neue um die Wiederherstellung der landgräf= lich=thüringischen, markgräflich= meisnischen, burggräfl. meisnischen und querfurtischen Stimmen ansuchen.

1756. 27. Der König schließet mit Venedig einen Commercientractat auf 15 Jahr.

28. We=

28. Wegen verschiedener Irrungen mit dem königlich preußischen Hofe wird zu Halle eine Commißion angestellt; welche aber fruchtlos ist.

29. Als darauf zwischen Preußen und Oesterreich abermahls Irrungen entstehen: 1756. so wird Sachsen wieder der Schauplaz des Krieges.

30. Endlich stellet der hubertsburger Friede die Ruhe wieder her. 1763.

31. Der König kommt aus Pohlen, wohin er sich nach dem Anfange des Kriegs gewendet, wieder in seine Erblande zurück, und stirbt noch in dem nämlichen Jahre.

Friedrich Christian.

Tritt nach des Vaters Ableben die chur- 1763. fürstliche Regierung an; folgt ihm aber einige Monathe hernach im Tode nach.

Friedrich August III.

Ist bey dem Absterben seines Herrn Vaters noch minderjährig; weswegen sein durchlauchtigster Herr Oheim, Prinz Xaverius, die Vormundschaft führet, und zur Aufnahme der chursächsischen Länder die herrlichsten Anstalten trift.

b) Das

b) Das abgestorbene Haus Sachsen-Weissenfels.

Augustus,

1. Churfürst Johann Georgs I anderer Sohn, wird zum Coadiutor des Erzstifts Magdeburg postuliret. 1625.

1628. 2. Er erlangt das Erzbisthum Magdeburg wirklich, und wird darinne so wohl im pragischen, als westphälischen Frieden bestätiget. Auch ist er Administrator des Stifts Meisen.

3. Kraft des väterlichen Testamentes bekommt er über dieses ausehnliche Erblande, nämlich: Querfurt, Dame, Jüterbock, Burg, Sachsenburg, Eckartsberge, Weissensee, Freyburg, Sangerhausen, Langensalze, Nebra, Sittichenbach, Heldrungen, Wendelstein, und Weissenfels. Hingegen tritt er Meisen seinem Bruder, dem Chnrfürst, ab, welches den Churlanden einverleibt wird. 1656.

4. Weil in dem väterlichen Testamente verschiedene Differentien unausgemacht gelassen worden: so trift August, nebst seinen zwey jüngern Brüdern, mit dem ältesten einen Hauptreceß, Kraft dessen der Herzog August über vorige Erbschaft, von seinem Bruder, dem Churfürst Johann Georg II,

noch

Achte Abtheilung.

nach Thomasbrücken, Röblingen, Laucha, Mücheln, und Kindelbrück, nebſt den Klöſtern und Stiftern Beutiz, Langendorf, Weiſſenfels, Remsdorf, Bornroda, Kölleda, Salza, Kaltenborn, Rohrbach, Zwirſt und S. Ulrich bekommt.

5. Er trift darauf mit dem Churfürſt wegen der Steuervertheilung und der Schriftſaſſen beſondere Vergleiche.

Vertrag wegen der Schrift- und Amtſaſſen in Lünigs Reichsarchive, part. ſpec. II. cont. IV. Abth. II. Abſ. p. 789.

6. Der letzte Graf von Barby, Auguſt 1659. Ludwig, geht mit Tode ab. Die Grafſchaft fällt zwar, als ein Lehn, an Churſachſen. Allein, Kraft des Teſtamentes Johann Georgs I, wird ſie dem Herzog Auguſt erblich eingeräumet.

7. Er trift abermahls einen Vergleich zu 1663. Leipzig mit ſeinem Bruder dem Churfürſt, wegen der Schriftſaſſen in Thüringen, und des vom Herzog zu ſuchenden Sitzes und Stimme auf dem Reichstage, unter dem Aufruf Sachſen-Querfurt. Dieſes wird auch eingeſtanden.

Vergleich in Lünigs Reichsarchive, part. ſpec. S. IV. von Sachſen p. 195.

Kaiſerl. Commißionsdecret an das churmayntziſche Reichsdirectorium auf dem Reichstage zu

Regensburg wegen Sitz und Stimme des Herzog Augusts, ratione Querfurt, ib. cont. II. Abth. IV. Abf. 29. p. 696.

1663. 8. Die Augustusburg zu Weissenfels wird zu bauen angefangen.

1664. 9. August stiftet zu Weissenfels ein academisches Gymnasium, welches nach seinem Namen genennet wird.

1668. 10. Zwischen ihm und dem Churfürst Johann Georg III thun sich abermahls Zwistigkeiten hervor. August lässet eine harte Schrift ausgehen, unter dem Titul: Grauamina Augusti ducis Saxoniae, DE IVRE HEREDITARIO ATTENVATO et non obseruatis pactis. 4. Welches den Churfürst beweat, das grosväterliche Testament, und den brüderlichen Hauptreceß, in einer im Jahr 1680 auf dem Landtage übergebenen Protestation zu verwerfen.

1680. 11. August stirbt in diesen Streitigkeiten zu Halle. Nach seinem Tode geht die fruchtbringende Gesellschaft ein, als deren letztes Oberhaupt er gewesen.

Johann Adolph I.

1. Folgt seinem Vater in der Regierung der von ihm erblich besessenen Aemter und Städte, und hält zu Weissenfels seinen Einzug, nach-

Achte Abtheilung.

nachdem er zuvor das Stift Magdeburg an Brandenburg überlassen.

2. Er trift mit dem Churfürst Johann Georg III den torgauischen Vergleich wegen der thüringischen Schriftsassen in den Aemtern Weissenfels und Freyburg, und anderer Puncte. 1681.

Vergleich in Lünigs Reichsarchive, part. spec. S. IV. von Sachsen p. 208.

3. Auch werden die noch übrigen Irrungen durch den Elucidationsreceß beygelegt. 1682.

Elucidationsreceß in Lünigs Reichsarchive, part. spec. cont. II. IV. Abth. II. Abs. p. 646.

4. Er vergleicht sich auch mit Brandenburg wegen der vier eximirten Aemter. 1687.

5. Er wird vom Kaiser zum erstenmahle mit dem Fürstenthume Querfurt beliehen. 1688.

6. Er stirbt. 1697.

Johann Georg.

1. Stehet nach Ableben seines Vaters anfänglich unter der Vormundschaft des Königs in Pohlen und Churfürstens von Sachsen; welcher ihn aber bald auf eine feyerliche Weise vor mündig erkläret. 1698.

2. Und nicht lange hernach mit ihm einen Vergleich wegen des directorii beym cor- 1709.
pore

pore Evangelicorum aufrichtet, Kraft dessen er die evangelischen Angelegenheiten mit Zuziehung des geheimden Rathscollegii zu Dresden zu besorgen bekommt.

1704. 3. Der Herzog stiftet den Ritterorden der edlen Leidenschaft.

Ordensstatuta in Lünigs Reichsarchive, part. spec. II. cont. IV. Abth. II. Abs. p. 729.

1712. 4. Stirbt zum grösten Leidwesen seiner getreuen Unterthanen frühzeitig.

Christian.

1712. 1. Hat seinen Sitz zu Frankenhausen, bis er nach dem Tode seines Bruders zur Regierung gelanget.

2. Welche er vier und zwanzig Jahr lang führet.

1736. Er stirbt ohne Leibeserben.

Johann Adolph II.

1736. 1. Tritt nach Ableben seines Bruders die Regierung an, und bekommt den Orden des blauen Hosenbandes.

2. Hat in dem oesterreichischen Erbschaftskriege Gelegenheit, seine schon zuvor von Jugend an sattsam bewiesene Tapferkeit und Klugheit, aufs neue zu zeigen.

3. Stirbt

3. Stirbt ohne männliche Leibserben zu 1746. hinterlassen, und ist der letzte von diesem Hause. Seine Länder fallen an das Churhaus zurück.

c) Das abgestorbene Haus Sachsen-Merseburg.

Christian I.

1. Des Churfürstens Johann Georgs I dritter Sohn, bekommt, ausser dem Stift Merseburg, durch das väterliche Testament auch die Niederlaußitz, nebst den 1657. Herrschaften Dobrilug und Finsterwalde, ingleichen die Aemter Delitsch, Bitterfeld und Zörbig, nebst Brene.

Receß zwischen Churfürst Johann Georg II, und dem Herzog Christian, die Tradition der Niederlaußitz an diesen betreffend, in Lünigs Reichs-archive, part. spec. von Sachsen, p. 177.

2. Wird vom Kaiser Leopold mit dem 1660. Stifte Merseburg beliehen.

Lehnbrief in Lünigs Reichsarchive, part. spec. II. cont. IV. Abth. II. Abs. p. 518.

Herzog Christians Revers, daß die Suchung der Reichslehn beym Kaiser über das Stift Merseburg dem Churhause Sachsen an seinen Rechten unabbrüchig seyn soll, in Lünigs

pore Euangelicorum aufrichtet, Kraft
deſſen er die evangeliſchen Angelegenheiten
mit Zuziehung des geheimden Rathscollegii
zu Dresden zu beſorgen bekommt.

1704. 3. Der Herzog ſtiftet den Ritterorden
der edlen Leidenſchaft.

Ordensſtatuta in Lünigs Reichsarchive, part.
ſpec. II. cont. IV. Abth. II. Abſ. p. 729.

1712. 4. Stirbt zum gröſten Leidweſen ſeiner getreuen Unterthanen frühzeitig.

Chriſtian.

1712. 1. Hat ſeinen Sitz zu Frankenhauſen,
bis er nach dem Tode ſeines Bruders zur
Regierung gelanget.

2. Welche er vier und zwanzig Jahr lang
führet.

1736. Er ſtirbt ohne Leibeserben.

Johann Adolph II.

1736. 1. Tritt nach Ableben ſeines Bruders die
Regierung an, und bekommt den Orden des
blauen Hoſenbandes.

2. Hat in dem oeſterreichiſchen Erbſchaftskriege Gelegenheit, ſeine ſchon zuvor von Jugend an ſattſam bewieſene Tapferkeit und
Klugheit aufs neue zu zeigen.

3. Stirbt

3. Stirbt ohne männliche Leibserben zu 1746. hinterlassen, und ist der letzte von diesem Hause. Seine Länder fallen an das Churhaus zurück.

c) Das abgestorbene Haus Sachsen-Merseburg.

Christian I.

1. Des Churfürstens Johann Georgs I dritter Sohn, bekommt, ausser dem Stift Merseburg, durch das väterliche Testament auch die Niederlaußitz, nebst den 1657. Herrschaften Dobrilug und Finsterwalde, ingleichen die Aemter Delitsch, Bitterfeld und Zörbig, nebst Brene.

Receß zwischen Churfürst Johann Georg II. und dem Herzog Christian, die Tradition der Niederlaußitz an diesen betreffend, in Lünigs Reichs-archive, part. spec. von Sachsen, p. 177.

2. Wird vom Kaiser Leopold mit dem 1660. Stifte Merseburg beliehen.

Lehnbrief in Lünigs Reichsarchive, part. spec. II. cont. IV. Abth. II. Abs. p. 518.

Herzog Christians Revers, daß die Suchung der Reichslehn beym Kaiser über das Stift Merseburg dem Churhause Sachsen an seinen Rechten unabbrüchig seyn soll, in Lünigs Reichs-

Reichsarchive, Part. spec, II, cont. IV. Abth.
II. Abs. p. 794.

3. Er führet eine geruhige und stille Regierung, und stirbt. 1691.

Testament desselben in Lünigs Reichsarchive, part. spec, S. IV. von Sachsen p. 228.

Christian II.

1. Tritt nach Ableben seines Vaters die Regierung an, und nimmt in den Aemtern Delitsch, Bitterfeld und Zörbig die Huldigung ein; weswegen aber zwischen ihm und dem Churfürst Johann Georg IV einige Streitigkeiten entstehen, dergestalt, daß der Churfürst Merseburg mit einigen Völkern besetzen lässet. 1691.

2. Der Herzog empfängt vom Kaiser Leopold die Belehnung über das Stift Merseburg.

Diploma in Lünigs Reichsarchive, part. spec. II. cont. IV. Abth. II. Abs. p. 692.

1694. 3. Er stirbt nach einer kurzen Regierung.

Moritz Wilhelm.

1. Wird im sechsten Jahr seines Alters vom Domcapitel ordentlicher Weise postuliret,

liret, und stehet unter der Obervormund-
schaft des Königs von Pohlen und Churfürstens von Sachsen, Friedrich Augusts I.

*Postulationsdecret in Lünigs Reichsarchive,
part. spec. II. cont. IV. Abth. II. Abs. p. 702.*

2. Als die Minorennität fast zu Ende gehet: so thun sich einige Mißhelligkeiten mit
dem königl. und churfürstl. Hofe hör.

3. Der Herzog empfängt zu Wien die stifft- 1708.
liche Belehnung.

4. Die Zwistigkeiten mit dem Churfürstl.
Hofe werden beygelegt.

5. Der Herzog stirbt ohne Leibeserben. 1731.

Heinrich.

1. Des Herzogs Christians II Bruder,
gelangt nunmehro zur Regierung, welche er
sieben Jahr lang führet.

2. Mit ihm stirbt das merseburgische Haus 1738.
ab. Die Regierung des Stiftes wird dem
als Churfürst von Sachsen, aufgetragen,
welchem auch die Erblande dieser Linie heim-
fallen.

d) Das

d) Das abgestorbene Haus Sachsen-Zeitz.

Moritz.

1. Des Churfürstens Johann Georgs I jüngster Sohn, bekomt, ausser dem Stifte Naumburg, durch das väterliche Testament die Aemter Tautenberg, Frauenpriesnitz, Niedertrebra, Voigsberg, Plauen, Pause, Triptis, Arnshaug, Weide und Ziegenrück.

2. Das Domcapitel zu Naumburg giebt die Versicherung, daß die Postulation zum Administratore des Stiftes bey des Herzogs Moritzens männlicher Nachkommenschaft verbleiben solle.

1658.

    Versicherung in Lünigs Reichsarchive, part. spec. II. cont. IV. Abth. II. Abs. p. 792.

1658. 3. Der Herzog vergleicht sich mit seinem Bruder, dem Churfürst, wegen der vogtländischen Schriftsassen, und anderer Sachen.

    Vergleich in Lünigs Reichsarchive, part. spec. II. cont. IV. Abth. II. Abs. p. 302.

4. Er bekommt ferner durch einen Erb- und Theilungsreceß von dem churfürstlichen Antheile von der Grafschaft Henneberg Schleu-

Schleusingen, Suhla, Kühndorf, Rohr, Benshausen und Vessera.

5. Wie er denn auch Stadt und Amt Pegau von seinem Bruder, dem Churfürst Johann Georg II, wiederkäuflich an sich 1662. bringt.

> Wiederkaufsreceß in Lünigs Reichsarchive, part. spec. II. cont. IV. Abth. II. Abs. p. 795.

6. Er vergleicht sich mit dem ernestinischen 1663. Hause Sachsen wegen verschiedener Puncte, so die Theilung der henneberischen Länder betreffen.

> Vergleich in meinen Beyträgen zur Hist. Frankenlandes T. II. p. 147. sqq.

7. Er verlegt seine bis dahin zu Naum- 1663. burg gehabte Residenz nach Zeiz.

8. Vergleicht sich mit dem Churfürst Jo- 1674. hann Georg II wegen der schöneckischen und auerbachischen Wälder.

> Vergleich in Lünigs Reichsarchive, part. spec. II. cont. IV. Abth. II. Abs. p. 620.

9. Wohnet einigen Feldzügen gegen Frankreich bey.

10. Führet eine sehr löbliche Regierung, 1681. und stirbt.

> Herzog Moritzens Testament in Lünigs Reichsarchive, part. spec. II. cont. IV. Abth. II. Abs. p. 634.

Mo-

Moritz Wilhelm.

1682. 1. Wird vermöge der zwischen seinem Vater und dem Domcapitel zu Naumburg aufgerichteten perpetuirlichen Capitulation nach erlangter Stiftsmündigkeit, und zurückgelegtem achtzehnden Jahr seines Alters zum Administrator des Stifts Naumburg postuliret, und tritt sothane Stiftsregierung alsofort an.

Postulationsdecret des naumburgischen Capitels, in Lünigs Reichsarchive, part. spec. II. cont. IV. Abth. II. Abf. p. 646.

Johann Seb. Müllers Annales des Hauses Sachsen von 1400 bis 1700. Leipz. 1701. fol.

1717. 2. Er bekennet sich auf der Pleissenburg öffentlich zur römisch=catholischen Religion.

Untersuchung des Glaubensbekänntniß Sr. Hochfürstl. Durchl. zu Sachsen=Zeiz, Herrn Moritz Wilhelms ꝛc. von Joh. Philipp Bernhard Jüngling. Frankf. und Leipz. 1718. 4.

3. Weil er wegen der mit dem Capitel aufgerichteten Verträge nach dieser Religionsänderung das Stift nicht behalten kan: so resigniret er dasselbe in die Hände des Königes in Pohlen, als Churfürstens von Sachsen; verlegt seine Residenz nach Weyde; und muß sich mit seinen Erblanden begnügen.

1718. 4. Bekennt sich wieder zur evangelischen Religion, und stirbt.

Achte Abtheilung.

Gottes Wunder an den durchlauchtigsten Fürsten und Herrn, Herrn Moritz Wilhelm, ꝛc. da Se. Hochf. Durchl. sich von der zeithero bekannten römischcatholischen Religion hinwiederum zur augsburgischen Confeßion der evangelisch lutherischen Kirche öffentlich gewendet; gepriesen von Joh. Andreas Walthern. 1719. 4.

5. Worauf seine Erblande an das Churhaus zurück fallen; welches auch die Stiftsregierung bekommt.

Pharamundi unschuldige und rechtliche Nachricht von der Naumburg-Zeizischen vom Jahr 1717 unterlassenen Postulation, und endlich im Jahr 1726 geschehenen Uebertragung der Landesregierung. 1726. 4.

E N D E.

Druckfehler.

Pag. 46. lies in der 16. Zeile, anstatt Vatergowe, Natergowe, welches Wort hätte sollen weiter hinauf nach Nabelgowe gesetzt werden.

Bericht an den Buchbinder.

Die Stammtafeln werden zu Ende des Buches also gebunden, daß man sie heraus schlagen kan. Wobey wohl in Acht zu nehmen, daß die siebende und achte Stammtafel, welche beyde allein einen ganzen Bogen ausmachen, nicht aus Uebereilung zerschnitten werde.

Ludwig I, erster Landgraf in Thüringen. †. 1140.	Heinrich, erbauet Spenberg †. 1130. Gem. Hedwig, Grafs Gisä Wittw
Ludwig II, mit dem Beynamen der eiserne, †. 1173. Gem. Jutta, K. Friedrich I. Schwester.	Heinrich.
Ludwig III, mit dem Beynamen der ... garetha von Cleve. 2) Sophia, des Wittwe. †. 1198.	
Hedwig. Gem. Albrecht, Landgraf von Elsaß und Graf von Habsburg.	Jutta. Gem. 1) ric Markgraf vo sen. 2) Poppo von Henneberg.
Hermann II. geb. 1223. †. 1240. Gem. Helena, H. Ottens von Braunschweig Tochter †. 1270.	Sophi rich, H Heinri Landgra

Bericht an den Buchbinder.

Die Stammtafeln werden zu Ende des Buches also gebunden, daß man sie heraus schlagen kan. Wobey wohl in Acht zu nehmen, daß die siebende und achte Stammtafel, welche beyde allein einen ganzen Bogen ausmachen, nicht aus Uebereilung zerschnitten werde.

Ludwig I, erſter Landgraf in Thüringen. † 1140.	Heinrich, erbauet ſpenberg † 1130. Gem. Hedwig, Grafs Giſä Wittw
Ludwig II, mit dem Beynamen der eiſerne, † 1173. Gem. Jutta, K. Friedrich I. Schweſter.	Heinrich.

Ludwig III, mit dem Beynamen der
garetha von Cleve. 2) Sophia, des
Wittwe. † 1198.

Hedwig. Gem. Albrecht, Landgraf von Elſas und Graf von Habsburg.	Jutta. Gem. ria Markgraf von ſen. 2) Poppo, von Henneberg.	1)
Hermann II. geb. 1223. † 1240. Gem. Helena, H. Ottens von Braunſchweig Tochter † 1270.		Sophirich, H. Heinri Landgra

on Verden.

1) Diet- Dietmar.
 Laußiz.
tgraf zu

n dem wendischen Hermann.
ur Gemahlin ver=

m. 1) Florentius IV, Graf in
   2) Robert Friso, Graf in

3.
 dem Hermann, wird gefan=
      gen gesezt.

Albrecht
wird Mark

Otto 1 Markgraf von
Nachkommenschaft
werden.

II. Albrecht, Herzog
1260. Gem. Helena, K
ter. † 1273.

III. Albrecht II, bekomm
lung Obersachsen,
zu Wittenberg; br
Churwürde auf si
Nachkommen. † 12
Agnes, Kaisers Rud
Habsburg Tochter.

IV. Rudolph I, Chu
Ottens des langen zö
gunda aus Pohlen.
1343.

Albrecht,	V. Rudo
† iung	† 6. Dec. 1
1329.	beth, Gr
	und Lindau

Albrecht. † 18. Jun.
des Herzogs Magnus
schweig Wittwe.

Rudolph †. als ein Kin

von Verden.

1) Diet- Dietmar.
u Laußiz.
rfgraf zu

on dem wendischen Hermann.
zur Gemahlin ver=

em. 1) Florentius IV, Graf in
. 2) Robert Friso, Graf in

3.
it dem Hermann, wird gefan=
gen gesezt.

nm

s de

a Zeite
in Hil
des fr

es al

ter 2
te
ch,

der sch
sen, au
der gr
ern, un
n, wird
† 1139
2 Kaiser

der Ld
ie Acht
Conrad
Heinri
2
Kaiser 1

† 125
raf vo

Albrecht
wird Mar

Otto 1 Markgraf von
Nachkommenschaft
werden.

II. Albrecht, Herzog
1260. Gem. Helena, K
ter. † 1273.

III. Albrecht U, bekomm
lung Obersachsen,
zu Wittenberg; br
Churwürde auf se
Nachkommen. † 12
Agnes, Kaisers Rud
Habsburg Tochter.

IV. Rudolph I, Chu
Ottens des langen j
gunda aus Pohlen.
1343.

Albrecht,   V. Rudo
† iung   † 6. Dec. 1
1329.   beth, Gr
            und Lindau

Albrecht. † 18. Jun.
des Herzogs Magnus
schweig Wittwe.

Rudolph †. als ein Kin

Stamme.

im Sachsen 1138
e Tochter.

†.   Noch verschiedene andere
e,   Kinder, welche weiter nicht
is.   hieher gehören.

2	2
edwig. Gem. drich, Graf zu ettin.	Sophia, Aebtißin zu Gernrode.
elena. Gem. edrich III, urggraf zu rnberg.	Rudolph. Gem. Anna, Pfalzgraf Ludwigs, Tochter,
ohann.	Albrecht sterben beyin der Jugend.
em. Heinrich Löw, Herklenburg.	Elisabeth. Gem. Obizo, Markgraf zu Este in Italien.

3	3
m. ', n= t.	Elisabeth. Gem. Waldemar I, Fürst zu Anhalt. † 1367.	Agnes. † 1338. Gem. Bernhard III, Fürst von Anhalt.
na. Gem. 1) edrich, Herzog von Braunschweig. 2) Balsar, Landgr. Thüringen.	Margaretha. Gem. Bernhard, Herzog von Braunschweig.

ymiste, Markgraf von Bran=

e Stam

on Sachse

:chts I Sohn.
l. 1285. Gem.

:314. oder | Eri | Gem. Adolph VII.
Margare- | Her | Schaumburg † 1315.
| Toc |

.01. Gem. | Eri Gem. | Johann,
| nes n.Her= | Bischof zu
| Holsteburg. | Camin
| | 1343. † 1372

II. Gem. 1) Elsbeth. Gem. Bogis-
n Mecklenburg XVII, Herzog in Pom-
weig Tochter, † 1404.

:echt, Dom- | Bo- | Scholastica †
zu Hildes- | Sig | 1463. Gem. Jo-
s † Siegmund | hann, Herzog zu
| von Brander |
| Tocht. † 164 |
| 2) Elisabet |
| Gräf. von Me |
| gau, des Bar |
| Teufels Wi |
| we. |

geb. 25. Febr. 16enburg. | Zwey ster-
evangelisch. Scatho- | ben in der
Herz. Augustsöhnen. | Kindheit.
1654. † 1. Ans zu
581.

| lla Au- | Drey an-
m. 1675. | dore, so in
l. Gem. | der Kind-
lhelm, | heit ge-
den 27. | storben
. Jen

Stamme.

in Sachsen 1138
e Tochter.

†. Noch verschiedene andere
e, Kinder, welche weiter nicht
18. hieher gehören.

2	2
edwig. Gem. rich, Graf zu ettin.	Sophia, Aebtißin zu Gernrode.
elena. Gem. edrich III, urggraf zu rnberg.	Rudolph. Gem. Anna, Pfalzgraf Ludwigs, Tochter,
ohann. Albrecht sterben bey in der Jugend.
em. Hein= Löw, Her= cklenburg.	Elisabeth. Gem. Obizo, Markgraf zu Este in Italien.
3	**3**
m. Elisabeth. Gem. Waldemar I, Fürst zu Anhalt. † 1367.	Agnes. † 1338. Gem. Bernhard III, Fürst von Anhalt.
ina. Gem. 1) edrich, Her= von Braun= oeig. 2) Balsar, Landgr. hüringen.	Margaretha. Gem. Bernhard, Herzog von Braunschweig.

ymiste, Markgraf von Bran=

e Stam

n Sachse

chts Sohn
l. 1285. Gem.

314. oder Eri   Gem. Adolph VII,
Margare Herz Schaumburg †.1315.
         Tod

01. Gem. Eri Gem. Johann,
         nen, Her= Bischof zu
         Holsteburg. Camin
                    1343.†.1372.

II. Gem. 1) Elbeth. Gem. Bogis
n Mecklenburg VII, Herzog in Pom=
weig Tochter. G. 1404.

echt, Dom= Bo=   Scholastica †.
zu Hildes= G zu 1463. Gem. Jo=
o   Siegmund hann. Herzog
            von Branden
            Tocht. †.164
            3) Elisabet
            Gräf.von We
            gau, des Bar
            Teufels Wi
            we.

geb. 25. Febr. 1 Benburg.   Zwey ser=
evangelisch.   Scatho=   ben in der
Herz. Augusts böhmen.   Kindheit.
1654. †. 1.   Hans zu
               581.

               lla Au=   Drey an=
               in.1675.   dere, so in
               . Gem.   der Kind=
               lhelm,   heit ge=
               en. 27.   storben.
               . Jen

:uchteten.

. 1) Conrad, Graf in Baiern. 2) Lud=
Baiern.

1	2	2
zb. Con= rad.	Ludwig, Abt zu St. Peter in Merseburg.	Ludwig. Conrad.

| b. er= salz= | Adelheid. (Gem. 1) Sueno, König in Dänemark. 2) Alb= recht, Markgraf von Brandenburg Albrechts, des Bären, Sohn. | Sophia. Gem. Geb= hard, Graf in Baiern. |
| fet= von ın b | Heinrich, Graf von Wettin. † 1181= Gem. 1) Sophia, | Friedrich, Stamm= vater der |

Die gesammten Chur

I. **Friedrich der streitbahre;** S. d...
von Braunschweig Tochter, verm. 14...

II. **Friedrich der sanftmüthige,** geb. den 22. Aug. 1412. † 1474. 7. Sept. Gem. Margaretha Herzogs Ernsts von Oesterreich Tochter, 1431. † 6. Febr. 1486.

Siegmu... den 28. Fe... Würzburg bis 1444. 1463.

Heinrich, geb. 1433. † 22. Jul. 1465.

Amalia, geb. 1435. † 18 Nov. 1502. Gem. Ludw. der reiche, Herz. in Baiern. † 1479.

Anna, geb. 7. Merz 1436. † 31. Oct. 1512. Gem. Albrecht, Churfürst zu Brandenb. 12. Nov. 1458. † 1486.

Friedrich August III.

:rzog Heinrichs des sanftmüthigen

o. April bekommt Thüringen. † 17. Sept.
Albrechts Tochter, 20. Jun. 1446. † 13.
2) Catharina, gebohrne von Brandenstein,
Jul. 1463. † 2. Nov. 1492.

I.

arina, geb. 1453. Gem. Heinrich, Herzog zu
sterberg.

e Linie.		
te, Stifter der al-	Hedwig,	Margare-
eb. 17. Jul. 1443. †	Aebtißin	tha, Aeb-
Zedena, König Ge-	zu Qued-	tißin zu
öhmen Tochter, 1464.	linbur. †	Seuselitz.
Jachkommenschaft	12. Nov.	
n und folgenden	1519.	

riche.	Heinrich der fromme.
ricius.	VIII. August.
	IX. Christian I.
stian II.	XI. Johann Georg I.
	XII. Johann Georg II.
	XIII. Johann Georg III.
hann Georg IV.	XV. Friedrich August I.
	XVI. Friedrich August II.
	XVII. Friedrich Christian.
	XVIII. Friedrich August III.

Stammta

Linie des Ha

vorhergehende zehn

466. Bischof † 1470. Erz agdeburg 7. † 3. August.	Joh Wolfgang, 1532. als ein burg D. 1503. halt E	Margaretha, † 7. Dec. 1528. Gem Hein- rich, Herzog zu Braunschweig.

Margaretha, geb. 521. residirt zu Coburg, †
25. April 1518. † 2. Herzogs Philipps zu
10. Merz 1537. ter 13. Febr. 1542. Jo-
pp von Schwarzburg.

Johann Wilhelm, 573. Gem. Doro Friedrich III, zu Pfal 1592.	Johann Friedrich III, geb. Jan. 1538. † 31. Oct. 64. ohne Gemahlin.

isenach | nar |
| geb. 9. Jul. 1566. † | eb. 22. May | Maria, geb.
Elisabeth, Graf Joh | Oct. 1605. † | 7. Nov. 1571.
r, 24. Nov. 1591. † | thea Ma- | Aebtißin zu
ina, Landgrafs Wilh | Joachim | Quedlinburg
May 1598. † 19. April halt Toch- | 1601. † 8.
rich, geb. 4. April † | 1592. † 18. | Merz 1610.

nach
| eb. 27. Jul. | Johann Bernhard, | Johanna, geb.
Dec. 1644. | rich, geb. 6. Aug. | 14. April 1606.
rothe-, H. | Sept. 16. † 8. | nach des Vaters
Wilh. I, zu | Oct. 1625 1639. | Tode, † 3. Jul.
Tocht. 24. | Custodie. mpfan- | 1609. an den
† 20. April | n Gifte. | Blattern.

ich,	Albrecht,	Ernst,	Joh. Ernst,
	zu	zu	zu
a	Coburg	Hildburg-	Saalfeld
funf-	Siehe die	hausen	
stamm.		t Stammtafel.	

Friedrich August III.

rzog Heinrichs des sanftmüthigen

o. April bekommt Thüringen. † 17. Sept.
Albrechts Tochter, 20. Jul. 1446. † 13.
2) Catharina, gebohrne von Brandenstein,
Jul. 1463. † 2. Nov. 1492.

I.

arina, geb. 1453. Gem. Heinrich, Herzog zu
sterberg.

e Linie.

te, Stifter der al=	Hedwig,	Margare=
eb. 17. Jul. 1443. †	Aebtißin	tha, Aeb=
=Zedena, König Ge=	zu Qued=	tißin zu
öhmen Tochter 1464.	linbur, †	Seuselitz.
Nachkommenschaft	12. Nov.	
n und folgenden	1519.	

riche.	Heinrich der fromme.
ricius.	VIII. August.
	IX. Christian I.
stian II.	XI. Johann Georg I.
	XII. Johann Georg II.
	XIII. Johann Georg III.
hann Georg IV.	XV. Friedrich August I.
	XVI. Friedrich August II.
	XVII. Friedrich Christian.
	XVIII. Friedrich August III.

Stammta

Linie des Ha

rhergehende zehn|

466. Bischof t 1470. Erz= agdeburg 7. † 3. August.	Joh·····lfgang, 1532. als ein ······ burg P. 1503. halt ···	Margaretha, † 7. Dec. 1528. Gem. Hein= rich, Herzog zu Braunschweig.

2

Margaretha, geb. ···521. residirt zu Coburg, †· 25. April 1518. †. ··· ···, Herzogs Philipps zu 10. Merz 1537. ter 13. Febr. 1542. Ih··· pp von Schwarzburg.

Johann Wilhelm, ···573. Gem. Doro··· Friedrich III, zu Pfal···592.	ohann Friedrich III, geb. Jan. 1538. † 31. Oct. 64. ohne Gemahlin.	

senach	nar	
·, geb. 9. Jul. 1566. † Elisabeth, Graf Joh··· r, 24. Nov. 1591. † ina, Landgrafs Wilh··· May 1598. † 19. April ·ich, geb. 4. April † 1···	eb. 22. May Oct. 1605. ···thea Ma= Joachim halt Toch= 1592. † 18.	Maria, geb. 7. Nov. 1571. Aebtißin zu Quedlinburg 1601. † 8. Merz 1610.

nach		
eb. 27. Jul. .Dec.1644. rothe·,H. ·lh. I, zu . Tocht. 24. ··†.20.April	Johan··· rich, ·6. Aug. Sept. 16. † 8. Oct. 1621 1639. Custodi··· mpfan= n Gifte.	Johanna, geb. 14. April 1606, nach des Vaters Tode, † 3. Jul. 1609. an den Blattern.

·ich, ···a ·funf= ·tamm···	Albrecht, zu Coburg Siehe die t	Ernst, zu Hildburg= hausen Stammtafel.	Joh. Ernst, zu Saalfeld

:l 1562. bekommt
1590. 2) Anna

2	2
orothea, b. 26. Jun. 01. † 10. pril 1675. em. Alb: dt, Herz. Sachsen= senach 24. un. 1633. 20. Dec. 44.	Friedrich Wilhelm II, geb. 12. Febr. 1603. nach des Vaters Tode, succediret seinem Bruder 1639. † 22. April 1669. Gem. 1) Sophia Elisabeth, Markgr. Christian Wilhelms, von Brandenb. Tochter 18. Sept. 1638. † 6. Merz 1650. 2) Magdalena Sibylla, Churf. Joh. Georgs I, zu Sachsen Tochter, Prinz Christians aus Dänemark, Wittwe 11. Oct. 1652. † 6. Jan. 1668.

	2
, geb. 14. Jan. . 1686. Gem. z. zu Sachsen= 1. † 24. May	Friedrich Wilhelm III, geb. 12. Jul. 1657. succediret 1669. † 14. April 1672. an den Kinderblattern.

nde Stam

chsen-Weim

1598. † 17. May
hann Georgs Für

senach
und Johann Ge Dorothea Maria, geb. 14.
org.   Oct. 1641. † 11. Jun. 1675.
nde Stammtafel Gem. Mauritius, Herzog zu
                Sachsen-Zeitz 3. Jul. 1656. †
                . Dec. 1681.

b. 22. Merz   Wilh   Jun. 1664. † 10. Jun. 1707.
Gem. Phi   1662. , eine Tochter Johanns zu
ldersburg 9.   Char   ct. † 14. Sept. 1694. 2)
1690. bey   harde phia, Landgraf Friedrichs
               Tocht geb. 17. Jun. 1707. † 29.
               23. Au

	1	2	2
., 1707.	Eleonore	Maria Louis	Christiana
n. 1748.	Christia	geb. 18. Dec.	Sophia,
s zu An-	na, geb. 15	97. † 29.	geb. 7. April
Sachsen-	April 1689	ec. 1704.	1700. † 19.
20. Aug.	† 7. Febr.		Febr. 1701.
mbach,	1690.		
7. April			

—— 1 ——

Wilhelm, geb. Eine todge Dec. 1669. † 6. Td ringessin †, 1. Nov. 1683, fal
24. Jul 1664. † 21. Jun. 1666.
1660.

Weimar, geb. 21.
ntsche von Thura

† 1661.

il 1562. bekommt
1590. 2) Anna

2	2
orothea, b. 26. Jun, 01. † 10. pril 1675. em. Alb= cht, Herz. Sachsen= senach 24. un. 1633. 20. Dec. 44.	Friedrich Wilhelm II, geb. 12. Febr. 1603. nach des Vaters Tode, succediret seinem Bruder 1639. † 22. April 1669. Gem. 1) Sophia Elisabeth, Markgr. Christian Wilhelms, von Brandenb. Tochter 18. Sept. 1638. † 6. Merz 1650. 2) Magdalena Sibylla, Churf. Joh. Georgs I, zu Sachsen Tochter, Prinz Christians aus Dänemark, Wittwe 11. Oct. 1652. † 6. Jan. 1668.
2	2
, geb. 14. Jan. 1686. Gem. zu Sachsen= 1. † 24. May	Friedrich Wilhelm III, geb. 12. Jul. 1657. succediret 1669. † 14. April 1672. an den Kinderblattern.

…nde Stam…
…chsen=Weim…

1598. † 17. May
…hann Georgs Für…

| …jenach …und …org. …nde Stammtafel | Johann Ge… | Dorothea Maria, geb. 14. Dec. 1641. † 11. Jun. 1675. Gem. Mauritius, Herzog zu Sachsen-Zeiz 3. Jul. 1656. † .. Dec. 1681 |

| b. 22. Merz … Gem. Phi… …derseburg 9. …1690. bey | Wilh… 1662. Char… harde… Tochte… 23. Au… | …Jun. 1664. † 10. Jun. 1707. …, eine Tochter Johanns zu …ct. † 14. Sept. 1694. 2) …hia, Landgraf Friedrichs …geb. 17. Jun. 1707. † 29. |

1		2	2
… 1707. …n. 1748. …s zu An… …Sachsen… …30. Aug. …lmbach, 7. April	Eleonor Christia- na, geb. 15 April 1689. † 7. Febr. 1690.	Maria Louis… geb. 18. Dec. …97. † 29. …r. 1704.	Christiana Sophia, geb. 7. April 1700. † 19. Febr. 1701.

1

Weimar, geb. 21. …
…riche von Thurn…
Wilhelm, geb. 24. Jul. 1664. † 6. … Eine todtge. Dec. 1669. † Prinzeßin, Nov. 1683. la… 21. Jun. 1666. 1666.

† 1661.

ſuhl, darnach zu Eiſenach.

Georg I, geb. 12. Jul. 1634. reſidirt zu Markſuhl, bis er ſeinem Bruder in nachfolgt 1668. † 19. Sept. 1686.

Hanneta, Grafens Ernſts zu Sayn und Landgrafs Johanns zu Heſſen= in Breubach Witte, 29. May 1661. 1701.

Louiſe 17 April 1668. † 26 Jun. 1669.	Friderica Eliſabeth, geb. 5. May 1669. Gem. Johann Georg H. zu Sachſen= Weiſſenfels 7. Jan. 1698 †. 16. Merz 1712.	Ernſt Guſtav, geb. 28 Auguſt. †. 16. Nov. 1672.
3 Johanna Magdalena Sophia, geb. 19. Aug. 1710. † 26. Febr. 1711.	3 Chriſtiana Wilhelmina, geb. 3. Sept 1711. † 27. Nov. 1740 Gem. Carl Fürſt von Naſſau=Uſingen, im Dec. 1734.	3 Johann Wilhelm, g. 28. Jan. 1713 † 9. May

...he Stamm...
...chsen-Gotha...

Dec. 1601. bekomm...
Bem. Elisabeth S...
Tochter, 24. Oct. 1...

---

neune iung verst...
Johanna, geb. 14.	...ipp,	Sophia Elisa-
br. 1645. † 7.	...661.	beth, geb. 9. May
ec. 1657.	...52.	† 23. May 1663.
neune sind erw...		
Bernhard,	Ernst,	Dorothea Ma-
zu	u	ria, geb. 12. Febr.
Meinungen,	Ifeld,	1654. † 17. Jun.
e sechzehnd-		1682.
mtafel.		

1	1	1
...a, geb. 1675. 24.	Elisabeth,	Johanna, geb.
28. May 1709.	† 7. Febr.	1. Oct. 1680. †
...h. August Fürst	679. † 22.	9. Jul. 1704.
...-Zerbst, 25. May	...n. 1680.	Gem. Adolph
...r stirbt 16. Merz		Friedr. H. von
		Mecklenburg-
		Strelitz.

...ie Prinzessinnen.

I. Darnach zu Eisenach.

Georg I, geb. 12. Jul. 1634. residirt zu Marksuhl, biß er seinem Bruder nachfolgt 1668. † 19. Sept. 1686. Johannetta, Grafens Ernsts zu Sayn und Landgrafs Johanns zu Hessen- Breubach Witte, 29. May 1661.

Louise Elisabeth, geb. 17. April 1668. † 26. Jun. 1669.	Friderica Elisabeth, geb. 5. May 1669. Gem. Johann Georg H. zu Sachsen- Weissenfels 7. Jan. 1698 † 16. Merz 1712.	Ernst Gu- stav, geb. 28. August. † 16. Nov. 1672.
Johanna Mag- dalena So- phia, geb. 19. Aug. 1710. † 26. Febr. 1711.	Christiana Wilhelmi- na, geb. 3. Sept 1711. † 27. Nov. 1740 Gem. Carl Fürst von Nassau- Usingen, im Dec. 1734.	Johann Wil- helm, g. 28. Jan. 1713 † 9. May

be Stamm

chsen=Gotha

Dec. 1601. bekomm
Gem. Elisabeth S
Tochter, 24. Oct. 1

neune iung verst		
ohanna, geb. 14.	ipp,	Sophia Elisa=
br. 1645. † 7.	661.	beth, geb. 9. May
c. 1657.	52.	† 23. May 1663.
neune sind erw		
Bernhard,	Ernst,	Dorothea Ma=
zu	u	ria, geb. 12. Febr.
Meinungen,	Iseld,	1654. † 17. Jun.
e sechzehnde		1682.
mtafel.		

I	I	I
ia, geb. 1675. 24.	Lisabeth,	Johanna, geb.
28. May 1709.	† 7. Febr.	1. Oct. 1680. †
h. August Fürst	079. † 22.	9. Jul. 1704.
=Zerbst, 25. May	In. 1680.	Gem. Adolph
r stirbt 16. Merz	g	Friedr. H. von
	I	Mecklenburg=
		Strelitz.

ie Prinzessinnen.

1614. wird zum Erz=
aria, Herzog Adolph
von Leiningen Wester=

:656. †. 27. | 11. **Elisabeth,** | 12. **Dorothea,**
Friedrich, | geb. 21. Aug. | geb. 17. Dec.
hof zu Lü= | 1660. †. 11. | 1662. †. 12.
. 1705. | May 1663. | May 1663.

2

13. **Friedrich,** geb. 20. Nov. 1673. Kön. Pohln. und Churf. General=Lieutenant von der Infanterie †. 16. April 1715. Gem. Aemilia Agnes, eine Tochter Heinrichs I, Graf Reussens jüngerer Linie zu Schlaitz, geb. 11. Aug. 1667. Witwe des 1703. den 3. May verstorbenen Graf Balth. Erdmanns von Promnitz. Sie stirbt 15. Oct. 1729.

14. **Moritz,** geb. 5. Jan. 1676. †. zu Segedin in Ungarn 12. Sept. 1695.

g. 1684. Gem. 1) Ge= | **Johann Adolph II,**
raf von Bareuth, 16= | geb. 4. Sept. 1685. †.
. 1726 2) Albrecht | 16. May 1746. Gem. 1)
oditz, 14 Jul. 1734. | **Johannetta Anto=**
d wird catholisch. | **netta,** Herz. Johann
 | Wilhelms von Eise=
rz **Friderica Ama=** | nach Tocht. geb. 31 Jan.
i, **lia,** geb. 11. Merz | 1698. verm. 9. May
t. 1712 †. 31. Jan. | 1721. †. 23. April 1726.
1714. | 2) **Friderica,** H Fried=
 | II von Gotha T. geb.
 | 17. Jul. 1715. verm. zu
 | Altenb. 27. Nov. 1734.

2

b. 17. May **Friderica Adolphina,** geb. 27.
Dec. 1741. †. 4. Jul. 1751.

gste Stan
is Sachsen

nn Georgs I,
18. Oct. 1691.
Delitsch

pp zu Lauch,	Ch Moritz,	Sibylla
geb. 26. Oct.	geb. 29.	Maria,
† 21. Jun	165 Oct.	geb. 28.
bey Fleury	Me 662. †	Oct. 1667.
1) Eleonora	Gen. April	† 3. Oct.
ia) H. Joh.	stia 664.	1693.
s von Weim.	Sa	Gem.
ul 1684. †	senb	Christi-
r. 1687. 2)	Febr	an Ulrich,
Elisabeth	28.	H. zu Wür-
hristian Ul-	170	temberg-
u Würtemb.		Bernstadt,
stadt Tocht. 9.		17. Oct.
1688. †		1683. †
		1704.

inder von beyden
rben als zarte Kind

1614. wird zum Erz-
aria, Herzog Adolph
von Leiningen Wester-

| 1656. †. 27. Friedrich, Hof zu Ru- . 1705. | 11. **Elisabeth**, geb. 21. Aug. 1660. †. 11. May 1663. | 12. **Dorothea**, geb. 17. Dec. 1662. †. 12. May 1663. |

	3	2
	13. Friedrich, geb. 20. Nov. 1673. Kön. Pohln. und Churf. General-Lieutenant von der Infanterie †. 16. April 1715. Gem. Aemilia Agnes, eine Tochter Heinrichs I, Graf Reussens jüngerer Linie zu Schlaitz, geb. 11. Aug. 1667. Witwe des 1703. den 3. May verstorbenen Graf Balth. Erdmanns von Promnitz. Sie stirbt 15. Oct. 1729.	14. **Moritz**, geb. 5. Jan. 1676. †. zu Segedin in Ungarn 12. Sept. 1695.

g. 1684. Gem. 1) Ge- graf von Bareuth, 16- . 1726 2) Albrecht oditz, 14 Jul. 1734. t wird catholisch.	**Johann Adolph** II, geb. 4. Sept. 1685. †. 16. May 1746. Gem. 1) **Johannetta Anto- netta**, Herz. Johann Wilhelms von Eise- nach Tocht. geb. 31 Jan. 1698. verm. 9. May 1721. †. 23. April 1726. 2) Friderica, H Fried. II von Gotha T. geb. 17. Jul. 1715. verm. zu Altenb. 27. Nov. 1734.
13 **Friderica Ama- lia**, geb. 11. Merz 1712 †. 31. Jan. 1714.	

2
b. 17. May **Friderica Adolphina**, geb. 27. Dec. 1741. †. 4. Jul. 1751.

gſte Stan
is Sachſen

nn Georgs I,
18. Oct. 1691.
Delitſch

| pp zu Lauch- geb. 26. Oct. † 21. Jun bey Fleury. 1) Eleonora ia) H. Joh. s von Weim. Jul 1684. † r. 1687. 2) Eliſabeth hriſtian Ul. u Würtemb- ſtadt Tocht. 9. 688. † | Ch Moritz, geb. 29. 16 it. Me 662. † Ge 1. April ſti a 664. Ga fend Febr 28. 170 | Sibylla Maria, geb. 28. Oct. 1667. † 5. Oct. 1693. Gem. Chriſti- an Ulrich, H. zu Wür- temberg- Bernſtadt, 17. Oct. 1683. † 1704. |

inder von beyden
rben als zarte Kind

1650. †. 4
†. 27. Oct.
75. 3) So-
4.

2
Friedrich Heinrich, zu Pegau hernach zu Neustadt, geb. 21. Jul. 1668. †. 18. Dec. 1713. Gem. 1) Sophia Angelica, H. Christian Ulrichs zu Würtemberg in Bernstadt Tochter, 13. April 1699. †. 11. Nov. 1700. 2) Anna Friderica Philippina H. Phil. Ludw. in Holstein-Wiesenburg Tochter, geb. 4. Jul. 1665. verm. 27. Febr. 1702. †. 1747.

2
Maria Sophia, geb. 3. Nov. 1670. †. 31. May 1671.

2
Magdalena Sibylla, g. 7. April †. 20. Aug. 1672.

Moritz Adolph, geb. 1. Dec. 1702. wird catholisch 1716. Canonicus zu Cölln 1719. Domprobst zu Altöttingen 1722. Ritter des pohlnisch. weissen Adler-Ordens 1724. Erzbisch. zu Pharsalien 1730. Bisch. zu Königsgräz 1731. und zu Leutmeritz 1733. †. 1759.

Dorothea Charlotte, geb. 20. May †. 8. 1710.

www.ingramcontent.com/pod-product-compliance
Lightning Source LLC
Chambersburg PA
CBHW020323240426
43673CB00039B/900